교과서 밖에서
배우는

인문학
공부

교과서 밖에서
배우는
인문학
공부

초판 1쇄 발행 2014년 3월 13일
초판 2쇄 발행 2015년 9월 29일

지은이 정은교
펴낸이 김승희
펴낸곳 도서출판 살림터

기획 정광일
편집 조현주
북디자인 시아
표지디자인 정보리

인쇄·제본 (주)현문
종이 월드페이퍼(주)

주소 서울시 영등포구 양평로21가길 19 선유도 우림라이온스밸리 1차 B동 512호
전화 02-3141-6553
팩스 02-3141-6555
출판등록 2008년 3월 18일 제313-1990-12호
이메일 gwang80@hanmail.net
블로그 http://blog.naver.com/dkffk1020

ISBN 978-89-94445-57-1 43100

교과서 밖에서
배우는
인문학
공부

정은교 지음

살림터

'어떻게'가 아니라 '무엇을'이다!

1970년대 이전에도 드물게나마 훌륭한 교육자가 있었다. 글쓴이가 늘 거울로 삼았던 분은 헐벗은 농촌 어린이들을 온 마음으로 부둥켜안고 살아간 이오덕 선생이다. 그분이 알뜰살뜰 모아낸 농촌 어린이들의 시집 한 권으로, 세상을 알았고 교육자가 가야 할 길도 깨쳤다. 온갖 박식한 이론을 늘어놓는 사범대학 수업에서, 또 내리먹임뿐인 초중고 시절의 교실에서 배운 것은 많지 않다.

옛날의 학교는 사실 암울한 곳이었다. 이승만과 박정희, 전두환 시절의 초중고 교사는 대부분 국가체제의 나팔수이거나 부속품에 불과했다. 위기철의 소설 『아홉 살 인생』에는 교육에 대해 아무 고민도 없는 선생 얘기가 하나 나온다. 부업으로 돈 벌 궁리나 하고, 군대 조교가 신입 졸병들을 다루듯 능숙하게 아이들을 패는 기술만 터득한 선생 이야기. 영화 「친구」에도 그런 파시스트 교사에게 학생들이 얻어맞는 장면이 나온다.

그렇게 어두웠던 1970년대에 참교육을 고민하기 시작한 젊은 사범대학생들이 여럿 생겨났다. 최루탄 가스 희뿌연한 길거리에서, '학생들끼리 둘러앉아 세미나를 한' 어두컴컴한 자장면집에서 민주주의의 세례를 받은 대학생들이 새내기 교사로 하나둘 학교에 들어가서 끼리끼리 소모임도 만들고, '학교 자치自治'도 부르짖고, 전국교직원노동조합도 일으켜 세웠다. 1987년 민주항쟁의 시대 분위기에 고무된 젊은 교사들이 곳곳의 교실에서 열정을 다해 아이들과 씨름했다. 교단에서 쫓겨날지언정 옳은 얘기를 억누를 수 없었던 교사도 있었다. 온 힘을 다해 학생들과 만나다가 탈진해 이승을 떠난 교사도 있었다. 한 편의 역사 드라마가 태어난 것이다.

이러구러 20여 년의 세월이 흘렀다. 첫 참교육 주체들이 한 세대(30년)를 마감해가고 있는 요즘, 그 드라마는 변함없이 상연되고 있는가? 쓰디쓴 한숨을 내뱉으며 우리는 고개를 떨군다. 지금도 좋은 교사가 되기 위해 구슬땀을 흘리고 있는 선생들이 곳곳에 있지만('살림터' 출판사에서 펴낸 귀한 책들을 보라), 한국의 민중에게 그것이 감동을 선사하는 '드라마'로까지 비치고 있지는 않다. '참교육 교사들이 저기 있구나!' 하는 존재감存在感이 느껴지지 않는다는 얘기를 많이 들었다. 최근 '교사도 학교가 두렵다!'고 하는 섬뜩한 제목의 책까지 나왔다.

왜 열정의 드라마가 막을 내렸을까? 젊었던 교사들이 나이를 먹어서? 교사들이 배부르고 등 따시니까 게을러져서? 아서라, 섣부르게 교사들을 탓하지 마라. 그런 면이 없지 않아 있기는 해도, 그런 답은 우리 현실을 보는 눈을 더 흐릿하게 만든다. 그래서 그것은 빗나간 오답이다.

지난 2013년을 돌아다보자. 한국의 지배 세력 주류는 이승만의 명예 회복과 박정희 찬양에 부쩍 열을 올렸고, 그들이 세운 '원칙'에 '아무 소리 없이 따르기만 하라.'고 민중을 다그쳤다. 이 불통不通의 정치에 시민사회가 변변히 맞서지 못하자 '아쉬운 사람이 우물을 판다.'고, 소시민으로 살아가던 젊은이들이 여기저기 튀어나와 '안녕들 하십니까?' 하고 걱정스레 묻는 대자보 大字報를 붙였다. 정말 우리 모두, 안녕하게 살아가고 있느냐고!

요컨대 '민주화 시대'가 가라앉고 있다. 사회과학자 박노자는 한국의 지배 세력 주류가 꼭 히틀러까지는 아니라 해도, 절반쯤의 파시즘을 들여오고 싶어 하지 않겠느냐고 짚었다. 답은 여기에 있다. 우리 사회 전체가 뒷걸음질치고 있는데, 학교에선들 무슨 드라마가 탄생하랴. 우리는 사회 전체가 나아갈 길을 내다볼 때라야 우리가 갈 길도 가까스로 찾는다. 이 뒷걸음질을 함께 막아내지 못한대서야 학교도 다시 어둠의 터널 속으로 진입할 수밖에 없다.

길은 어디에 있을까? 박정희 시대가 다시 꿈틀대고 있다. 그동안 우리는 박정희 시대를 넘어선 줄 알고 있었는데 그게 아니었다. 그리고 박정희를 다시 불러낸 데에는 우리의 책임이 크다. 우리의 생각이 좁았고, 열정이 모자랐다. 그 생각을 한껏 넓히고 그 열정을 다시 불러내지 않고서 우리 갈 길은 찾아지지 않는다.

우리의 실천을 깡그리 부정하자는 말이 아니다. 그동안 '참교육' 교사들이 일궈낸 진전이 없지 않다. '진보 교육감'도 나왔고, '인권조례'도 빛을 봤다. 생각 있는 수많은 교사들이 '교과 모임'이나 '독서 모임'에서 활발하게 이야기꽃을 피웠다. '혁신학교' 입소문이 학부모들 사이에 빠르게 퍼지기도 했다. 하지만 이 모든 노력이 결국엔 역力부족이었다. 시대 전체는 피지배 세력의, 내일을 향한 열망과 지혜와 의기義氣가 지배 세력의, 지금 이대로 살고 싶어 하는 욕망과 지략과 자기애自己愛를 훨씬 넘어설 때라야 비로소 전진하는데, 우리의 의기는 그렇게 담대하지 못했고, 지혜도 별로 깊지 못했기 때문이다.

사람들이 흔히 일컫는, 고유명사로서의 '참교육', 무엇이 문제였던가? 거칠게 간추리자면 이렇다. 선생들이 눈앞의 교실에서 '어떻게' 가르쳐야 하는지는 많이 궁리하고 실천했지만, 정작 '무엇을' 가르쳐야 하는지, 가슴 떨리게 고뇌하지는 않았다. 모둠 학습을 어떻게 꾸릴지 궁리하고, 아이들에게 솔깃한 예화例話가 무엇일지 찾는 노력은 할 만큼 했다. 생태환경과 민족통일과 양성평등과 인권人權 옹호 교육에 주목한 선생들도 많다. '무엇을'에 대해 왜 고민하지 않았겠느냐고, 뜨악해할 분도 있겠다.

하지만 엄격한 잣대를 들이대보자. 전교조가 탄생할 때에는 그 선생들에게 감명받아 세계관을 바꾸고, 사회운동의 주체로 나선 학생들이 적지 않았다. '사람을 길러내는 것이 이런 것이구나!' 하는 것이 우리 눈에 선명히 보였다. 그들을 '전교조 (교사들에게 배운) 1세대'라는 애칭으로 부르기도 하는데, 그 뒤 2세대와 3세대가 나왔는가? 꼭 교사들만의 책임은 아니지만, 지금의 20대와 30대는 성인이 되어서야 가까스로(떠듬떠듬) 현실에 눈떠가고 있지 않는가? 생태와 통일과 인권을 가르친 교사들도 있겠으나, 학생들이 '소시민小市民으로 살지 않겠다.'고 결심할 만큼 (그들에게) 교육적 영향력을 끼친 경우는 무척 드물다.

그러므로 지금 우리는 '어떻게'가 아니라 '무엇을'이라는 씨름의 샅바를 한껏 움켜쥐어야 한다. 우리의 후퇴는 현실의 '일부'(가령 학교, 민족, 생태, 소수자 등등의 영역 하나하나)만을 건드려서는 되돌릴 수 없고, 현실 전체를 넘어서겠다는 담대한 목표를 세울 때라야 가까스로 변화의 전망이 열린다. 어떤 미래를 그려야 할까?

수많은 민중이 피부로 느끼고 있듯이, 지금 지구촌 정치경제의 사정은 갈수록 나빠지고 있다. 한국의 제도언론이나 학계는 그 심각성과 원인을 솔직하게 밝혀내고 대결하기를 회피하고 있지만 영국의 『이코노미스트』지는 2013년 11월의 한 머리기사에서 '디플레이션(물가 하락)'의 위험성을 단단히 경고한 바 있다. 한국에서도 그 개연성이 높아지고 있거니와, 이는 인플레이션(물가 앙등)보다 민중 삶에 더 치명적인 타격을 초래한다. 그 디플레이션을 막으려고 자본주의 강대국들은 헬리콥터로 돈다발을 퍼붓는 눈먼 '통화 팽창' 정책을 써왔었다. 그런데 이것의 본질은 자기 나라 경제를 보호할 속셈으로 이웃 나라들에 경제위기를 떠넘기자는 짓이다(근린궁핍화). 그래서 파괴적 디플레를 억누르는 대신, 각국 간의 정치군사적 긴장이 높아진다. 또 그렇게 몸부림친다 해도 디플레가 다락같은 인플레로 돌변할 가능성을 막아내지도 못한다. 이 길이든, 저 길이든 민중의 삶은 전혀 안녕하지 못한 시대로 접어들었다. 누군가는 지금의 20~30대를 '공포 세대'라 일컬었다. 젊고 어린 세대가 온통 앞날에 대한 두려움에 휩싸여 있다는 얘기다. 우리의 학생들을 암울한 미래와 대담하게 대결할 씩씩한 주체로 북돋우려면 우리 자신부터 세상 보는 눈길을 더 다듬어야 하지 않을까?

이 책은 인류 역사 전체를 내다보는 눈길로 인류의 고전古典을 읽어내자고 권한다. 당장 학교의 시험 점수를 얻으려고 잡다하고 시답잖은 (!) 지식을 쌓는 일을 잠깐 내려놓고, 인류가 어떻게 살아왔으며 현실에서 고통스러운 문제가 무엇인지, 더 절실한 앎부터 마주할 것을 권한다. 기존의 교과서들이 얼마나 허튼 내용인지, 눈을 부릅뜬 넋두리도 한 움큼 보탰다. 미래의 길잡이가 될 얘기를 살짝 내비치기도 했다.

이 책을 어여삐 여겨 손에 쥘 분은 우선 학구열 높은 몇몇 교사들일 게다. 하지만 이 책 곳곳에서 나는 건방지게도 '사부師父'라고 자칭했다. 이 책이 (몇 안 되더라도) 눈망울 초롱초롱한 학생들에게 건네지기를 갈망했기 때문이다. 그들을 떠올리며 썼으니 오해가 없기를 바란다. '책 내용'이 좀 어렵다고 느끼는 학생들도 있겠으나, 고등학교 교과서는 훨씬 어려울 뿐 아니라 한가로운 관조(구경꾼 넋두리)와 잡동사니

같은 사변적思辨的인 지식들로 가득 차 있다. 공부할 맛 나지 않는 교과서를 다들 '울며 겨자 먹기'로 상대하려니 그렇게 학업 실패가 많은 것이다. 오히려 이 책은 당장의 시험에 써먹지는 못한다 해도, 길게 보면 인문 공부의 눈을 틔워주는 절실한 내용을 담고 있다. "교과서는 저리 가라!"

이 책이 생각 깊은 학생들에게 부디 가 닿기를 바란다. 학생 여러분에게 큰절을 하고, 이 책을 바친다.

차례

1부

문학 고전을 통해 통합교과 공부를

1 문학의 힘을 보여준 『허클베리 핀의 모험』

미시시피 강을 건너는 허크와 짐

『허클베리 핀의 모험』은 1885년 미국 작가 마크 트웨인이 발표한 소설이다. 그는 『톰 소여의 모험』이라는 소설을 먼저 썼는데 이 두 소설은 주인공만 바뀔 뿐 내용이 이어진다. 어린이들에게는 후자後著가 더 널리, 재미있게 읽혔으나, 무게가 더 나가는 소설은 전자前著다. 먼저 줄거리부터 옮긴다.

허크는 톰 소여와 함께 인디언 조가 동굴에 숨겨둔 보물을 찾아내 벼락부자가 됐다. 그 덕분에 떠돌이 허크는 더글러스 미망인未亡人의 보호를 받게 됐다. 그러나 천둥벌거숭이 허크는 미망인이 일러주는 규칙적인 생활을 견딜 수 없었다. 그런데 행방을 알 수 없었던 허크의 아버지가 주정뱅이 모습으로 갑자기 나타나서는 허크를 끌고 가서 미시시피 강 상류에 있는 어느 섬의 통나무집에 가둬버렸다.
허크는 거기서 더글러스 미망인의 여동생 집에 노예로 있다가 도망친 검둥이 소년 '짐'을 만나게 됐다. 두 소년은 뗏목을 타고 도망쳤다. 그들은 도중에 기선汽船과 충돌하는 등 갖가지 사건에 말려들었고 젊은 '공작(公爵, 벼슬 이름)'과 늙은 '임금(이라고 내세우는 사람)'을 만나 그들에게 놀아났다. 허크가 기회를 엿보다가 도망쳐서 뗏목에 가보니 '짐'의 모습이 보이지 않았다. '임금'이 펠부스 집안에 팔아버린 것이다.

그런데 그 펠부스 집안이라는 것이 알고 보니 톰 소여의 숙모 집이었다. 때마침 만난 톰과 짜고 '짐'을 구하는 데 나섰다. 그러나 짐을 데리고 도망치다가 톰이 발에 총을 맞아 큰 부상負傷을 입었다. 뗏목을 타고 도망쳤지만 톰의 상처를 치료하려고 병원에 갔다가 들통이 나서 짐은 다시 붙들렸다.

거기 톰의 큰엄마 폴리가 도착했다. 알고 보니 더글러스 미망인의 동생인 노처녀는 죽었고, 그녀의 유언에 따라 짐은 이미 자유의 몸이었다. 허크도 아버지가 죽었으므로 자유의 몸이 됐다.

이번에는 폴리 큰엄마가 허크를 맡아 교육을 하고 뒤를 돌봐주려고 하지만 더글라스 미망인의 집에서 혼날 대로 혼난 허크가 그녀의 집에 고분고분 들어갈 리 없다.

『톰 소여의 모험』의 줄거리는 이렇다.

큰엄마 폴리가 맡아 기르는 톰은 어른 말을 듣지 않고 온갖 장난을 치는 개구쟁이다. 그는 허크와 함께 묘지에서 인디언 조가 살인을 저지르는 것을 우연히 목격한다. 조는 머프 포터 영감에게 누명을 씌웠는데 톰이 재판 과정에서 사실을 폭로했다. 톰은 여자 친구 베키와 동굴 속을 헤매다가 조에게 쫓기기도 하지만 결국 조가 죽고, 톰은 동굴 속에 파묻혀 있던 보물을 발견해 큰 부자가 된다……

『톰 소여의 모험』만큼 전 세계 어린이들의 사랑을 받은 소설도 많지 않다. 요즘 21세기는 아이들의 환상을 북돋는 영화(예컨대 「반지의 제왕」, 「해리 포터」)도 많이 나와서 톰의 이야기가 어린이들의 인기 순위 1위를 차지할 것 같지는 않지만, 한 세대(30년)나 두 세대(60년) 전만 해도 아마 인기 순위에서 첫 손가락에 꼽히지 않았을까 싶다. 그 다음 순서로 『보물섬』이나 『15소년 표류기』 같은 것들이 있었을 테고.

『톰 소여의 모험』은 참으로 달콤한 이야기다. 이성異性에 눈뜬 어린이에게는 톰이 예쁜 여자 친구 베키와 동굴 속을 서로 손 붙들고(!) 헤매는 장면이, 커서 '돈을 많이 벌어야겠다.'고 다짐하는 어린이에게는 동굴 속에서 금은金銀 보화를 발견하는 장면이 흐뭇하게 읽혔을 것이다.

그러나 이 이야기의 핵심은 톰이 어른 말을 안 듣고, 온갖 장난을 벌이는 악동惡童이라는 것이다. 아이들은 "어른 말씀을 잘 듣고 따라야 한다."는 얘기를 지겹도록 듣고 자라는데, 이 소설은 그 얘기를 단박에 깨버리는 해방감을 아이들에게 불어넣어주니까 말이다. 이 소설을 읽고 나서도 아이들은 여전히 '어른 말씀을 잘 들어야 한다.'는 생각 속에 살아가겠지만 마음속 한 켠에는 "아, 신나는 탈주脫走도 있구나." 하는, 해방에 대한 꿈이 은연중에 움트기 시작하리라.

장난질의 백미白眉[1]는 폴리 아주머니의 명령으로 담벼락에 페인트칠을 하게 된 톰이 지나가던 아이들을 ('이 일이 얼마나 멋진 일이냐.' 하고) 구워삶아서 아이들에게 자기 대신 페인트칠을 시키고는 금상첨화錦上添花[2]로, 아이들이 갖다 바친 선물을 챙기는 장면이다. 발상을 바꾸면 길이 열린다! 장난을 치려거든 대담하게 쳐라!

---

1. '하얀 눈썹'이라는 뜻. 여럿 중에 가장 뛰어난 사람을 가리키는 중국 고사故事.
2. '비단에 꽃을 더 얹었다.'는 뜻이니, 좋은 일이 겹치기로 찾아왔다는 얘기.

이 소설은 19세기 미국 백인 중산층 사회를 은근하게 비꼬고(풍자하고) 있다. 온갖 고상한 척을 다 하는 폴리 아주머니가 실제로는 톰 같은 악동을 받아 안을 줄 모르는 속 좁은 인물임을 보여줘서! 하지만 이야기는 '행복한 결말'로 끝난다. 어른들(곧 폴리 큰엄마와 마을 사람들)과 톰 사이에 커다란 갈등이 벌어지지는 않았다.

그런데 『허클베리 핀의 모험』은 어떤가? 여전히 재미있는 모험 이야기이긴 하지만, 이 소설의 '사회적 울림(반향)'은 훨씬 컸다. 19세기의 미국을 온통 뒤흔들어놓은 '노예 해방 문제'가 줄거리의 핵심을 차지했기 때문이다. 작가가 소설 안에서 '노예 해방이 필요하다, 어쩌고…….' 하는 이야기를 한마디도 하지 않았지만, 주인공이 벌인 행동 (흑인 소년 짐을 구하기) 자체가 그 주제를 나타낸다. 소설의 주제는 주인공이 벌인 주된 행동이 '무슨 뜻이냐'임을 명심해둬라.

이 소설이 그때 어떻게 받아들여졌을지를 먼저 생각해보자. 『톰 소여의 모험』을 읽었던 어린이들은 '얼른 구해서 읽어야지.' 하고 다들 들떠서 기다렸으리라. 중요한 것은 아이들이 책값이 없어서 어른에게 '사달라'고 졸라야 했다는 게다. 그런데 미국의 백인 중산층 사회, 특히 작가가 살았던 남부의 중산층들은 '노예 해방'에 대해 그렇게 고운 눈길을 보내지 않았다. 소설이 나온 때가 미국 헌법에 '노예제도 금지' 구절이 적힌 때(1865년)로부터 20년 뒤인데도 그랬다.[3] 왜? 노예가 해방된 뒤로, 공업이 발달한 미국 북부는 계속 뻗어 나갔지만, 면화 농업이 차츰 가라앉은 남부의 백인들은 돈(지갑) 사정이 궁색해졌으므로! 사람은 자기 잇속(이익)과 어긋나는 일이면 아무리 진취적이고 옳

---

3. 미국의 독립(건국)은 진취적인 사건이었지만 노예제도를 타파할 만큼 진취적이지는 못했다. 남북전쟁을 거치고, 노예경제를 고집하는 남부 백인사회가 전쟁의 된서리를 맞은 뒤에야 노예제도가 사라지기 시작했다.

은 일이라 해도 선뜻 찬성하지 않는다(세상일에서 이것이 최대의 문젯거리다!).

아마 그 중산층들은 '책을 살까, 말까' 마음이 오락가락했으리라. 아이들은 '사달라'고 조르지, 모험 이야기야 재미가 있으니 자기도 읽어보고 싶지(그때는 TV가 없던 시절이다. 소설 읽기가 중요한 문화생활이고 오락이었다), 소설가가 (남부 지방을 흐르는) 미시시피 강의 아름다운 풍광風光을 유려하게 묘사해놔서 특히 끌리지…… 이것이 한쪽 켠의 마음이다. "뭐, 미국 중산층은 머릿속이 텅 빈 속물俗物들이라고? 노예 해방은 당연히 옳은 거라고? 소설가가 너무 잘났구먼." 하고 떨떠름해지는 것이 다른 쪽의 마음이다.

커다란 질문을 던지자. "문학이 사회에서 어떤 구실을 할까?" 왜 이 질문을 던졌느냐 하면, 이 소설이 그 질문에 뚜렷한 답을 주기 때문이다. 요즘도 사람들에게 많이 읽히는 베스트셀러 소설들이 있기는 하지만, 소설문학이 대중에게 끼치는 정신적 영향은 차츰 줄어들고 있다. "너, 아무개 소설 읽어봤니?" 하고 궁금해하는 일이 드물다. '소설이 죽었다!' 하는 말까지 나오는 판이다.[4] 그런데 100여 년 전에는 소설이 사람들에게 끼치는 감화感化가 꽤 컸다.

『허클베리 핀의 모험』은 정치적인 주장을 강력하게 펼친 논설문이 아니다. 그랬다가는 "아, 이거 정치 선전물이군!" 하고 사람들이 집어들지 않는다. 그때 밑바닥 사람들이야 '노예 해방은 좋은 거야.' 하고 생각한 사람이 더 많았겠지만, 문제는 '소설 독자층'은 돈도 있고, 글줄이나 읽는 백인 중산층이라는 사실이다.

그런데 이 소설은 너무 뻔한 정치 선전물이 아니었기 때문에, 그나

---

4. 여기서의 '소설'은 문학적 가치가 있는 것을 가리킨다. 오락 소설은 죽지 않았다.

마 백인 중산층들이 받아들였다. 막상 읽어보면 미시시피 강 뗏목 위에서 벌어지는 흥미진진한 모험 이야기다. 작가가 던져주는 정치적 메시지가 달갑지는 않지만 재미있게 읽히는 구석도 있다. 이 얘기를 '일반화'하면 이렇다. 문학은 세상 이야기를 에둘러서 전해주기 때문에 정치적인 의견이 다른 사람에게까지 가 닿을 수 있다. 이것, 대단한 효과가 아닌가? '문학이 (사람들의 생각에 영향을 주는) 힘이 있다.'는 말은 이럴 때를 가리킨다.

요즘 그 소설을 읽는 사람 중에도 작가에 대해 불만스러워하는 사람이 많은데 이때의 불만은 100년 전의 미국 남부 백인들이 느낀 불만과는 반대 방향이다. "노예 해방 사상을 표현하겠다고 하면서, 어찌 인종차별적인 얘기가 들어 있을까? 노예 소년 '짐'은 꼭두각시처럼 그려놨네! 소설가가 진보적인 사람이 맞아?" 하는 불만이다. 꽤 일리理가 있는 불만이다.

소설 첫 대목에 나오는 짐은 참 어수룩하다. 미신을 굳게 믿는다. 나중에는 모험에 들뜬 아이들의 노리개로 취급받기도 한다. 백인들에게 거역하려는 치열한 마음도 없다. 그런데 이런 '짐'의 모습은 19세기 미국의 현실을 더 들여다보면 '왜 그런지' 알게 된다.

19세기 미국의 극장에는 흑인들을 조롱하며 웃어대는 악극樂劇이 유행했다고 한다.[5] 백인 가수 둘이 흑인으로 분칠하고 나와서 흑인들의 못난 모습을 과장하여 보여줘서 관객들을 즐겁게 했다. 그때 흑인들은 어엿한 사람으로 대접받지 못했다. 흑인 1명과 백인 1명이 배를 타고 오면 "저기, 사람 하나와 검둥이(니그로) 하나가 온다."고 말하던

---

5. 민중 문화는 '풍자'가 본령이다. 미천한 백성이 양반네를 비웃는 우리 민속극 '봉산탈춤' 등을 보라. 흑인 조롱극도 민중 문화의 일부이긴 하되, 힘없는 백인이 더 힘없는 흑인을 비웃는 반동적인 내용이라서 문제다.

시절이다.

허크도 짐을 처음 만났을 때는 '응, 검둥이구먼!' 하고 얕잡아 봤다. 만남이 이어지고, 서로를 알아가면서 비로소 흑인 소년 '짐'을 한 사람으로, 친구로 대하게 된다. 결말 부분에서 허크는 "지옥에 떨어지더라도 짐을 구하겠다."고 말하는데, 이는 이 모험 여행이 허크를 '성숙한 사람'으로 만들어줬음을 말해준다. 이 여행은 단순히 낯선 곳을 겪어본 체험 이야기만이 아니다. 근대 문학은 한 개인이 세상을 깨달아가는 기록이요, 읽는 이들을 일깨우려는 계몽의 메시지였음을 우리는 '허클베리 핀 이야기'를 통해서도 확인한다. 문학가들은 이 소설과 더불어 미국의 근대문학이 출발했다고 칭송한다.

따지고 보면 미국 사회에 '흑인 짐'처럼 어수룩한 흑인들만 있었던 것이 아니다. 19세기 미국 곳곳에서 여러 차례 흑인들의 반란이 일어났다. 반역의 열정을 품었던 흑인도 있었다. 그런데 소설가가 '짐'을 어수룩한 사람으로 그렸던 것은 '짐'의 사람됨이 상당수 흑인들의 모습이었던 까닭도 있지만, 무엇보다 이 소설이 (흑인에 대한 편견이 훨씬 심했던) 남부의 백인 중산층들에게 읽힐 목적으로 쓰였다는 점이 훨씬 결정적이다. 소설가는 그들을 일깨우고(계몽하고) 싶었지만, 너무 급진적인 얘기를 했다가는 아예 자기 책을 집어 들지도 않을 거라고 봤기 때문에, 그들이 (망설이면서도) 받아들일 만한 수준에서 이야기를 지어냈다. 소설가는 자기가 발을 딛고 있는 중산층 사회와 '밀당(=밀고 당기기)'을 벌였다!

노예 해방과 관련하여 더 열정적인 메시지를 담아낸 소설로는 노예제도를 놓고 한창 정치적 갈등이 벌어지던 때(1852년) 쓰인, 그 유명한 『톰 아저씨의 오두막』이 있다. 노예제도가 얼마나 사람을 비참하게 만드는지, 자세하게 그 실상實相을 나타내서 수많은 미국인의 양심을 일깨웠다. '허크 이야기'는 그 소설에 견주어서는 말투(어조)가 나지막하지만, 다시 말해 '노예 해방'과 관련해서는 온건하게 작가의 생각을 나타냈지만, "허크처럼 백인 중산층의 기성 사회와 결별한(선을 그은) 사람만이 미국의 희망"이라는 사실만큼은 못 박았다. 소설의 결말 부분에서 허크가 '마을을 떠나기'로 결심한다는 것이[6] 이를 말해준다. 중고교 국어책에 실린 한국 소설 중에는 이 두 소설만큼 사람들을 '널리' 일깨우고, 계몽과 진보의 무기武器로 쓰인 소설이 몇이나 될까? 식민지 현실에 온몸으로 맞설 의기義氣를 표현한 몇 편의 시詩가 나왔을 뿐, 널리 감동을 퍼뜨린 소설은 없었던 것 아닐까?

6. '아메리카의 꿈'이란 말이 있다. 어느 나라 백성인들 꿈이 없으리오마는 봉건 유럽을 탈출해 신대륙에서 새 세상을 찾고싶은 사람들의 바람이 워낙 강렬해서 이 말은 '고유명사'가 됐다. 제 앞가림에만 골몰하는 대다수 사람은 이 말을 '미국 가서 큰돈 벌고 싶다.'는 뜻으로 읽었지만, 지성인들은 진보적 민주사회를 세우는 희망으로 읽었다. 작가(마크 트웨인)는 당시의 기성사회가 꿈을 잃어가고 있다고 봤다. 그뒤로 130년이 흘렀다. 요즘 미국, 유럽, 일본의 기성사회는 트웨인만큼 진취적인 꿈을 꾸고 있을까? 허크가 다시 태어날 수 있을까?

2 김시습, 귀신을 빌려 세상을 말하다

첫 한문소설 『금오신화』

여러분, 귀신ghost을 본 적 있는가? 시골에 사는 감수성이 예민한 학생 중에는 혹시 그런 느낌을 받은 적 있을지 모르겠으나, 24시간 늘 전깃불 밝히고 살아가는 도시인은 그런 경험을 한 적이 없다. 잠깐 곁길로 새자면, 한국의 대도시처럼 한밤중에도 늘 시끌벅적하고 어디서나 술 한잔 걸칠 수 있는 데가 이 지구촌에 별로 없다. 외국인이 한국 와서 놀라는 것 중의 하나가 도시의 화려한 밤풍경이다. 왜 그렇게 됐는지, 그게 바람직한 현상인지도 한번 헤아릴 일이다.

(다시 주제로 돌아와서) 글쓴이가 어렸을 적에는 변소가 재래식在來式이었다. 밤중에 변소에 가면 똥통 위로 슬며시 하얀 손이 올라와서 "빨간 손수건을 줄까, 파란 손수건을 줄까." 하고 '귀신'이 을러댄다는 얘기를 들은 터라 컴컴한 변소 안에서 늘 조마조마해하던 기억이 선하다. 그런데 내 주변 사람 중에는 '귀신을 봤다'는 사람을 겪어보지 못했다. 언젠가 오래전에 시골 노인과 얘기를 나누다가 한번 물어본 적 있다. "이 마을에는 귀신이 있나요?" "에이, 없어! 6·25 동란이 나고부터 없어졌지."

아, 여기서 또 우리 세상에 대한 예사롭지 않은 앎과 마주친다.

1950년 6월 말에 본격적으로 터져 나왔던 한국전쟁은 세계에서 유례없이 참혹했다. 2차 세계대전을 겪으며 인류는 5,000~7,000만 명이 죽어갔다고 하는데, 그 바로 뒤에 터져 나온 한국전쟁은 한반도의 좁은 땅 안에서 300만 명이 넘는 사람이 죽었다. 한국 인구의 10분의 1이![7] 사람이 살아내지 못한 땅에 어찌 귀신이 배겨났겠는가.

아무튼 1950년 이전에는 한반도에 귀신이 (있다고 믿는 사람들이) 있었다. 그러니까 옛날에는 사람들이 귀신에 대해 생각을 많이 하고 살았다. 여기서 고려가 기울어가던 시절로 거슬러 올라가보자. '귀신이 있다'고 곧이곧대로 믿은 사람이 아니라 '귀신은 없다(그 앞에 무릎 꿇지 마라).' 하고 말한 사람을 찾아서!

고려 말 선비들의 학식이 깊어지면서 '귀신 숭배'를 억눌러야 한다는 (지배층 내) 여론이 커졌다. '안향'을 비롯해서 여러 벼슬아치들이 무당巫堂이 함부로 나대지 못하게 막았지만 무속巫俗 신앙이 워낙 뿌리 깊은 터라 세태가 금세 바뀔 리 없었다. 조선 왕조에 들어와 (성리학性理學으로 무장한) 신진 사대부士大夫가 국가를 떠맡은 뒤로, 나라 정치의 기조基調는 '샤머니즘 억제'가 됐지만 그렇다고 그 샤머니즘이 하루아침에 사라질 리 만무했다.

조선 왕조는 유교(곧 조상 숭배)를 나라의 종교로 삼아 맨 앞에 내세웠다. 한편 무속의 귀신들은 뒷자리로 밀쳐놔서 그 지위를 깎아내렸다. 요즘도 절에 가보면 절 한복판에 부처님을 모신 커다란 대웅전이 있지만, 대웅전 뒤쪽 으슥한 귀퉁이에는 산신山神과 염라대왕이 머무를 쪼그만 집 한 채씩도 지어놓고 있다.

---

7. 한국보다 더 참혹한 나라는 인구 20%가 죽은 폴란드였는데(700만 명), 죽은 이 가운데 태반이 유대인이었다. 소련(천만 명)과 유고슬라비아가 한국과 비슷하게 인구 10%를 잃었다. 미국과 서유럽 나라들이 겪은 피해는 미미했다.

조선 때 국가가 지내는 큰 제사는 옛 왕들을 기리는 '종묘'와 '사직社稷'이었다. 그리고 다음 등급의 작은 규모로 비바람과 명산名山에 깃든 자연신自然神들에게 제사를 올렸다. 그리고 선비들은 자기 집안의 선조들을 저마다 모셨다. 족보가 없는 밑바닥 민중은? 아마 동네 수호신을 기리는 '굿'에만 참여했을 것이다. 모두가 다 제사 지낸 것, 아니다!

유교 지배층은 마을의 수호신들에게도 '굿' 대신에 '제사'를 지내라고 명령하고 싶었다. 하지만 민중이야 악기를 울리고 노래하고 춤추는 굿이 신명 났지, 점잖게 절하고 축문祝文만 읊는 제사가 그들의 신명을 돋우지는 않았으니 두 세력 사이에 타협이 이뤄졌다. 굿도 벌이고 제사도 지내는 어정쩡한 마을 제사!

옛 선비들은 귀신을 어떻게 대했을까? 2,500년 전, 중국 춘추시대의 공자孔子는 두 가지 생각이 오락가락했다. "귀신은 섬겨야 할 대상"이라는 생각과 "귀신은 사물에 깃들어 있는 기운"에 불과하다는 생각이! 하지만 800여 년 전, 성리학을 일으킨 중국 송나라의 주희朱熹는 "귀신은 하늘과 땅의 움직임이고, 음양陰陽의 작용일 뿐이니 신앙의 대상이 아니다." 하고 분명히 선을 그었다. 그 점에서 성리학은 무신론의 뼈대를 갖고 있다.

그러나 성리학자들은 뿌리 깊은 유신론有神論과 타협했다. 무속(무당)의 귀신들을 은근히 쫓아내는 대신 조상신祖上神을 모시는 쪽으로! 주희는 "제사를 지내면 조상신이 감응感應하여 나타난다. 그러니 정성껏 제사를 모셔라." 하고 (앞에서 한 말과) 딴소리도 했다. 제사 지내기를 게을리하는 사람은 사또가 벌을 줬다.

그런데 성리학자 중에 시류時流와 타협하지 않는 사람들은 용감하게 조상신을 부정했다. (조선 초기) 김시습이 그랬고 서경덕이 그랬다.

"기(기운과 에너지)가 모이면 사람이 살고, 기가 흩어지면 사람이 죽어서 귀신이 된다. 사람이 죽으면 몸뚱이뿐 아니라 혼백(영혼)도 흩어져서 '기氣'로 돌아가므로, 귀신이 '이래라, 저래라' 하는 일은 없다. 그저 음양의 조화를 이뤄주는 데 대해 (귀신에게) '고맙다'는 뜻으로 제사를 올릴 뿐이다. 제사를 지낸다고 해서 조상귀신이 나타나지 않는다!"

김시습이나 서경덕은 "세상에는 기(기운)뿐"이라고 생각했다. 유럽으로 치자면 (세상은 물질로 되어 있다는) 유물론과 아주 가깝다.[8] 그런데 이 두 생각은 사회 지배층에게는 매우 불편하다. "우리 임금은 하늘의 아들"이라는 식으로 그럴싸한 관념/이데올로기를 퍼뜨려서 민중에게 그 앞에서 납작 엎드리게 만들어야 민중을 다스리기가 편안하거늘 '기 일원론氣 一元論'과 '유물론唯物論'은 그런 지배층의 수작(짓거리)이 거짓 수작이라는 것을 꿰뚫어 보게 하는 생각이었기 때문이다. "조상신을 받들어 모신다고? 백성의 충성을 받아내려고 귀신鬼神을 지어내는군!"

막말로 얘기해서, 단군왕검은 '하늘의 아들'이라고 하는데, 죽어서 다 흙으로 돌아가는 인간 중에 왕후장상王侯將相의 씨가 어디 따로 있단 말인가. 다 힘센 군인이 세력을 규합해 반란을 일으켜서 나라를 세우는 것이 아닌가?

이율곡 같은 사람은 매우 영민했다. "기운이 모여 생명이 태어나고, 기운이 흩어져서 생명이 소멸한다."는 커다란 앎을 부인할 수 없었지만, 그 얘기만 해서는 "봉건지배층이 있어야 한다."는 근거를 마련할

---

8. 동양의 학자들은 "이理가 우선이냐, 기氣가 우선이냐"를 놓고 다퉜다. 이치와 기운은 유럽에서 벌어진 관념론과 유물론의 대립과 맞짝이다.

수 없다. 그는 봉건지배층을 떠받드는 얘기를 하고 싶었기 때문에 "세상에는 기氣도 있고 이理도 있다."고 절충론을 폈다(누이 좋고, 매부 좋고). 그런데 어떻게 해서 '머릿속의 이치理致'가 세상을 움직인다는 말이냐, 하는 날카로운 질문에 뾰족한 답을 내놓지는 못했다.

그는 사람이 죽어서 '기氣'가 흩어진다는 엄연한 사실을 부인하지 못했다. 그렇지만 시작도 끝도 없는 '이理'가 남는 까닭에, 정성껏 제사를 모시는 후손 앞에 조상귀신이 감응하여 나타난다고 둘러댔다. "이理가 어떻게 나타나는데?" "그냥 나타나, 짜샤! 내가 말하는 것, 그냥 믿어!" 여기서 철학자 이율곡은 슬며시 도망가버리고, 조상귀신을 무턱대고 믿는 종교인 이율곡이 등장한다.

(예전에는 깊은 밤에 제사를 시작해서 새벽 첫닭이 울 때까지 지냈다. 그때가 귀신이 떠나갈 때라서. 요즘은 다들 다음 날 직장에 출근해야 하므로, 초저녁에 시작해서 일찍이 끝낸다. 후손들이 옛날만큼 정성을 쏟지 않는다. 조상신이 실제로 나타날 거라고 (후손들이) 믿지도 않을뿐더러, 설령 있다 해도 나타날 것 같지 않다. 요즘 제사문화는 사실상 '죽은' 문화다).

여기서 김시습 얘기로 넘어가자. 그는 (1470년 무렵 쓴) 『금오신화金鰲新話』라는 소설에서 귀신 이야기를 많이 읊었다. "귀신은 없어! 귀신 섬기는 짓, 그만둬!" 하고 부르짖은 그가 왜? 그의 인생부터 더듬어보자.

옛 조선 민중이 마음으로 존경했던 조선조 선비를 꼽으라 하면, 아마 이율곡이나 이퇴계는 10위권 바깥으로 밀리고, 김시습이 한 손 안에 꼽혔을 것이다. 왜? 이율곡과 이퇴계는 '글'로만 번듯한 얘기를 했던 반면, 김시습은 제 인생을 걸고 무슨 얘기를 했기 때문이다.

그는 어쩌면 아인슈타인보다 더 뛰어난 천재였는지도 모른다. 불과한 살 때 글자를 알아봤다 한다. 다섯 살 때 세종 임금이 그를 불러서 안아줬다.

"너, 신동神童이구나. 커서 훌륭한 선비가 되렴!"

그런데 그가 과거科擧 시험을 한창 준비하고 있던 스무 살 때, 수양대군이 쿠데타(반란)를 일으켜서 단종을 쫓아내고 스스로 임금이 됐다. 신동 김시습이 정치政治에 대해 입을 다물기만 한다면 얼마든지 출세 길이 보장되고 안락한 삶을 살았으련만, 그는 제가 배운 앎을 배반할 만한 철면피가 못 됐다. 반정反正 소식을 듣자마자 머리를 깎고 속세를 떠났다. 얼마 뒤, 환속하여 저잣거리로 나왔지만 벼슬길에 올라본 적 없는 그의 삶은 늘 빈궁함에 허덕일 수밖에.

권력의 높은 자리에 앉아 있는 사람은 민중의 뼈아픈 실상을 한가롭게 듣는다. 그러나 저 자신, 이웃의 민중과 별다를 바 없는 궁핍한 삶을 살아가는 선비는 세상의 진실이 무엇인지, 진정성을 갖고 둘러본다. 김시습은 지배층의 성리학 말고 딴 사상과 종교에서도 배울 바를 찾는, 열린(포용적인) 태도를 취했다. 그는 전쟁과 온갖 변고에 시달리는 민중의 애환(슬픔과 기쁨)을 널리 알리고 싶었다.

귀신 이야기도 그에게는 민중의 고단한 삶을 알리고 싶은 방편(수단)으로 나왔다. 앞서 말했듯이 그는 귀신이 인간에게 무슨 길흉화복을 가져다주는 거룩한 존재라는 항간(거리)의 믿음을 단연코 부정했다. 아직 무속의 세계관이 널리 퍼져 있던 시대에 그런 단호한 '귀신 부정'은 선각자만이 품을 수 있었다.

그런데 김시습의 생각에는 빈틈이 좀 있었다. "조상귀신, 그런 것 없어요!" 하는 얘기를 함부로 발설했다가는 곤장을 맞는 시절이었다. 사람은 결국 '기'가 흩어져서 흙으로 돌아가지만 무슨 원한이 사무친 경우는 잠깐 (저승으로 가지 못하고 사람들 주변을 떠도는) 원귀冤鬼로 남아 있을 수 있다고 그는 쉽게 생각했다. 인구人口의 99%가 '귀신이 있다'고 당연하게 여기던 시절이었음을 떠올려라.

그는 귀신을 섬기는 사람이 아니었지만, 이 얘기를 방편으로 삼아 세상 얘기를 나타내고 싶었다. 『금오신화』는 그래서 생겨났다.

『금오신화』는 5편의 귀신 이야기로 되어 있는데 그중 「남염부주지 南炎浮洲志」에서는 염라대왕이 나와서 "제사 받는 귀신과 음양의 조화를 부리는 귀신이 다르지 않다. 음양의 이치가 같으므로 극락과 지옥이 있을 리 없다."고 못 박는다. 제사는 존경과 고마움을 나타내는 데 그쳐야지, 귀신이 길흉화복을 가져다준다고 믿지 말라고 일깨운다. 김시습은 염라대왕이 세상의 군왕君王들에게 '바른말'을 할 수 있는 (허구적인) 존재라서 소설 속에 불러냈다. 허튼짓을 하지 말라고, '내세의 인과응보因果應報'를 내세워서 다그친다.

「만복사저포기萬福寺樗蒲記」의 여주인공은 왜구가 쳐들어왔을 때 미처 피난을 가지 못하고 붙들려 피살됐다. 그래서 다북쑥 우거진 곳에 묻혀 있으니 이뤄보지 못한 사랑의 욕구가 (처녀의 원귀에게) 불길처럼 일어났다. 주인공 양생은 부모를 여의고 외로이 살았다가 그 여자가 귀신인 줄도 모르고 사랑을 나눈다. 「이생규장전李生窺牆傳」에서는 고려 공민왕 때 여주인공이 홍건적에게 붙들렸다. 도적이 겁탈하려 하자 "나를 죽여서 씹어 먹어라. 차라리 늑대 밥이 될지언정 어찌 개돼지의 배필이 되겠느냐."고 맞서다가 원통하게 죽임을 당했다. 난리 통의 참혹한 광경을 선연하게 묘사했다.

김시습은 민중의 참혹한 삶을 사대부들이 알아야 한다는 생각으로 소설을 썼다. 그는 패도覇道 아닌 왕도王道가 진정한 정치라 여겼다. 힘자랑이 아니라 백성에게 베풀기! 요즘으로 치면 '그늘진 곳에서 살아가는 사람들에게 관심을 품읍시다.' 하는 현실 고발의 문학을 한 것이다.

작품 속의 남자 주인공들은 사실상 김시습의 분신分身이다. 재능이 있지만 벼슬길에 오르지 못하고 불우한 삶을 살아가는 사람! 그의 분신이, 기구하고 참혹한 신세에 빠진 사람들과 사랑을 나누고, 이 험한 세상과 대결한다.

요즘으로 치면 『금오신화』는 별로 소설 같지 않다.[9] 작품 속에 사건이 별로 없고, 생활 모습이 자세히 묘사돼 있지 않다. 그런데도 『금오신화』를 첫 소설小說로 꼽는다. 김시습 이전의 이야기들은 그저 '설화說話'라 일컫고 『금오신화』를 첫 소설로 꼽는 까닭은, 이 작품 속에서 주인공이 세상과 뚜렷하게 대결을 벌이기 때문이다. '설화'는 (이야기 줄거리만 있을 뿐) 주인공 개인에게 주목할 만한 것이 별로 없다.

『금오신화』의 주인공들이 남달랐던 까닭은 따지고 보면 김시습 자신이 떵떵거리는 사대부 집안 출신이면서도 (패도정치를 벌이는 세조에게 맞서느라) 사대부들의 주류 사회를 박차고 나와서 외로운 변두리 인생을 살았기 때문이다. 그때 말로 '방외인方外人'이라 일컬었다.[10]

공자 맹자의 진정한 제자는 누구였을까. 조선 왕조를 살리기 위해 '10만 양병설'의 청사진을 내놓은 이율곡도, 일본의 유학자들에게 커다란 영향을 끼쳤다는 이퇴계도 아니다. 맹자는 군왕답지 못한 사람은 내쫓아도 된다고까지 '인仁'과 '왕도' 정치를 부르짖었는데, 임진왜란을 맞은 조선 임금은 백성의 돌팔매까지 맞았었다. (실제 인물) 홍길동이 제가 벼슬아치인 양 설치고 다녀서 조선 왕조를 우롱하던 시절이었다(그는 그 괘씸죄로 처형됐다). 임걱정 부대가 조금만 힘이 더 셌더라면 관군官軍을 물리칠 수도 있던 때. 그런데 이율곡은 그렇게 애당

---

9. 그래서 각 '교과'가 따로 노는 것이 문제다. 그때의 '소설'은 일종의 정치 논설이고, 그 독서는 국어 공부이자 사회 공부다. 문학 수업은 사회 역사 공부와 분리돼서는 안 되는데 국어 교과서는 문학만 따로 도려내서 들여다본다. 옛날엔 '성경', '사서삼경' '일리아드' 읽기가 공부의 전부였다. 더더라도 '통합교과'로 가야 한다.
10. 주류主流들이 노는 곳 바깥의 사람, 곧 변두리 인생outsider을 가리키는 말.

초 무너져 내린 조선 왕조를 ('10만 양병' 같은 것으로) 쪼금만 고치면 된다고 안일하게 바라봤다.[11]

오히려 자기 인생을 걸고 패도정치를 반대했고, 그래서 외로운 방외인의 길을 걸은 김시습이야말로 진정한 애민愛民의 정치가가 아니었을까. 맨몸, 맨주먹뿐인 외톨이 정치가! 조선 왕조를 지탱해온 뒷심은 천원짜리 화폐 속에 모신 이퇴계도, 만 원짜리 화폐 속에 모신 세종 임금도 아니요, 봉건국가에 밉보여 응달에 머무른 김시습과 이순신, 봉건지배층에 목숨 걸고 맞선 전봉준이었다. 그들이야말로 그때 백성들에게 '참고 견디며 미래를 꿈꾸어라.' 하고 희망을 불어넣어준 사람들이 아닐까. 제 목숨 또는 인생을 걸고 부르짖는 말만이 사람들의 심금을 울리는 법이다. 김시습은[12] 생육신生六臣의 한 사람으로, 길이길이 우러름을 받고 있다.

11. 옛 왕국들은 흥망성쇠의 사이클이 있었다. 그때 차라리 이순신이 역성易姓 혁명을 일으켜 새 나라를 세웠더라면 19세기에 사이클이 덜 가라앉은 상태에서 서양 오랑캐들과 대결했을 테니 더 힘 있게 외세에 저항하지 않았겠느냐고 아쉬워하는 사람도 있다. 당시 선조가 이순신을 두려워해 내쫓은 것을 두고 하는 말이다.
12. 『논어論語』 첫머리는 학이시습지學而時習之 불역열호不亦悅乎로 시작된다. "배우고 때맞춰 실천하니, 어찌 기쁘지 아니하리오?" 김시습은 여기서 제 이름을 땄다. '습習'을 '익히다'로 옮기는 것은 초보 번역이다.

3 근대 자본주의의 챔피언 파우스트

파우스트와 메피스토펠레스

유럽의 문학가들 중에는 '세계 최고'의 문학가로 영국의 셰익스피어와 이탈리아의 단테, 독일의 괴테를 꼽는 사람이 많다. 보통 사람들 사이에는 누가 무슨 말을 한다고 해서, (그리고 나는 잘 모른다 해서) 그 사람들(곧 전문가) 말을 덥석 받아들이는 경향이 짙은데, 그런 수동적인 태도를 삼가는 것이야말로 공부의 첫걸음이다. "당신, 똑똑해? 그러나 나도 똑똑해!" 하고 나 자신의 주관主觀을 존중하라!

그 세 사람이 훌륭한 문학가라는 것을 의심할 이유는 없다. 그렇지만 '세계 최고'라고 단정 짓는 것은 다른 문제다. 육상陸上 운동인 '달리기' 경기야 '누가 최고인지' 객관적인 기준에 따라 엄밀하게 판단하는 것이 어렵지 않지만, 사람의 정신과 영혼이 어우러지고 녹아든 문학작품을 놓고 우열(우수함과 열등함)을 가르는 것은 여간 어려운 일이 아니다. '대체로 잘 쓰인 글'과 '형편없이 쓰인 글'과 '매우 빼어난 글'로 대강 구분할 수는 있어도, 1등에서 100등까지 엄밀하게 줄 세우기는 불가능하다. 그러니 '누가 세계 최고'라고 누군가가 입방정을 떨면 대뜸 "그게 그렇게 칼같이 가를 수 있는 걸까?" 하고 치받는 학생이야말로 정신의 패기가 살아 있는 똑똑한 학생일 게다.

조금만 세상을 둘러봐도 위의 애기가 허튼 애기임이 드러난다. 어떤 문학가들은 위의 세 사람이 아니라 『돈키호테』를 지은 세르반테스야말로 최고라고 엄지손가락을 치켜든다. 톨스토이와 도스토예프스키를 들먹이는 사람도 있다. 그런데 그렇게 중얼거리는 사람들 대부분은 또 유럽의 문학만 쳐다보고 앉아 있다. 중국의 『시경詩經』[13]이 세계 최고라 칭찬받을 구석도 있지 않을까? 우리가 무심코 '유럽 중심'이라는 색안경을 끼고 세상을 볼 때가 많다는 것을 잊지 마라.

아무튼 간에 위의 세 사람을 간단히 비평해보자. 이탈리아인 단테는 1300년대 초에 『신곡神曲, La divina commedia』을 썼다. 이탈리아나 프랑스나 스페인의 말은 영어와 달리, 모든 명사가 남성형le, 여성형la으로 나뉜다. 'La, -na, -dia'는 여성형 정관사定冠詞와 어미語尾다. 영어로는 the divine commedy인데 'divine'은 '성스럽다'는 뜻. 어떤 사람이 지옥과 연옥煉獄(지옥에 떨어진 사람들보다 가벼운 죄를 지은 사람들이 머무는 곳)과 천국을 여행하면서 기독교의 눈으로 세상을 바라본 이야기다. 지옥과 연옥은 단테가 존경하는 옛 로마의 시인 베르길리우스가, 천국은 '구원의 여인' 베아트리체가 길잡이를 한다.

영국의 셰익스피어는 1600년대 초에 『한여름 밤의 꿈』, 『베니스의 상인』, 『로미오와 줄리엣』을 비롯해 『햄릿』, 『맥베스』, 『리어왕』, 『오셀로』 같은 묵직한 희곡을 내놓았다. 먼 훗날(곧 오늘날)까지 읽히는 문학이 훌륭한 문학이라는 점에서 셰익스피어가 영문학의 최고봉을 이루는 것은 분명하다. 대표적으로, 『햄릿』은 심리가 복잡 무쌍하고 우유부단한(뜨뜻미지근한) 현대인의 한 유형을 은유하는(대신 가리키는)

---

13. 중국의 이름 모를 민중들이 지은 자유분방한 노래를 공자가 엮었다. 아시아든, 유럽이든 거대국가체제로 넘어오기 전(기원전 800년~기원전 200년)이나 보편 종교가 출현할 때 발랄하고 영혼 깊은 사상들이 꽃피었다.

낱말로 자리 잡을 만큼, 그 내용이 함축적인 희곡이다. 이런 뛰어난 문학이 나올 수 있었던 시대 배경을 살펴보자. 그 무렵 국력國力이 커진 영국은 (유럽 대륙에 비해 뒤늦게) 르네상스(문예부흥)를 맞이했다. 아직 중세 사회의 질서는 굳건하지만 중세를 넘어서려는 인문학人文學도 활발하게 꽃피어날 때였다. 옛 시대와 새 시대정신이 서로 충돌할 때, 강렬한 문학이 탄생하는 법이다.

독일의 괴테는 1800년대 초에 『젊은 베르테르의 슬픔』과 『빌헬름 마이스터의 수업시대』, 그리고 희곡 『파우스트』를 내놓았다. 베르테르 얘기는 답답한 중세 사회에 대해 격렬하게 반발하는 '질풍노도(거센 바람, 분노하는 파도)의 문학'이요, 『수업시대』는 정치 후진국인 독일 국민들이 교양 있는 인간으로 성숙하기를 바라는 생각이 담겨 있다.

먼저 나이 어린 학생들에게 '이 세 사람의 작품이 필독 도서로 추천할 만한가.' 하는 물음부터 떠올려야 한다. 한국 학생이 한국과 동아시아의 문화 전통은 이해하기 쉬워도 유럽의, 그것도 옛날의 문화는 아무래도 생소하기 때문이다.

우선 현대 문화와 많이 통하는 문학이 잘 읽히는 법이고, 현대와 거리가 먼 얘기는 잘 읽히지 않는다는 것부터 짚자. 단테의 작품 『신곡』이 르네상스(문예부흥)와 통하는 구석이 있다고는 해도, 기본적으로는 중세 사회의 관심에 푹 빠져 있는 얘기다. 기독교라는 문화적 안경을 쓰고 세상을 내다봤다. 그 시대 유럽 사회에서는 '으뜸'으로 칠 만한 작품이었겠지만 지금 특히 아시아에서는 아니다. 『신곡』에 관해 쉽게 간추려 소개한 글을 읽는 것은 괜찮으나, 원작을 다 들춰보라고 권할 일은 아니다.

셰익스피어의 희곡은 『신곡』보다는 알아듣기도 쉽고, 현대인에게도 와 닿는 구석이 많다. 하지만 시대가 다르고, 언어가 다르다는 장벽이 여간 크지 않다. 1600년대의 영국인은 공부가 깊지 않은 사람이라도 그의 희곡을 훨씬 잘 알아듣고 재미있어했다. 2000년대의 한국인은 아무리 공부를 많이 한 사람도 영문학 전공자가 아니라면 그 작품들을 덜 알아듣고 덜 재미있어한다. 옛 영국인이 깔깔대고 웃을 장면을 우리는 '뭔 얘기인지 몰라서' 웃지 못한다.

그러니까 그의 희곡을 생생하게 읽어내려면 배경지식부터 풍부하게 알아야 한다. 번역된 책에는 풍부한 작품 해설이 뒤따라야 한다. 그러고도 그 독서는 한국 소설을 읽는 것보다 훨씬 벅찬 독서가 된다. 공부가 얕은 학생들에게는 (원작보다는) 원작을 간단하게 간추려 해설한 '요약글'을 읽으라는 것이 더 현명한 권고일 것이다.

부모들 중에는 여러 가지를 헤아리지 않고 단지 셰익스피어가 위대한 문학가라는 이유만으로 자녀들에게 독서를 권하는 사람이 많은데, 그렇게 '묻지 마, 독서'를 해도 좋을 만큼 셰익스피어가 위대할까? 글쎄다. "셰익스피어의 작품은 (당시 영국의 식민지였던) 인도India와도 바꾸지 않겠다."고 호기롭게 떠든 녀석들이 영국에 있었던 모양인데, 참으로 경박하고 교만한 주둥이들이다.

인도는 위대한 고대 문명의 하나를 낳은 나라다. 당연히 그 나라의 문학 전통도 깊고 넓지 않겠는가? 아무리 셰익스피어의 희곡이 재미있고, 와 닿는 구석이 많기로서니 인도 문학의 넓이와 깊이를 당해낼까? 한 나라를 떼어내서 교환한다는 발상도 교만하지만(수억 명의 인도인들을 사고팔고 처분한다?), 그 나라의 문학 전통만 따지더라도 셰익스피어 작품 몇 개보다 훨씬 윗길이 아닐까?

박홍규 교수가 『셰익스피어는 제국주의자』라는 책을 썼다. 셰익스피어의 희곡에 제국주의를 대놓고 예찬禮讚하는 대사는 들어 있지 않아도, 제국주의 국가로 뻗어가는 영국인들의 사고방식과 세계관이 그 희곡에 표현돼 있을 것은 넉넉히 짐작할 만한 일이다. 그의 희곡 작품에는 나라와 나라가 서로 충돌하고 침략하는 얘기들이 가득 들어 있지, 밑바닥 민중이 어떻게 세상의 주인으로 일어서느냐 하는, 훨씬 깊은 문제의식은 들어 있지 않다. 읽어볼 만한 작품의 하나이긴 하지만, 인간과 세상에 대해 어떤 두드러진 면만 들춰냈을 뿐이다. '안 읽어도 그만'이다. "세상에는 우리밖에 없다."고 뇌까리는 유럽의 '우물 안 개구리들'의 잘난 체를 곧이곧대로 수긍해서는 안 된다.

서론이 길었다. 『파우스트』 얘기로 넘어가자.

먼저, 파우스트는 유럽에 실제로 살았던 사람이고, 그 사람이 하도 재미있는 사람이다 보니, 실제 인물 얘기에 뻥(구라)을 섞어서 문학작품이 태어났다. 그것도 괴테 혼자 북 치고 장구 친 것이 아니고 유럽의 여러 문학가들이 파우스트를 소재로 삼은 숱한 작품들을 내놨다는 것부터 알아두자. "아, 파우스트가 재미있는 놈이네? 함축하는 뜻이 대단히 많겠네?" 하는 것부터 깨닫자는 얘기다. 어디, 궁금증이 좀 생겨나지 않는가?

아, 잠깐! 삼천포로 빠지자. '홍길동'도 뻥구라로만 아는 아이들이 많은데, 실제 인물이었다고 한다. 『조선왕조실록』에 보면, 연산군(쫓겨난 임금) 때, 왕의 부하들이 경복궁 근정전에 뛰어와서 "임금님요, 홍길동이, 그 자식이 잡혔대요." 하고 긴급 보고를 올리니까 연산군이 그 자리에 있던 영의정과 좌의정과 두 손뼉을 마주치며 '하이파이브'를 했다나 어쨌다나. 조선시대에도 청소년들 중에 '일진(주먹패의 으뜸)'이 있었는데, 얘네들이 무슨 그룹을 결성할 때, 칼로 손가락에 피를 내서 혈서血書를 쓰면서 다 같이 외치기를 "우리는 같이 죽고 같이 산다! 홍길동을 두고서 맹세하노라!" 했다고 한다. 그때 나이 어린 주먹패들에게 홍길동은 아이돌(우상, role model)이었다는 얘기다. 그러니까 그가 '한국인을 대표하는 이름'으로 등극한 것이고, 요즘도 은행 창구에 무슨 신청 서식書式 견본으로 적어놓은 것을 보면, '이름'이 홍길동이라고 적혀 있단다.

각설하고(그 얘긴 집어치우고), 파우스트 이야기는 서유럽의 민담과 문학에서 오랫동안 전해 내려오는 전설의 하나다. 파우스트는 지식과 권력을 얻으려고 악마에게 제 영혼을 판 독일의 마법사(또는 점성술사)다. 그런데 실제로 살았던 파우스트는 두 사람으로 짐작된다. 한 사람(또는 둘 다)은 1540년께 죽었고, 마술과 연금술, 점성술과 예언, 신학적 연구와 악마 연구, 심지어 남색(게이)까지 뒤얽힌 전설을 남겼다. 그는 두루 여행을 했고 꽤나 유명했다(또는 악명 높았다). 그의 마술 솜씨를 하찮은 협잡이라고 비웃은 사람도 많았지만 마르틴 루터 같은 루터교 성직자들은 그를 진지하게 받아들였다. 그 무렵엔 노스트라다무스같이 이름난 예언자들도 많았는데 당시에는 덜 유명했던 파우스트가 전설에는 더 많이 오르내린다.

그가 죽은 뒤 익명의 작가가 쓴 『파우스트 이야기』(1587)가 나온 것을 비롯해, 서유럽에 파우스트 붐이 일어났다. 꼭두각시 인형극으로 꾸며진 유랑극인 파우스트극이 200년간 인기를 누렸고 그의 이름이 들어 있는 마술 입문서 출판은 수지맞는 장사였다. 이런 책에는 악마와 계약을 맺거나 깨는 법에 관한 소개가 들어 있었다.

독일의 계몽주의 문학가 고트홀트 레싱은 파우스트의 지식 추구를 귀한 것으로 여기고, 파우스트와 신神의 화해로 끝나는 희곡을 썼다(1784). 괴테가 1808~1834년에 희곡 『파우스트』를 내놓았다. 음악가 베를리오즈는 「파우스트의 저주」라는 칸타타를 작곡했고(1846), 구노는 오페라를 만들었다(1859). 그 뒤로도 하인리히 하이네와 폴 발레리를 비롯해 파우스트를 그려낸 문학가들이 수없이 많다.

괴테가 쓴 『파우스트』의 줄거리는 다음과 같다.

1부

온갖 학문(신학/철학/법학/의학)을 다 탐구한 늙은 학자 파우스트는 제가 익힌 지식의 허무함을 깨닫고 한탄하다가 스스로 목숨을 끊으려 한다. 그러나 부활절 종소리에 다시 삶에 대한 애착을 느낀다. 그때 악마 메피스토펠레스가 찾아와 파우스트에게 온갖 심오하고 생생한 지식을 다 채워주겠다고 약속한다. 이미 메피스토펠레스는 파우스트를 유혹할 수 있느냐를 놓고 신神과 내기를 걸었던 것이다. 파우스트는 악마가 자신에게 '이 지상地上의 행복'을 알게 해준다면 자기 영혼을 악마에게 내놓겠다고 다짐했다.

"내가 그 순간을 향해 '멈춰라, 너는 참 아름답구나!' 하고 말한다면 나는 파멸해도 좋다."

메피스토펠레스는 파우스트를 젊은 청년으로 변신시켜 술집으로 데려갔다. 어떤 여자라도 최고의 미녀처럼 보이게 하는 마약을 마신 파우스트는 평범하지만 마음씨 곱고 착한 마르가레테를 만나 대뜸 사랑에 빠진다. '그레트헨'이라는 애칭으로 불리는 이 아가씨는 파우스트에게 구원의 여인이 된다.

이미 자기 영혼을 악마에게 팔아버린 파우스트는 악의 늪에 빠지고, 순수한 사랑으로 맺어진 그레트헨까지 구설수에 올랐다. 그녀의 오빠 발렌틴이 화를 내자, 파우스트는 메피스토펠레스의 힘으로 결투를 벌여 상대를 찔러 죽인다.

파우스트는 제 행동을 후회하며 도망치고, 오빠를 잃은 그레트헨은 감옥에 갇혀 번민한다. 파우스트는 그레트헨을 찾아가 함께 도망치자고 졸랐지만 신앙이 깊은 그녀가 기도 드리는 것을 보고, 그녀가 구원을 받았음을 알고 악마를 따라 사라진다.

2부

중세 독일의 왕궁. 메피스토펠레스는 마술을 부려 황제가 많은 재물을 얻도록 한다. 재물에 진력이 난 황제는 관능의 욕구를 채우려고 옛 그리스의 미녀 헬레네를 데려오라고 파우스트에게 명한다. 파우스트는 악마의 힘을 빌려 고대 그리스 신화 속으로 들어가 헬레네를 만난다. 파우스트는 헬레네의 미모에 끌려 황제의 명령도 잊고, 그녀와 사랑에 빠진다. 둘 사이에 오이포리온이란 사내아이가 태어났다. 그러나 이 아이가 죽자 둘의 사랑도 끝났다. 파우스트는 향락이 사람을 비천하게 만들고 오직 제 영토를 갖고 군림하는 것이 최상이라고 깨닫는다.

그는 반란군을 정벌한 공로로 황제로부터 습지(척박한 땅)를 얻어 대단위 개간 사업을 벌인다. 이상국을 건설할 꿈에 젖어 정력적으로 일한다. 늙을 대로 늙고 눈까지 멀었으나, 마음은 이상하게도 기쁨과 평화를 느끼며 죽어간다. 메피스토펠레스가 파우스트의 영혼을 데려가려고 나타났는데 천사들이 내려와 장미꽃을 뿌려 이를 가로막는다. 그레트헨이 하늘 위에서 성모 마리아에게 파우스트의 죄를 용서해달라고 빌고 그 응답으로 하늘에서 신비스러운 합창 소리가 울려 퍼진다. 결국 악마 메피스토펠레스는 신과의 내기에 패하고, 파우스트의 영혼은 착한 그레트헨의 기도에 힘입어 구원을 얻었다.

괴테의 작품 이전에, 이미 유럽 곳곳에 파우스트를 그려낸 문학과 예술이 꽃을 피웠다는 것은 파우스트라는 인물됨이 함축하는 바가 대단히 넓다는 얘기다. 실제 인물 파우스트는 '교회'가 좌지우지하고 있던 중세 주류 문화를 벗어나 갖가지 지식(연금술, 마법)을 추구한 인물이다. '악마'와도 친구를 삼겠다는 것은 중세의 기성 사회가 퍼뜨리던 신학적인 도덕윤리 관념과의 충돌마저 무릅쓰겠다는 태도의 표명이다. 요컨대 중세 사회에서는 이단아異端兒(삐딱이)였지만 '근대'의 눈으로 보자면 선구자였던 인물이다.

괴테의 『파우스트』는 갖가지 풍부한 문학 전통을 녹여낸 걸작이다. 이 작품이 함축하고 있는 메시지는 갖가지 측면에서 폭넓게 짚어볼 수 있겠지만, 이는 유럽 문학을 깊이 들이파지 못한 사부가 다 일러줄 수 없는 노릇이고, 이 글은 '근대 자본주의 문명을 밀고 나간 주동자主動者'로서 파악되는 파우스트에 대해서만 살펴본다.

괴테의 『파우스트』는 200년 전에 나온 작품이다. 그런데 200년 뒤의 얘기를 '예언'이라도 하듯이 미리 끄집어낸 대목이 2부의 뒷부분에 있다.

> 파우스트: 이런 말을 하는 것이 부끄럽지만 저 언덕 위의 노인들을 몰아내고, 보리수 그늘을 내 자리로 삼고 싶다. 내가 갖지 못한 저 몇 그루 나무들이 '세계를 차지한 보람'을 망치고 있구나…… 부유한데도 결핍을 느낀다는 것은 우리의 고통 중에 가장 혹독한 것이다.

파우스트는 지금 거대한 바다를 메워서 농토農土를 만드는 큰 공사를 지휘하고 있다. 행동주의자 파우스트는 인간에 의해 정복당하지 않는 '바다'에 대해 불만이 많다. 그런 파우스트를 괴롭히는 것은 눈앞에 보이는 평화로운 언덕이다. 아름다운 보리수 그늘에 노인들이 사는 그곳은 요컨대 근대 이전의 가치가 지배하는 세계인데 그곳이 파우스트로 하여금 '세계를 차지한 보람'을 느끼지 못하게 가로막는다.

그곳에서 파우스트의 업적을 비웃기라도 하듯이 케케묵은 중세의 교회 종소리가 울려 나와 파우스트는 미칠 지경이다. 파우스트는 '여유로운 것, 노동하지 않는 것, 은은하고 느린 것'과 같은 전근대前近代의 가치에 화가 나 있다. 그런데 곧이어 메피스토펠레스가 보낸 졸개들에 의해 두 노인이 죽임을 당한다. 악마는 사실상 파우스트의 생각을 받들어서 그 짓을 했는데도 파우스트는 "누가 그들을 죽이라고 했더냐." 고 화를 낸다.

그로부터 200년 뒤. 2009년 1월, 서울 용산 한강로에 있는 남일당 건물 옥상에는 (가진 것 없는 서민들을 내쫓는 식으로 진행된) 용산 재개발 사업에 항의하는 철거민들이 농성을 벌이고 있었

2009년 1월 용산 참사 당시(출처: 참세상 자료사진)

다. 어느 날 이들을 내쫓기 위해 경찰특공대가 쳐들어갔는데 '과잉 진압'으로(이 작전이 너무 심하다고 일부 경찰이 반발하기도 했다) 철거민 5명과 특공대 1명이 죽고 수십 명이 다치는 참사가 벌어졌다. 지난 40년간 한국에는 '개발 독재'가 판을 쳐서 숱한 밑바닥 민중이 희생됐었는데 파우스트는 이와 같은 20세기 후반의 '개발 독재'를 일찍이 예견하고 있다.[14]

14. 개발 독재의 대명사가 박정희다. 우리는 '그를 어떻게 볼 거냐.' 똑똑하게 답해야 한다. 우리 현대사를 한마디로 간추리면 그 질문(화두)으로 환원되기 때문이다. "산업화는 잘했지만, 민주주의는 부족했다."는 게 다수의 의견이다. 그런데 이런 흐릿한 앎은 우리 미래를 개척하는 데 아무런 깨달음을 주지 못한다. 한국의 자본경제가 잘나가던 1970~90년대에는 '산업화를 잘했다'는 말도 일리一理 있는 말로 들렸겠지만, 2008년 세계금융위기가 터진 지금, 청년 실업률이 10~30%에 다다른 지금, 과연 '그가 산업화를 잘했을까'도 되짚어봐야 한다.

그렇다면 파우스트는 다시 읽힌다. 그는 근대인, 아니 현대인이었다. 그는 이 세상의 비밀을 다 들춰낼 수 있는 전지전능한 과학 지식을 얻기를 바랐다. 악마에게 영혼을 파는 한이 있더라도, 다시 말해 무슨 윤리도덕이건 다 짓밟더라도 이 땅 위에 '멈춰라, 너는 참 아름답구나!' 하고 감탄할 자본주의 물질문명을 건설하고 싶었다. 온갖 초현대 군사무기와 군사위성이 하늘과 우주를 날아다니고, 그 덕분에 보통의 백성들까지도 자기가 운전하는 자동차가 지금 어디를 달리는지, 시시각각으로 정보를 알게 해주는 '내비게이션 문명'의 위력을 맛보며 살아가는 세상(컴퓨터와 내비게이션은 군사기술 발달 덕분에 생겨났다)! 이만하면 악마에게 영혼을 팔아도 아깝지 않다?

　『파우스트』에서 생생한 함축미를 자랑하는 대목은 이렇듯 악마를 옆에 끼고 온갖 욕망을 다 추구하는 대목이다. 아무런 힘도 없고 착해빠지기만 한 여성 그레트헨의 '기도'를 하느님이 들어줘서 파우스트가 구원받았다는 대목은 앙상하게 관념적인 결론만 억지로 덧씌운 것에 불과하다. 세상에, 가녀린 여자애 하나가 어떻게 세상을 구원한다는 말인가? 그 결론이야,『파우스트』를 차마 악마가 판치는 결말로 끝맺음할 수는 없었던 작가가 억지로 갖다 붙인 거짓 결론(곧 환상)이지, 이 세상에 그런 '구원의 싹'이 어디 움트고 있었는가.

　『파우스트』의 결말에 멋진 대사가 나온다.

　"영원히 여성적인 것이 우리를 구원하리라. 어쩌고……."

　사부도 부디 그렇게 되기를 바란다. '남성적인 것(그것이 조잡해지면 '마초'가 된다)'이 우리를 구원해줄 리는 없으니까 말이다. 하지만 어느 세월에? 그 믿음을 잃지 않는 것은 훌륭한 태도이지만, 괴테 생전에 근대 사회가 속죄하고 구원을 받았다고 여긴다면 그렇게 믿는 사람은 정말 세상모르는 철부지다. 사부는 악마에게 영혼을 판 인류가 앞으로 100년 뒤에라도 그렌트헨(착한 여자)들 덕분에 구원을 받을 수 있을지 장담하지 못한다.

유럽의 어느 학자는 괴테의 『파우스트』를 가리켜 '최초의 근대 서사시敍事詩 또는 세계 텍스트(교과서)'라고 일컫는다. 근대 자본주의 문명은 자기 영역을 끝없이 넓혀왔고, 세계를 지배해왔으며, 그러면서 자신이 얼마나 폭력적인 체제인지 끊임없이 숨겨왔다. 중학교 사회책에 실려 있는 유럽 근대 학자들의 갖가지 얘기는 그 대부분이 자본주의 체제의 폭력성을 은폐하는 '결백의 수사학(말풍선)'이었다. 위의 인용문에, "누가 노인들을 죽이라고 했더냐!" 하고 파우스트가 화를 내는 장면이 나오는데, 참으로 기가 막히는 촌철살인寸鐵殺人[15]의 대사다. 탐욕에 눈먼 자본주의 문명을 이렇게 용감무쌍하게 얼버무리는 변호론('자본주의는 결백하다.'고 떠드는 입방아질)이 『파우스트』 말고 또 어디 있었던가. 이렇듯 근대 자본주의 체제의 '비밀'을 일찌감치 드러낸 문학작품이라는 점에서[16] 괴테의 희곡 『파우스트』는 손꼽히는 걸작이다.

딴 학자의 비평도 덧붙이자. 『파우스트』는 피를 뚝뚝 흘리는 자본의 이야기를 들려주는, 자본의 원시적primitive 축적을 노래한 시詩라고 한다.[17] 그 못된 짓을 직접적으로는 메피스토펠레스가 떠맡고 있기 때문에 독자들은 이 사실을 얼핏 놓치고 넘어간다. "결국에는 파우스트가 착한 사람 됐잖아? 그러니까 욕을 퍼부어야 할 놈은 '악마'이지 파

---

15. 쇳조각으로(촌철) 사람을 죽이듯, 말 한마디로 남의 코를 납작하게 만든다는 뜻.
16. 수정자본주의를 꾀한 경제학자 케인스는 그 탐욕스러운 체제의 정체를 솔직히 알고 있었다.
17. 요즘 대중이 '자본 축적'에 대해서는 많이 알지만, 그에 앞서 한밑천 잡는 수탈(원시적 축적)에 대해서는 흔히 간과한다. 21세기 들어 후진국 대도시에 큰 슬럼이 들어섰는데, 농촌에서 쫓겨난 사람들 때문이다. '원시적 축적'은 지금도 세계 곳곳에서 맹렬하게 진행되고 있다. 마르크스의 『자본론』은 이 역사를 소상히 밝혔다.

우스트가 아니야!" 하고 얼버무리는 순간, 파우스트의 계략은 성공을 거둔다. 파우스트가 악마와 정답게 놀아난 것은 '엄연하고 냉혹한 현실'이고, 그렌트헨으로부터 구원을 받은 것은 '그랬으면 좋겠다 싶은 희망사항'에 불과하다!

문제는 '하느님과 악마 중에 누가 이기느냐'일까? 그것은 가짜 대립 구도다. 세상에 하느님이 어디 있고, 악마가 어디 있냐? 크리스천의 마음속에야 하느님이 실재하겠지만, 현실에 실재하지는 않는다. 현실에는 제 잘난 맛에 도취해, 눈에 뵈는 게 없어진 파우스트만 있다.

괴테는 근대 과학지식에 통달한 사람이었다고 한다. 과학기술과 경제에 능통해서 바이마르 공국公國의 재정경제부 장관을 맡기도 했다. 『파우스트』에 보면 황제의 금고金庫가 텅텅 비자, 화폐(돈)를 찍어내서 메꾼다. 작가는 자본주의 운영 방식을 알고 있고, 제 사회 통치 능력에 자신감이 넘치던 사람이었다는 얘기다. 물론 '악마와 내통'하는 것의 문제를 느끼고 있으니, 결국 하느님을 불러들이지만 말이다.

괴테로부터 두 세기가 흘러간 지금, 우리도 여전히 '구원'의 문제를 떠안고 있다. 그렌트헨은 '신기루'였을 뿐이니까. 누가 우리를 구해줄까? 춘향이가? 신데렐라가? 하느님이? 그 답을 찾는 것은 여러분의 몫이다.

4 죽어서 살아간 불멸의 여인 안티고네

오빠의 죽음 앞에서 울부짖는 안티고네

『안티고네』는 그리스의 극작가 소포클레스가 기원전 441년에 만든 비극이다. 『오이디푸스』의 후속 작품이다. 문학작품에 엄밀하게 순위(우열)를 매기기는 어려운 일이지만, 어쨌건 인류가 낳은 여러 문학작품 가운데 소포클레스의 비극들은 한 손에 꼽힐 만큼 우리에게 많은 생각거리를 던져준다. 이 생각거리는 한두 마디로 쉽게 간추려질 수 있는 것도 아니다. 당연히 대학입시에 거론될 수도 있겠지? 그러니 지금 잠깐 알아두고, 나중에 시간이 흘러간 뒤에도 다시 들여다보기 바란다. 먼저 줄거리를 옮긴다.

어머니 이오카스테를 아내로 삼았다는 사실을 알게 된 (테베 나라의 왕) 오이디푸스는 스스로 눈을 찔러 장님이 되고, 이오카스테는 목을 매어 죽었다(이 얘기는 희곡 『오이디푸스』에 자세히 나와 있다). 오이디푸스는[18] 죄책감으로 집과 나라를 버리려 했으나,[19] 섭정(왕 대신 통치하는 것)의 자리에 있던, 이오카스테의 남동생 크레온에게서 잠깐이라도 테베에 머물러달라는 요청을 받고 남아 있었다. 그러나 왕의 자리를 다투는 (오이디푸스의 두 아들) 에테오클레스와 폴리네이케스에게 내쫓김을 당했다. 장님이 된 오이디푸스의 방랑길에 그의 딸 안티고네가 지팡이가 돼주었다.

안티고네는 섭정 크레온의 막내아들 하이몬과 결혼하기로 약속했었으나 이를 괘념치 않았다. 오이디푸스와 안티고네가 여러 나라를 거쳐 콜로노스에 있는 포세이돈 신역神域에 눌러앉기로 했을 때(그곳은 오이디푸스가 숨을 거두기로 운명 지어진 땅이다), 안티고네의 여동생 이스메네가 찾아와서 크레온의 말을 전한다. (오이디푸스의 두 아들) 에테오클레스와 폴리네이케스 형제의 왕위 쟁탈전이 치열해졌는데, 크레온은 에테오클레스 편에 섰지만 오이디푸스가 편을 든 쪽이 승리할 것이라고 신탁神託(신의 말씀)이 있으니, 오이디푸스가 테베로 돌아와줄 것을 바란다는 내용이다. 그러나 오이디푸스는 그 요청을 묵살하고 신역에 계속 머무른다. 이때 크레온이 병사들을 데리고 도착해서 오이디푸스의 테베 귀환을 강요하기 위해 이스메네와 안티고네 자매를 체포한다. 그러자 오이디푸스가 도움을 청한 아테네 군주 테세우스가 나타나서 자매를 구해주었다.

그 뒤 폴리네이케스가 찾아와 아버지에게 뉘우치고 도와줄 것을 청했다. 하지만 오이디푸스는 그를 퇴짜 놓고 저주를 퍼부었다. 오이디푸스가 세상을 떠난 뒤, 안티고네와 이스메네 자매는 테베로 돌아갔다. 테베에서는 아르고스의 장군 7명을 거느리고 테베를 습격한 폴리네이케스와 그에 맞선 에테오클레스 사이에 싸움이 벌어져서 둘

18. 20세기 초에 ('무의식'의 세계를 밝힌) 지그문트 프로이트는 오이디푸스 콤플렉스라는 중요한 개념을 내놓았다. 어릴 적 남자애는 엄마에게 애착을 품고 아버지와 거리를 두는 무의식적 심리가 있다는 것이다. 이 개념을 수긍하지 않는 학자들도 있다. 또 이 심리는 가부장제도에서 비롯된 것(역사적 개념)이므로, 가부장제도가 서서히 쇠퇴하고 있는 요즘은 뚜렷하지 않을 것으로 보인다.
19. 이오카스테와 달리, 오이디푸스는 왜 자살하지 않았을까? 어려운 질문이지만 생각해보기 바란다.

다 죽었다.

크레온은 에테오클레스의 주검만을 거둬들여 후하게 장사를 지내고, 역적逆賊인 폴리네이케스의 주검은 들판에 내버렸다. 게다가 '아무도 그 주검을 파묻지 말라.'고 명령을 내렸다. 안티고네는 그 엄명을 거들떠보지도 않고, 폴리네이케스의 주검에 흙을 세 번 뿌리는 의식儀式을 치렀으나, 곧 크레온의 병사들에게 붙들려서 사형 선고를 받고 지하 감옥에 갇혔다. 크레온은 직접 손을 대서 안티고네를 죽이기가 부담스러워서 굶겨 죽이려고 했던 것이다.

크레온의 아들로 안티고네와 약혼했던 하이몬은 아버지를 비난하며 안티고네를 변호했으나 받아들여지지 않았다. 이스메네도 안티고네와 운명을 같이하겠다고 했으나 안티고네는 거부했다. 폴리네이케스를 파묻을 때 이스메네는 안티고네를 돕지 않았다. 이때 테베의 장님 예언자 테이레시아스가 나타나 "나라가 더럽혀지는 징조를 여럿봤다. 죽은 자를 매장하고 산 자를 지상으로 돌아오게 해야 한다."고 알렸다. 크레온은 그 말에 따라 폴리네이케스의 장례를 후하게 치르고 지하 감옥에 갔으나 안티고네는 이미 목을 매어 죽어 있었다.

하이몬은 아버지를 저주하며 안티고네 주검 옆에서 제 목숨을 끊었다. 크레온의 아내도 자식이 죽었다는 소식을 듣고 자살했다.

작품 해설에 앞서, 먼저 "왜 이런 끔찍한 얘기를 굳이 우리더러 읽으라시는 거예요? 선생님 혹시 '변태' 아닌가요?" 하고 기겁을 할지도 모를 학생들에게 변명하는 말부터 꺼낸다. "끔찍하게 느낀다면 미안하구나. 하지만 기분을 좀 가라앉히고, 여기서 주어지는 생각거리들과 좀 친해지지 않으련?"

이 얘기를 소포클레스 혼자서 엉뚱하게 창작했다면 "거, '변태' 같은 놈일세." 하고 간단히 치부할 수도 있다. 하지만 원작자는 소포클레스가 아니고 언제부턴가 그런 얘기를 지어내기 시작한 그리스 민중일세. 그리고 그 변태(?) 같은 얘기는 꼭 그리스에서만 생겨난 것도 아니고, 우리 전설과 설화說話 가운데도 그런 것들이 있네. 문학적으로 빼어난 것이 아니니 알아둘 가치는 없지만 말이다. 옛 조상 모두를 '변태'로 몰아붙일 수는 없지 않은가?

인류는 지구에 출현할 때부터 '근친상간 금지banned incest'라는 윤리 규범을 만든 것이 아니다. 물론 오랜 옛날에 이 규범이 나왔겠지만, 이 규범이 없었던 시절도 있었다는 얘기다. 삼국시대나 고려시대만 하더라도 왕실王室에서는 이 규범이 이따금 묵살됐다. '왕족은 고귀한 혈통이기 때문에 딴 (비천한) 혈통과 어울릴 수 없다.'는 맹렬한 욕구가 '근친상간, 하지 마라.'는 얘기보다 우선할 때가 있었다.

아무튼 '근친상간'과 관련된 이야기는 '가족'은 무엇을 기반으로 형성되는가, 그 기반에 균열이 온다면 어찌 되는가 하는 근본적인 질문을 던지게 해준다. 인류 사회가 굴러가는 기초적 원리가 무엇일까를 생각해보게 한다.

다음으로, '비극悲劇'에 대한 예비 설명! 비극은 인생의 슬프고 비참한 얘기를 통해 관객이 연민(가엾어함)과 공포(두려움)를 느끼고 이 얘기에 몰입함으로써 카타르시스[20]를 겪게 하는 것이다. 비극적인 결말을 이끌어내는 것이 고대(그리스와 로마)의 비극에서 인간이 맞닥뜨리는 운명fate, destiny이었는데, 중세와 그 이후는 성격character의 충돌을 다룬 드라마로 바뀌었으며, 현대에는 인간의 의지意志와 상황(세상)이

---

20. 마음을 깨끗이 정화淨化한다는 뜻. 아리스토텔레스가 『시학』에서 쓴 은유. 그는 관객들이 비극의 주인공과 자기를 동일시해서 공포와 연민(가엾어함)을 맛보는 가운데 눈을 틔우고 고결한 감정을 얻는다고 했다.

충돌하는 '상황situation 비극'으로 흐름이 또 바뀌었다.

성격 비극은 셰익스피어의 작품들이다. '햄릿'의 우유부단함(뜨뜻미지근함), '맥베스'의 탐욕, '오셀로'의 의심, '리어왕'의 오만함이 비극을 초래한 성격의 결함이다.

고대의 비극은 극의 효과를 높이기 위해 "하루 동안 벌어진 일을, 한 장소에서, 중심 줄기가 하나인 사건으로 나타낸다."는 원칙을 엄밀하게 지켰다. 그렇게 사건을 집중된 모습으로 나타낼 때, 관객은 더 무대에 몰입하게 된다.

본론으로 들어가자. 이 작품은 초점이 딱 하나다. 안티고네와 크레온은 '역적(안티고네의 오빠)을 후하게(번듯하게) 장례 치러주지 말라.'는 문제를 놓고 정면충돌했다. 안티고네와 크레온, 어느 쪽이 옳으냐, 따지라는 것이다.

줄거리로 보면 소포클레스는 크레온을 옳지 못한 강자強者로, 안티고네를 정의로운 약자弱者로 그리고 있다. 안티고네를 처형한 데 항의하여, 크레온의 아들이 제 목숨을 끊고 그 소식을 들은 크레온의 아내도 비탄(슬픔)에 빠져 제 목숨을 끊었다. 크레온은 제 마음대로 국가권력을 뽐내다가 제 살붙이(자식)와 아내마저 자신에게 맞서는 비참한 파국을 맞아 무너져 내린다. '국가권력이면 최고'라는 오만함은 이 넓은 세상에서 파탄을 맞을 수 있다는 깨달음을 준다. 요새 사람들은 '행복한 결말'로 끝나는 드라마를 대부분 바라지만, 이 고대 비극은 끔찍한 결말을 보여줌으로써 관객들의 가슴이 철렁 내려앉게 만든다. 사서삼경이니, 뭐니 하는 훌륭한 학술 서적보다 이 장중莊重한 예술작품 한 편이 사람들에게 더 강렬한 가르침을 선사했을 것 같다.

사부는 소포클레스의 '해석'을 대체로 수긍한다. 하지만 좀 어려운 얘기를 하자면 '원작자의 해석'이 반드시 맞는다고 못 박을 수는 없다.

무슨 다른 책(글)들과 달리, 소설이나 영화나 미술 따위, 문학과 예술은 사람에 따라 달리 읽어낼 빈틈이 많다. 딴 기준으로 들여다보면 달리 보일 수 있다. 원작자의 해석을 곧이곧대로 따를 것은 아니라는 말이다.

이 작품에 대해 수많은 학자들이 저마다 다른 의견을 내놨다. 안티고네야말로 영웅적인 사람이라는 평가가 다수이긴 하지만 크레온을 옹호하는 의견도 있고, 안티고네의 행동이 딱히 멋있어 보이지 않는다는 의견도 있다. 아무튼 갖가지 의견이 나온다는 것은 이 작품의 울림이 대단히 크다는 얘기이고, 그래서 이 작품을 인류 문학의 '걸작'으로 꼽게 만든다.

이와 관련해, '읽기'라는 것 자체를 따져본다. 어느 문학에 관하여, "그것은 무엇을 말했다." 하고 그 문학이 갖는 참뜻을 직접 끌어낼 수는 없다. '원작자'라고 해도 마찬가지다. 그렇다면 우리는 '장님들이 코끼리 만지는 식'의 읽기를 할 수밖에 없다. 코끼리 다리를 만져본 장님과 코끼리의 상아를 비벼본 사람의 답은 서로 다를 것이다. 어느 답이 정답인가? 저마다 일면一面만을 짚은 이 갖가지 답을 웬만큼이라도 통합하는 어떤 해석이 나올 수 있을 때, 우리는 그 작품의 본질에 가깝게 다가갈 수 있으리라.

어떤 답들이 있었는가? 국가를 예찬하는 어느 철학자는 안티고네의 행동을 바람직한 것으로 여기지 않았다. 여성주의자(페미니스트)들은 그녀의 싸움을 '가부장家父長의 권력'에 맞서 싸운 것으로 봤다. '국가 이전'에 견주어 '국가의 성립'이 역사의 진보라고 보는 관점에서는 안티고네가 마뜩찮아 보일 것이고, '가부장과의 대결'을 중시하는 관점에서는 그녀가 영웅이다. 그러나 과연 안티고네가 '친족(살붙이 가족)'과 '여성'을 대표하는지 의심해볼 수도 있다. 안티고네는 (근친상간 금지의 보편 규범을 지키는) 정상적인 가족이 아니라 (근친상간의 결과로 꾸려진) 이상한 가족을 지키려 했기 때문이다.

그녀는 참 이상한 존재다. 여성이면서 (제 핏줄의 긍지를 강경하게 지키려 한) 명예남성이다. 눈먼 아버지의 지팡이가 되어 살았던 삶은 근친상간의 연장延長으로 느껴지기도 한다. 그녀가 친족의 정체성을 지키려고 애쓰면 애쓸수록 근친상간의 추문(스캔들)이 더 쌓여간다. 안티고네는 '근친상간 금지'의 실패를 보여줄 뿐 아니라 친족 구조를 뒤흔듦으로써 그것으로 지탱되는 국가의 구조에 금이 가게 만든다. 그녀는 '가족 관계'로 포섭되기 어려운, 불안정하고 어디에도 자기 자리가 없는 nobody를 대표하는 것 같다. 그녀가 퍼뜨리는 울림은 참으로 넓다.

그녀는 왜 그렇게 완강하게(곧, 제 목숨을 걸고서) 제 오빠를 장사 지내는 것에 집착했을까? 그녀는 가족을 대표하지도, 여성을 대표하지도 않는다. 자기의 이상한 가족을 끌어안을수록 정상적인 가족이 파탄 난다. 또 여성이지만 남성보다 더 남성답다. 오빠에 대한 애착과 살붙이로서의 정情이 있었겠지만 이 인연이 그녀가 '목숨을 거는 것'까지 설명해주지는 못한다. 무엇이라고 답해야 할지, 미스터리 같다.

한 가지 설명은 이것이다. "당신들이 부려 쓰는 '법law'이라는 것은 누구는 포함시키고 누구는 내쫓아버리고…… 당신들 멋대로 갖고 노는 것이 아닌가요? 나는 그따위 법에 복종할 생각이 없어요. 그것은 옳지 못한 것이니 나는 목숨 걸고 거부할 거예요." 이 말이야말로 우리들 가슴을 철렁 내려앉게 하지 않는가? 세상을 뿌리부터 뒤엎는 생각!

'진정한 정치'는 안티고네로부터 시작된다. 이 세상에 정말로 필요한 것은 '공리주의功利主義'의[21] 얄팍한 윤리가 아니다. 세상을 굴려가는 근본 실재實在를 따지고 묻는 행동이야말로 인류에게 감동을 불러 일으키는 윤리다. "저는 죽겠어요. 저는 이 질서 속에서 살 수 없어요. 제 죽음이 조금이라도 무겁게 느껴진다면 여태껏의 질서를 멈춰주세요. 그리고 그 질서가 과연 옳은지, 다시 생각해주세요!"

안티고네를 떠올린다. 자기 아버지이자 오빠는 세상의 근본 인륜을 파괴해버린 괴물이요 인간쓰레기였다. 옛날에 문둥이들이 사람들에게 돌팔매 맞고 쫓겨났듯이 쫓겨나야 마땅한 사람이다. 그 인간쓰레기를 자기 운명으로 안고 끝끝내 지키고 돌보는 자신(안티고네)도 세상의 쓰레기다. 문득 문둥이 시인 한하운의 절망이 떠오른다.[22] 그녀는 아비의 지팡이가 되어, 문둥이가 걸어간 길을 뒤따라 걷지 않았을까?

안티고네는 오이디푸스의 지팡이가 되어 떠도느라, 약혼자와의 미래도 깨버려야 했다. 누구의 아내도, 어머니도, 연인도 될 수 없었다. 눈먼 아비를 끝까지 돌봤지만 막상 그의 눈을 감겨드리지 못했다(임종을 지키지 못했고, 그 죽음을 애도하지 못했다). 오빠의 주검을 묻어서 애도하기 위해 목숨을 걸어야 했다. 사람의 도리를 하지 못하는 사람은 죽을 수밖에 없다.

그녀는 어디에도 제 자리가 없는 nobody다. 그랬기에 '법이 가 닿을 수 없는 삶의 자리'가 있다는 것을 안다. 인류 역사에는 대의大義를 위해 제 목숨을 바친 여러 영웅이 있었지만, 그녀만큼 커다란 대의를 위해 목숨을 건 윤리적 영웅은 없었다.

---

21. 사람에게 행복을 높여주는 것이 좋은 것이라는 주장. utilitarianism. 영국의 제러미 벤담, 존 스튜어트 밀이 부르짖었다. 남을 돕더라도 그게 내게도 이익이 되니까 돕는다는 식. 자본주의 체제에 어울리는 사고방식이다.
22. "가도 가도 붉은 황톳길……/ 신을 벗으면 / 버드나무 밑에서 지까다비를 벗으면 / 아, 발가락이 또 한 개 없다! // 앞으로 남은 두 개의 발가락이 잘릴 때까지 / 가도 가도 千里 먼 全羅道길"(시 「전라도길」).

세상에는 이름 없는 가녀린 '안티고네'들이 수없이 피었다가 속절없이 스러져갔다. "진짜로 중요한 것은 법이 아니라 사람다운 삶이에요." 하고 외치며 국가권력의 횡포에 맞섰던 수많은 여성들. 총칼 하나 움켜쥔 것 없이, 나약한 자기 몸뚱이 하나, 가녀린 자기의 마음 하나로 (3·1운동의) 아우내 장터에서, (제주 4·3항쟁의) 한라산 기슭에서, 또 어디 노동의 현장에서 강자強者에게 맞섰던 숱한 여성들.

착각하지 마라. 그리고 잊지 마라. "진정한 정치는 의회 안에서 벌이는 소소한 개혁놀음과 아무 상관이 없다."는 것을! 진정한 정치는 뿌리 뽑히고 따돌림받고 짓눌리는 사람들의 영혼으로부터 싹터 나온다. 그 이름 없고 키 작은 안티고네들이 결국 의회와 정부와 국가폭력기구의 로봇들에게 맞서, 시민사회와 응달에 버려진 삶들을, 결국 이 세상을 구원할 것이다. 아! 당신이 안티고네인가?

5 별을 우러르며 길 떠난 돈키호테

편력의 길을 떠나는 돈키호테

『돈키호테』는 세르반테스가 400년 전에 발표한 장편소설이다. 스페인 문학을 대표하는 고전으로, 유럽에서 널리 읽혔다. 줄거리부터 옮기자.

스페인 만차 지방에 사는 시골 귀족 '알론소 게하노'가 아마디스 데 가울라 따위의 기사(騎士, knight) 소설을 너무 많이 읽어서 머리가 좀 이상해졌다. 그 이야기를 모두 사실로 믿고, 자기도 편력(돌아다니기) 기사가 돼 모험을 떠나야겠다고 마음먹었다.

그는 녹슨 갑옷과 투구를 손질하고, 자신의 비루먹은 말馬에는 '로시난테', 자신에게는 '돈키호테 데 라 만차'라고[23] 이름을 붙인다. 이웃 마을의 한 여자(알돈사 로렌소)는 둘씨네아 델 또보소라 부르고 자신의 귀부인으로 삼는다.

---

23. '만차(지방)의 키호테'라는 뜻. '돈don'은 스페인 귀족의 이름 앞에 붙이는 칭호. 프랑스 귀족 집안은 '드de'를 붙인다. 프랑스의 전前 대통령은 '샤를르 드 골'이다. 독일에선 '폰von'을 붙인다. '요한 볼프강 폰 괴테'도 귀족 집안이다. 영국은 sir와 lord. 봉건사회에서 왕과 귀족에게 붙이는 호칭은 아시아나 유럽이나 무척 복잡했다. '신분 차별'이 사회 질서의 원리여서 그랬다. 요즘의 우리가 그 호칭을 자세히 알아둘 필요는 전혀 없다.

그는 세 번 모험을 떠난다. 첫 번째 모험에서는 여관旅館을 성城으로, 여관 주인을 성주城主로, 미천한 여자들을 귀부인으로, 뿔나팔 소리를 환영 나팔 소리로 오인誤認하고, 여관 주인에게 기사 서임식(임명식)을 해달라고 조른다. 여관 주인은 교활한 사람이라 돈키호테가 해달라는 대로 해주고는, 무릇 기사라면 돈과 약상자, 종자從者(졸개)가 있어야 한다고 충고한다.

돈키호테가 집으로 돌아온다. 집에서는 그의 광기狂氣가 기사 소설 때문이라고 여겨 소설책들을 불태우고, 서재書齋도 문을 닫아걸었다. 돈키호테는 이를 마술사 짓이라고 여긴다. 돈키호테는 이웃에 사는 산초 판사에게 섬island을 하나 주겠다고 꼬드겨서, 자기 졸개로 삼아 2차 모험을 떠난다.

이 모험에서 돈키호테는 풍차를 거인으로 착각해 싸우기도 하고, 남편을 만나러 가는 귀부인을 '납치돼 가는 공주'라 오인해서 구하려고도 한다. 여관에서도 엉뚱한 짓을 저질러 실컷 두들겨 맞지만, 이 모두가 마술 때문이라 치부한다.

돈키호테는 이발사가 갖고 있는 대야를 '맘브리노의 투구'라고 우겨 빼앗고, 약한 자를 돕는다면서 노예선의 죄수들을 풀어준다. 죄수들은 고마워하기는커녕 돈키호테에게 돌멩이 세례를 퍼붓는다.

돈키호테와 산초는 쫓아오는 경찰을 피해서 산속에 숨는다. 여기서 돈키호테는 아마디스(=기사 중의 기사)를 본떠서 일부러 미친 짓을 벌이고, 산초에게는 마음속의 연인 둘씨네아에게 편지를 전하러 가게 한다. 한편 산초는 예전에 들렀던 여관에서 돈키호테의 친구인 신부神父와 이발사를 만나 여태껏 일어난 이야기를 들려준다. 이들은 돈키호테를 고향으로 데려가 병을 고칠 궁리를 한다.

2부는 3차 모험이 주된 내용이다. 이발사와 신부가 돈키호테의 정신

상태를 알아보려고 그의 집에 들렀다. 그는 1부에서처럼 딴 문제에서는 합리적이고 논리적인 응답을 하지만, 기사도 얘기만 나오면 '옛 시대를 부흥해야 한다.'고 격렬하게 떠든다.

기사와 졸개가 3차 모험을 떠났다. 먼저 또보소로 가서 둘씨네아를 만나려 했지만, 어디 사는지도 모르는 그녀를 어떻게 찾는가. 산초는 길에서 마주친 시골 아가씨를 '둘씨네아'라고 둘러댄다. 기사는 마술사가 장난을 쳐서 둘씨네아를 저렇게 만들었다고 믿는다.

기사와 졸개는 사라고사로 향한다. 가는 도중에 돈키호테는 우리 안에 갇힌 사자lion를 보고, 마술사가 자기의 용기를 시험하려고 보낸 것이라 여기고, 우리 문을 열라고 난리를 피운다. 문이 열리자 어찌 된 일인지 사자가 조용히 있다. 바로 이 순간 '슬픈 얼굴의 기사' 돈키호테는 '사자의 기사'가 된다.

기사와 졸개는 몬테시노스 동굴도 탐험하고, '희한한 양반 돈키호테 데 라 만차'를 읽은 귀부인과도 만나 이야기를 나눈다. 이 공작부인은 남편과 함께 기사와 졸개를 골려주려고 꾀를 낸다. 산초를 섬나라 총독으로 보내기도 하고, 기사와 졸개를 '하늘 높이 올랐다'고 여기게끔 하는 것이다.

이들은 다시 모험을 찾아 떠난다. 가는 도중에 양 치는 아가씨들을 만나기도 하고, 자기들 얘기가 적힌 책을 읽은 사람들을 만나기도 한다. 이들은 바르셀로나로 가서 '창술槍術(창 던지기)' 경기에 참가한다. 패배하면 고향에 내려가 1년 동안 눌러앉기로 하고서. 돈키호테는 단판에 무너진다.

돈키호테와 산초가 집으로 돌아온다. 돈키호테는 제정신이 돌아와서 알론소 게하노로 죽는다.

『돈키호테』는 발표되자마자 폭발적인 성공을 거두었다. 유럽 중세인들이 즐겨 읽던 '기사도[24] 연애 문학'이라는 든든한 문학 전통에 바탕을 두고 있기 때문이다. 하지만 놓쳐서는 안 될 것이, 그네들만큼 지금의 우리에게도 재미있게 읽히지는 않는다는 사실이다. 이를테면 돈키호테가 풍차를 거인인 줄 알고 돌진하는 장면도 옛 스페인 사람들은 배꼽을 쥐고 웃었지만 우리는 '뭐? 바보 같은 녀석이구먼!' 하고 살짝 웃음은 머금는다 해도, 배꼽까지 움켜쥐지는 않는다. 왜 그럴까?

딴 나라의 노래는 가사를 모르더라도 선율(멜로디)만으로도 우리들 가슴에 웬만큼 와 닿는다. 슬픈 노래는 특히 그렇다. 그러나 말의 재치를 부리는 유쾌한 노래는 그쪽 사람들이 재미있어하는 만큼 우리의 웃음보를 건드리지 못한다. 그쪽 사람들의 희로애락을 깊이 알지 않고서는 그들과 똑같이 희극을 맛보기는 어렵다. '배우'의 처지에서도 (영어에 능통하지 못한) 멋진 액션 배우 이병헌이나 잘생긴 장동건이 할리우드에서 성공하기는 쉽다. 하지만 한국의 개그맨이 (설령 영어를 좀 한다 해도) 자기 혼자 실력으로 미국의 시청자들의 배꼽을 간질이기는 불가능하다. 그곳에서 여러 해 교포 생활을 하지 않는 한. 남을 웃기는 것은 같은 동포 사이에서도 어려운 일이거늘 하물며!

문화 코드의 차이는 이렇게 크다. 같은 나라의 문화인데도 나는 (실력 있는 축에 속하는) 지드래곤의 랩 음악에 별로 재미를 느끼지 못한다. 탁한(허스키한) 목청의 배호가 부르는 「안개 낀 장충단공원」이나 간드러진 목청의 이미자가 부른 「흑산도 아가씨」를 들을 때는 귀청이 라디오로 확 쏠리지만, 지드래곤의 노래를 청해 들을 마음은 일어나

---

24. 봉건시대의 기사knight들이 갖춰야 할 덕목chivalry. 용맹함과 명예심, 예의 바름 따위, 이와 견줄 것이 일본의 '사무라이武士 정신', 조선은 무사武士보다 '선비의 도道'를 더 추구했다.

지 않는다.

그러니까 여러분한테 『돈키호테』의 그 긴 분량의 원작을 다 읽으라고 권하고 싶지 않다. 첫대목 얼마쯤이라도 읽다가 관심이 시들해지면 덮어라. 재미있으면야 누가 '읽으라'고 권하지 않더라도 찾아 읽을 터인데, 우리가 솔직히 느끼는 것은 "아, 옛날의 스페인 사람들한테는 재미있었겠군." 하는 짐작일 뿐이다. 옛 유럽 사람들이 우선 '재밌었으니까' 읽었지, 무슨 교훈거리가 거기 들어 있는지 궁금해서 읽지는 않았을 것이다. 교훈은 나중에 부산물副産物로 얻어지는 것이다.

여기서 막연히 '재미'라고 말한 것은 '애착愛着'이라는 말로도 풀이된다. 요즘 한국의 여학생들은 『빨강머리 앤』[25]을 읽는가? 『빨강머리 앤』이든 무엇이든 솔깃한 성장소설이나 달콤한 연애소설을 즐겨 읽는다. 단순히 '재미'의 문제가 아니라 '나도 그런 주인공이 돼 봤으면……' 하는 애착愛着의 마음이 소설책을 끌어당기게 한다. 우리가 중학생 시절엔 남학생들이 『비룡』, 『정협지』 같은 중국 무협소설을 꼬빡 밤새워 읽었다. 그런데 여학생이 빨강머리 앤에게 끌리고, 남학생이 성룡과 이소룡에 끌리는 만큼 한국인들이 유럽의 연애질하는 기사騎士에게 '애착의 마음'을 품고 있지는 않다.

200년 전의 조선 아낙네는 『콩쥐팥쥐』, 『장화홍련전』, 『심청전』…… 이런 얘기가 그렇게 재미있었단다. 요즘 여러분도 그런 얘기 듣는 것을 손꼽아 기다리는가? 우리 고전작품도 이렇게 귀에 솔깃하지 않은데 하물며!

25. 20세기 초 캐나다의 여류 작가 루시 몽고메리가 쓴 소설. 『이상한 나라의 앨리스』와 더불어, 소녀들의 로망(낭만)이 담뿍 담긴 이야기다. 빨강머리에 깡마르고 주근깨투성이인 소녀 앤 셜리는 예쁘지는 않지만 발랄하고 생기가 넘친다. 여성다우면서도 남자들에게 휘둘리지 않는 강단도 있다. 원작의 배경인 프린스 에드워드 섬에는 이 소설에 빠졌던 일본 중년 여성들이 (『겨울연가』의 무대인 남이섬처럼) 수없이 찾아온다고 한다.

우리는 이 소설에서 무엇을 알아내야 할까? 돈키호테와 산초의 인물됨을 알아야 하고, 기사제도의 이상(포부와 꿈)과 현실이 어떻게 다른지도 알아야 한다. 어느 대목이 옛사람들의 배꼽을 건드렸을지 헤아려보는 것도 좋다. 그런데 "이 작품이 참 대단한 깊이를 갖고 있구나!"하는 것까지 실감할 수 있을 때라야 제대로 읽어낸 것이라 할 수 있다. 스페인의 학자 중에는 '소설 돈키호테가 세계 문학에서 최고의 품질(?)을 자랑한다.'고, 입에 거품을 물고 칭찬한 사람이 있대서 하는 말이다. 자기네 문화에 대한 자랑이 곁들여진 것이겠지만, 아무튼 대단한 작품의 하나라고는 짐작된다. 문제는 그런 판단을 우리 자신이 내릴 수 있어야 한다는 것이다.

돈키호테는 어떤 인물인가? 그는 책과 현실을 구분하지 못하는, 공상空想에 사로잡힌 인물이기는 해도, 한편으로 드높은 이상理想도 품고 있다. '편력 기사의 의무'는 불의不義와 부정不正을 바로잡는 것이다. 그는 약한 자를 돕고, 세상을 바로잡기 위해 모험을 떠났다. 한편 그의 졸개인 산초 판사는 '섬을 하나 주겠다.'는 말(현실적 이해관계)에 솔깃해서 돈키호테를 따른다. 누구는 꿈이 높되 현실에서 늘 웃음거리가 되고, 누구는 이해타산이 빠르고 영악하되 그렇게 본보기가 될 만한 긍정적인 인물이 아니다. 이 두 사람은 어느 사회에나 있을 법한, 인간됨의 양면을 보여준다. 세계인의 공감을 샀던 것도, 이런 보편적인 인물됨의 창조 덕분이리라.

옛 유럽의 극장에는 두 코미디 배우가 나와서 웃고 떠드는 개그 프로그램이 하나 있었다. 배우 한 놈은 똑똑하고 한 놈은 어수룩하다. 똑똑한 놈이 어수룩한 놈을 갖고 노는데, 관객은 누구 편이었을까? 똑똑한 놈 편이었다. 똑똑한 배우와 관객이 한통속이 되어서 어수룩한 놈을 놀리는 재미에 빠져들었다. 사람은 어수룩한 놈을 보며 "아,

나는 저놈보다는 잘났어, 어휴, 다행이야!" 하는 우월감을 느끼기 마련이고, 그래서 마음이 후련해진다. 그 후련한 마음이 '웃음'을 낳는다. 놀림감 배우의 이름이 '애이런'이었는데 이 낱말에서 '아이러니(역설)'라는 말이 파생됐다(갈라져 나왔다).

『돈키호테』에서 똑똑한 배우는 누굴까? 산초 판사다! 양떼를 적군이라 오인誤認하고 돌격하는 돈키호테 뒤에다 대고 산초가 비웃는다. "돌아오시오! 이놈을 낳아준 아버지도 불행하시지! 저게 대체 무슨 미친 짓이람. 아이고, 내가 천주님께 죄가 많지."

그런데 그 똑똑한 배우가 진짜로 똑똑할까? 돈키호테가 얼마나 허황됐는지를 안다는 점에서는 똑똑하다. 자기가 맞닥뜨린 것은 제대로 본다. 그러나 (돈키호테의 허황된 약속에 눈이 멀어) 그 허황된 모험길에 함께 따라나선 점에서는 (똑똑한 체하는) 헛똑똑이다. 이 소설에는 제가 미친 줄 모르는 바보와 제가 바보인 줄 모르는 바보, 둘이 나온다.

그럼 돈키호테(와 산초)를 비웃는 관객들은 똑똑이들일까? 돈키호테는 무슨 울렁증이 생겼기 때문이 아니라, 책에 나온 얘기들이 죄다 현실이라고 순진하게 믿었기에 미친 짓을 했다. 책에 나오지 않는 현실과 관련해서는 아주 멀쩡하다.

그런데 그 책을 들춰보는 수많은 사람들은 '보이지 않는 시장市場의 손길이 세상의 조화를 가져다준다.'는 애덤 스미스의 허튼 이야기를 곧이곧대로 믿고, 돈 놓고 돈을 먹는 자본의 투기판에 넋 없이 뛰어드는 미친 짓을 줄곧 벌여오지 않았는가? '천황天皇은 거룩하다!'고 신문방송이 떠드는 얘기를 곧이곧대로 믿고 태평양전쟁에 충성스럽게 일떠 나선 일본 백성이나 히틀러를 구국救國의 지도자로 떠받든 독일 백성은 미친놈들이 아니었는가? 세상은 이상理想을 좇느라 미친 사람과, 제 배꼽(잇속)과 맞아떨어지는 얘기에 미친(세뇌된) 사람들, 이 둘로 나

넌다. 우리들, 제 뱃속(잇속)과 맞아떨어지는 얘기에 세뇌된 헛똑똑이 대중은 고결한 바보 돈키호테 앞에서 오히려 옷깃을 여며야 하지 않을까? 이 소설에는 자주 인용되는 구절이 있다. "……불가능한 것을 꿈꾸고 이뤄질 수 없는 사랑을 한다. 견딜 수 없는 고통을 견디며, 움켜쥘 수 없는 저 하늘의 별을 붙들자. 불빛이 어둠 속에서 더욱 빛나듯이, 희망은 시련 속에서 더 굳세어진다……." 작가가 돈키호테의 이상주의理想主義가 헛되다고 비판하기는 하지만, 한편으로는 그를 가엾어하는 눈길도 보낸다. 그 열정만큼은 오히려 우리가 본받아야 하는 것 아닌가? '이 소설은 현실과 전혀 맞지 않는 기사들의 꿈을 깡그리 비판했다.'고 단순하게만 볼 게 아니다.

17세기 초의 스페인은 얼마 전까지만 해도 아메리카 식민지 경영의 단물을 빨아먹고 유럽에서 제일 잘나가는 제국이었다. 그런데 영국이 추월하기 시작했다. 작가는 낡은 옛 문화를 넘어서야 한다고 여기지만, 한편으로 옛 스페인의 영광에 대한 추억도 잔뜩 품고 있다. 옛 시절에는 어떤 문화적 활력이 있었다는 얘기다. 이 두 겹의 상반된 이야기에 스페인 대중이 열광했다. 그들은 산초처럼 돈키호테의 모험길이 허튼 꿈으로 얼룩져 있음을 잘 알고 있지만, 허튼 편력일망정 그래도 그 길에 함께하고 싶다. 서쪽 바다로 저물어가는 태양은 참으로 찬란하여라!

소설의 결말에서 돈키호테는 산초에게 용서를 구한다. "친구여, 허튼 모험길에 자네를 끌어들인 나를 용서하게나. 나는 미치광이였으나 이제는 제정신일세. 전에는 만차 마을의 돈키호테였으나 지금은 착한 알론소 케하노일세." 그러나 산초는 울면서 대답한다. "아니오! 인간이 저지르는 가장 미친 짓은 아무도 그 사람을 죽이지 않았는데도 죽어버리는 것, 다름 아니라 서글픔 속에서 인생을 마치는 것입니다!"라고.

모험길을 시작할 때만 해도 산초는 제 잇속만 따질 줄 아는 속물이었다. 그러나 돈키호테와 더불어 인생길을 같이 걸어가면서 그에게도 꿈이 생겨났다. 이렇게 사람은 변화하는 존재이고,[26] 사람됨이 바뀌어가는 것임을 확인할 때 우리는 인류의 미래에 대해 희망을 품게 된다.

『돈키호테』의 이모저모를 더 들여다보자. 작가는 처음엔 단순한 '오락소설'을 쓸 생각이었다. 단편소설을 쓰는 데 머물려다가 더 늘어났는지 장편소설을 염두에 뒀는지는 알 수 없다. '기사도 문학'을 비판하겠다고 작가가 밝혔지만 이 말도 새겨들어야 한다. 그 무렵까지 유행했던 '3류 기사도 소설'은 비판했지만 '기사도 정신 자체'를 모조리 비판한 것은 아니다. 기사도 소설의 전통 기법에서 따온 것도 많으므로 기사도 문학의 연장선에 있는 것으로도 보인다. 당사자(작가)가 무슨 말을 했다 하여 그 말을 곧이곧대로 수긍할 일은 아니다.

대중이 왜 이 소설에 반했을까? 대중이 애착을 품는 이야기들(기사도 문학)의 연장선에 있었기 때문이 아닐까? 이 소설에는 기사 로맨스, 목가牧歌 소설, 로만세(연애소설의 한 갈래), 여행담, 중세 연대기年代記, 게다가 전 세계의 민담民譚까지[27] 모든 문학 전통이 녹아 있었고 그래서 곳곳에 독서열을 불러일으켰다.

돈키호테는 광인狂人이라고들 한다. 비현실적인 몽상에 빠져 물불을 가리지 않는 사람. 비슷한 때에 살았던 셰익스피어의 햄릿과 견주어 '생각하는 햄릿, 행동하는 돈키호테'라는 별명도 얻었다. 작가 스스로 '이 사람, 미쳤다'고 할 때에는 좋았던 옛날(스페인 제국주의의 황금 시

26. 사람됨이 이렇게 뚜렷이 바뀌어갈 때, '입체적인 인물'이라 일컫는다.
27. 신화, 전설, 민담을 묶어 설화(이야기)라고 일컫지만 이 넷이 엄밀하게 구분되지는 않는다. 말뜻을 구분해서 기억할 일도 아니다. 다만 민담은 '백성民' 얘기이니 거기는 신神이 안 나올 것이고, '전설 따라 3천리'에는 그 전설을 낳은 증거물(바위 따위)이 꼭 있고…… 하는 것만 떠올리면 된다.

절)로 뒷걸음질치는 스페인 사회에 대한 비웃음과 풍자를 표현한 것이 분명하다.

하지만 '광인과 그를 낳은 사회를 비판한다.'는 면만 읽어서는 소설의 다른 면을 놓친다. 돈키호테는 오로지 '기사도'에 따라 살겠다는 면에서만 광기를 보이고 있을 뿐, 생활의 다른 면에서는 멀쩡하다. 또 소설을 읽다 보면 미친 언행言行이라고만 여겨지던 것이 어느 순간 아름답고 눈물겨운 어떤 것으로 바뀐다. 처음에는 조롱거리였던 것이, 나중에는 그 우직함으로 하여 신성한 위엄마저 띠게 된다. 이 상반된 것들이 '역설(패러독스)의 미학'을 빚어내기 때문에 이 소설의 울림이 커졌다.

돈키호테가 기사騎士가 되기 전에 이름 없는 귀족 '알폰소 게하노'였는데 소설을 자세히 들여다보면 이 귀족이 나이와 생김새나 버릇이나 다 작가를 닮았다. 돈키호테는 사실상 작가의 분신分身이라는 역설도 읽을 수 있다. 작가는 '낡은 기사도'를 조롱한댔지만 돈키호테가 고아孤兒와 과부寡婦 같은 사회적 약자弱者를 돕는 것으로 나타냈다. 돈키호테가 단순히 조롱과 풍자의 대상만은 아님을 여기서도 알 수 있다.

돈키호테는 어떤 사람인가? 윤리적이고 아름다운(심미적인) 삶의 이상을 추구한 사람이다. 세상의 정의를 지키기 위해 편력기사가 되려고 했고, 가상(이상형)의 기사 '아마디스'를 본받아 시에라모레나 산에서 고행苦行도 한다. '문학작품 속의 등장인물'이 되기를 열망했다. 다시 말해, 인생을 예술작품처럼 살려고 했다. 이 소망은 인류에게 아주 보편적인 것인데, 옛 그리스 문화의 이상도 그것이었고, 동아시아 '선비'들이 자기 인격을 닦겠다고 한 것(수기修己)도 그것과 진배없었다.

이 소설에서 가장 남다른 특징은 작가가 기상천외奇想天外한 온갖 이야기 재주를 발휘한 점이다. 소설 중간쯤에서 화자話者(서술자)는 돈키호테가 벌이는 짓거리를 소개하다 말고, 갑자기 제 모습을 드러낸다. 그리고 "지금까지 떠벌린 얘기는 내가 지어낸 얘기가 아니고, 어떤 원고를 발견해서 그것을 그대로 소개하는 것일 뿐"이라고 밝힌다. 원래 이야기는 어느 무어인(북아프리카에 정착한, 이슬람교도인 아랍인을 가리키는 말)이 지은 것이고, 아랍어로 되어 있는 이 얘기를 (스페인에 거주하는 무어인) 모리스코가 스페인말로 옮겼고, 자기는 그것을 중간중간에 해설을 넣어서 소개할 뿐이라는 것이다.

왜 그런 희한한 얘기를 넣었을까? 한 가지 유력한 해석은 당시의 스페인 지배층이 이 소설에서 삐딱한 대목을 들춰내서 '판매 금지'를 때리는 것을 피하려고 작가가 연막煙幕을 쳤다는 것이다. 이 소설은 당시의 스페인 사회의 이모저모를 모조리 그려낸(그래서 내용이 매우 풍성한) 작품이고 지배층은 자기들 마음에 들지 않는 구석을 얼마든지 찾아낼 수 있다. 왕실에서 그를 불러다가 닦달을 하면 "이것, 제가 쓴 게 아닙니다. 그러니 봐주세요." 하고 빠져나갈 구석을 마련해둔 것이라는 해석이다.

그러나 작가가 굳이 연막을 칠 생각으로 그런 너스레를 떤 게 아니라, "소설은 작가가 지어내는 허구(픽션)이다. 그러므로 (연애소설 읽을 때 흔히 그러는 것처럼) 거기 완전히 빠져서 몰입하지 마라!"하는 메시지를 주기 위해서 말장난을 했다는 해석도 있다. 다음 경우를 한번 상상해봐라. 영화에서 주인공 둘이 서로 달콤한 연애를 나누고 있는데, 갑자기 '작가'라는 사람이 화면에 나타나서 이 장면의 배경이 어떻고…… 하고 쓸데없는 소리를 늘어놓는 경우를! 그때껏 관객들은 작중 인물들에게 한껏 빠져 있었는데 거기 찬물을 끼얹은 것 아닐까? 찬물까지는 아니라도, 관객들은 갑자기 정신이 번쩍 난다. 관객은 내

심으로는 '이 달콤한 연애가 내게도 실제로 일어난다면 얼마나 좋을까.' 하는 환상을 품었을 텐데, '이 영화도 작가가 우리를 갖고 놀려고 지어낸 가짜 이야기일 뿐이군.' 하는 깨달음을 다시 얻게 된다.

실제로는 그 두 가지 해석이 다 맞을 것이다. 작가는 처음에는 (이 소설에서 트집거리를 찾아내려고 두 눈을 부릅뜬) 스페인 지배층의 눈길을 피하려고 연막을 쳤다. 그러나 소설을 써 내려가다 보니 '이것, 독자들의 정신이 번쩍 들게 해줄 장치이겠구나.' 하는 깨달음을 얻었다. 작가가 이렇게 갖가지 장난을 부려서 독자들을 갖고 논(?) 소설로는 인류 문학에서 『돈키호테』가 최초이고, 후대의 소설가들은 이것에서 무척 풍부한 영감을 얻었다.

소설 2부에 가서는 작가의 말장난이 무척 심해졌다. 작중 인물들이 이렇게 얘기를 나눈다. "아, 우리가 등장하는 소설(곧 1부)이 인기를 많이 끌었다는군요. 어쩌고……." 2부에는 소설 '돈키호테'의 광狂 팬이라는 사람도 등장한다. "저, 그 소설 열심히 읽었걸랑요? 주인공들과 이렇게 만나게 돼서 영광이에요. 어쩌고……." 작가는 이 이야기의 두 번째 소개자라는 허울을 쓰고 있는데, 갑자기 작가가 나타나서 "2부의 얘기가 1부와 달라진 대목이 있는데 그것은 인쇄상의 잘못입니다." 하고 변명을 늘어놓는다. 원래 이런 장편소설은 작가가 사실관계를 카드에 빽빽하게 적어서 끊임없이 대조해가며 집필해야 하는데 게으른 작가가 그냥 기억에만 의존해서 서술하다 보니까 사실이 어긋나는 대목이 한둘이 아니었다. 작중 인물들은 자기 자신을 비평한다. 영화에서 주인공이 이런 말을 한다고 상상해보라. "이 영화 1부에서의 내 행동을 놓고서 관객들의 따가운 비판이 있었는데 변명을 하자면 그때 내 생각은…… 어쩌고."

잠깐 곁길로 새자. 작가가 이렇게 사회 지배층 눈치, 독자 눈치를 살펴가며 독자들과 '머리싸움'을 벌인 것으로 이 소설은 대단히 악명 (과 명성)이 높은데, 세르반테스만 이렇게 복잡한 꾀를 쓴 것이 아니다. (『열하일기』를 쓴 실학자) 박지원도 그 꾀가 세르반테스 못지않았다. 「호질虎叱」(범이 꾸짖다)이라는 한문 소설의 첫 대목에서 박지원은 썰(舌, 이야기)을 풀기를, 이 얘기는 자기가 연경(베이징)에 가는 도중에 옥전현玉田縣이라는 곳의 어느 가게에 걸려 있는, 작가를 알 수 없는 글을 베껴 온 것이라 한다. 그런데 그것도 일부만 자기가 베끼고, 나머지는 딴 사람이 베껴서 착오(잘못)가 많다고 사설(이야기)을 늘어놨다.

박지원의 속셈 하나는 지배층이 (자기들을 비웃는 이 삐딱한 글에 대해) 시비를 걸지 못하게 연막을 치는 것이다. 그때는 정조 임금이 통치하던 때인데, 국사책에는 정조가 세도정치를 벌인 외척들보다 개혁적이고 훌륭하다고만 서술돼 있다. 그런데 놓쳐서는 안 될 것이, 성리학의 틀을 벗어난 삐딱한 글을 쓰는 놈은 혼내주겠다고 설쳐댄 것이 정조라는 사실이다. '문체文體 반정反正'이라 하여 이런 문화적인 쿠데타를 벌인 점에서 정조의 개혁정치는 뚜렷한 한계가 있었고, 그러다 보니 조선왕조는 망국亡國의 길로 추락하지 않을 수 없었다. 덧붙일 것은, 정조가 '문체 반정'을 벌일 때 눈독을 들인 과녁이 바로 박지원이라는 사실이다. "니가 삐딱한 놈들의 왕초라는 것을 내가 모를 줄 아느냐?"는 것이다. 그러므로 박지원은 지배층을 속여야 했다.

그런데 박지원은 지배층만 속인 게 아니다. 요즘의 학자들 중에도 "그거, 박지원이 쓴 게 아니고, 어느 중국 사람이 쓴 것 같아." 하고 말하는 사람이 나올 정도이니, 그의 거짓말은 아주 훌륭하게 먹혀들었다. 그렇다고 "맞아, 딴 사람 것이 틀림없어." 하는 얘기로 완전히 기울어버리면 창작한 보람이 없으므로 독자들을 잔뜩 헷갈리게 해야 했다. '추리소설'이라는 것은 이렇게 작가와 독자가 속이고, 속는 머리싸움을 벌이는 것인데, 일찍이 박지원은 추리소설의 첫 모범을 보여준 셈이다.

「호질」은 호랑이가 '북곽선생'이라는 자를 혼내주는 이야기인데, 여기서 호랑이는 민중을, 주인을, 변방 민족을,[28] 실제 사물을 대표하고, 북곽은 유학자들을, 중국에 종속된 사람들을, 허튼 사람들을 대표한다. 사건다운 이야기가 빈약하고 작가가 훈계를 늘어놓는 얘기만 많아서 요즘 같은 근대 소설이라 말하기는 어려우나, 작가의 문제의식만큼은 그 시대에 선진적인 것이었고, 지배층의 검열을 피하기 위한 '계교'가 탁월해 근대로 넘어오는 '징검다리'가 됐다고 칭찬할 만하다.

간추리자. 『돈키호테』는 유럽인들이 성경책 다음으로 많이 읽었다고 한다. 그만큼 사람들이 반했다는 얘기다. 이 소설이 '세상 모두'를 다 비춰주는 총체성을 자랑한다는 얘기다. 온갖 이야기 전통이 거기 다 녹아 있고, 스페인과 유럽 사회가 다 표현돼 있다(그러니 이 소설을 제대로 읽으려면 풍부한 주석(해설)부터 먼저 읽어야 한다).

세르반테스는 갖가지 이야기 기법을 재치 있게 부려 쓴 점에서도 근대 소설에 큰 영향을 주었다. '문학은 놀이'라는 것을 갖가지로 보여줘서 대중의 인기를 얻었다.

그러나 『돈키호테』가 위대한 소설이 된 비결은 다름 아니라 불멸의 인간형을 창조한 점이다. 이 소설은 기법이 미숙한 데도 많아서 '세계 최고'라 말하긴 어렵지만 (매력적인 인물을 창조해냈다는 점에서) 걸작의 하나인 것은 분명하다. 작가 세르반테스는 학교를 다닌 적도 없고, 갖가지 직업을 다 겪고 운수가 나빠 감옥에도 갇히고 노예로 전락하기

---

28. 옛 중국은 우리를 동쪽 오랑캐, 동이東夷라 불렀다. 연암은 사대事大 아닌 동이의 민족 자주를 말했다.

도 했다. 희곡 작가가 되기를 바랐는데 희곡 작가로서도 실패했고, 늘그막에 이 소설 하나를 빚어내 이름을 얻었다. 그의 인생이 이 소설 속에 오롯이 다 녹아 있다.

어떤 사람들은 "유럽 소설이 돈키호테로부터 시작됐다."고 말한다. 돈키호테와 햄릿은 세태에 잘 맞춰서 살아간 정상적인 사람이 아니다. 무엇인가 병적病的인 인물이다. 루카치라는 학자는 근대 소설이 "비루한(추레한) 현실에 발을 맞추지 못하는, 무엇인가 병적病的인, 망상妄想에 사로잡힌 사람들의 몸부림을 나타낸다."고 그 특징을 설명한다.

근대 이전의 사회에서는 이런 병적인 인물이 없었다. 인류는 먼 과거에 속하는 '황금시대'에 대한 꿈을 품고 있다. 아름다운 시절을 잃어버렸다는 상실감! 별이 빛나는 창공蒼空을 보며 우리가 찾아갈 길을 읽었던 시대는 얼마나 사람들이 순진하고 행복했을까! 돈키호테는 그 행복했던 시절을 그리워하며 모험길을 떠났다. 어쩌면 우리도 돈키호테가 아닐까? 우리도 별빛을 우러르며 미친 짓거리 같은 모험길을 떠나야 하는 것이 아닐까? 400년 전의 인물에게서 우리 자신을 읽는다.

6 로빈슨 크루소를 우려먹지 마라

무인도에서의 삶을 개척하는 로빈슨 크루소

『로빈슨 크루소』 이야기를 모르는 학생은 없으리라. 300년 전(1720년)에 영국의 다니엘 데포가 발표한 소설이다. 유럽에서는 『성경』 다음으로 많이 읽혔다고도 한다. 게다가 대단히 많은 뜻을 함축하고 있어서 자세히 살펴볼 필요가 있다. 먼저 줄거리를 간단히 간추린다.

로빈슨 크루소는 1630년대에 태어나 스무 살이 되어 아프리카 기니로[29] 가는 배를 탄다. 거기서 원주민들에게 잡화를 팔고 사금砂金을 사들이는 장사로 큰돈을 번다. 그러나 해적선을 만나 무어인(북아프리카에 사는 아랍인)이 사는 곳으로 끌려가 해적선장의 노예가 된다. 거기서 탈출한 그는 한동안 사탕수수밭을 경영하다 다시 배를 탄다. 그는 인디아 제도諸島로 향하다가 암초를 만나 좌초한다.

무인도에 그만 혼자 살아남았다. 부서진 배에서 생활에 필요한 것들을 죄다·가져와 집도 짓고 사냥을 해서 살아갈 궁리를 한다. 매일 일기도 쓰고 성경도 읽었다. 앵무새를 잡아다가 길들이기도 하고, 농사

---

29. 아프리카 중부지역의 서쪽 끝에 있는 작은 나라.

를 지어 빵도 만들어 먹는다. 그러다가 이웃 섬의 '야만인'들에게 잡아먹힐 뻔한 포로를 구해서 '프라이데이'라 이름을 지어주고 데리고 산다. 어느 날 낯선 영국 배가 섬에 왔는데 배에서 반란이 일어났다. 로빈슨이 선장을 구해준 뒤, 그 배를 타고 35년 만에 고향으로 돌아간다……

먼저 이 소설은 '동화'가 아니라는 것을 알아두자. 아이들한테 읽히려고 출판사가 '무인도 생활'만 간추려서 따로 동화책을 펴냈을 뿐이지, 원래 소설은 훨씬 길고 내용이 풍부하다.

왜 이 소설이 그때의 유럽 사람들에게 대단한 인기를 끌었을까? 그 당시는 유럽 제국주의가 세계 여러 곳에 진출해 해외 교역과 식민지 개척으로 큰돈을 벌 때다. 유럽 자기 나라에서 '돈 벌 기회'를 잡지 못한 사람들은 너나없이 해외로 진출하기를 꿈꾸었다. 그런 사람들에게 당연히 눈길을 끌 주제다.

뱃사람 이야기만도 '모험 이야기'인데다가 '무인도'에서 살아남는 일은 어느 시대의 사람에게나 궁금증과 호기심을 불러일으키는 원초적이고 보편적인 관심거리이기도 하다.[30] "문명사회에서 안락하게 살아가는 내가 만일 그런 처지에 놓이게 된다면 제대로 살아낼 수 있을까?" 어디에 뚝 떨어뜨려 놓더라도 살아남을 수 있다는 것은 사람에게 커다란 자부심과 자신감을 안겨준다. "나 같으면 너끈히 살아남을까?" 하는 궁금증을 안고 사람들은 이 소설을 읽었다.

로빈슨의 생존 능력은 대단하다. 배 한두 척을 뚝딱 짓는 것은 일도

---

30. SBS의 「정글의 법칙」이 던지는 메시지와 이 소설의 주제를 견주어 보는 것도 좋은 생각거리다.

아니다. 불모지에서 갑자기 농사를 짓는 것도 '과연 쉽게 될 일일까' 싶다. 옛날의 어렴풋한 기억에 의지하여 온갖 도구를 만들어내는 것도 대단한 재주다. 영화 속에서 이름난 총잡이가 악당 수십 명을 한꺼번에 쏴 죽이는 것이 비현실적인 일이듯이 사실 공상 속에서나 가능한 인물이다. 로빈슨을 흉내 내서 무인도無人島로 떠나는 일은 없어야 한다는 말이다.

이 소설은 '1인칭 화자話者'가 말하는 식으로 쓰였다. 그런데 300년 전만 해도 '나'가 말하는 식의 소설이 유럽에 없었다. 그러니 독자들은 "어, 누가 자기 체험담을 늘어놨군. 이것, 실화實話네!" 하고 많이들 착각했다고 한다. 실제 이야기라는데 더 호기심이 쏠릴 수밖에. 또, 작가는 어느 뱃사람의 실화實話를 바탕으로 삼고, 남미의 칠레에 있는 어느 섬을 모델로 하여 이 소설을 지었다고 한다. 나중에 그 섬의 이름이 '로빈슨 크루소 섬'이라 개명改名됐다.

이 소설은 얼핏 읽으면 '고립된 한 개인이 혼자 외딴 곳에서 살아남는 이야기'로 읽힌다. 그러나 따지고 보면 로빈슨이 좌초한 배에서 온갖 문명의 이기利器(이로운 도구들)를 꺼내 와서 활용하지 못했더라면 아무리 애를 쓴다 해도 혼자 살아남을 수 없었다. 로빈슨 이야기는 '생존왕生存王'의 모습도 보여주지만 '(문명의 이기 없이는) 살아남을 수 없다.'는 뜻으로도 읽을 수 있다.

이 소설은 '세계를 제패한 백인白人들의 뛰어난 능력'을 자랑하는 얘기(백인 우월주의)로도 읽힌다. 당연하다. 작가는 아프리카 흑인이나 아시아의 황인종이 아니라 자기 나라 영국 사람들에게 재미있게 읽히려고 이 소설을 썼던 것이다. 그런데 그 영국인들은 백인 우월주의에 절어 있었을 터이니까 그들의 마음에 쏙 들려면 그들을 자랑스럽게 그려야 한다. "봐라. 우리 백인은 세계 곳곳을 다 정복할 뿐 아니라 무인

도에서도 살아남는다!"실제로 이 소설에서 로빈슨은 노예 밀무역에
도 관여했을 뿐 아니라 이 무인도에서 '식민지 총독' 행세를 한다.

작가가 300년 뒤의 아프리카인이나 아시아인에게 읽히려고 이 소설
을 썼더라면 소설 속의 원주민 '프라이데이'와의 인간관계를 달리 그
리지 않았겠는가. 실제로 20세기에 이 소설을 토대로 영화가 만들어졌
는데, 영화에서는 로빈슨과 프라이데이가 ('백인인 너만 잘났냐'면서) 인
간적 갈등을 겪는 것으로 그려냈다. 20세기에 투르니에라는 소설가가
'방드르디'라는, 후속편 격의 소설을 지었는데, 그는 로빈슨과 노예 방
드르디(프랑스 말로 '금요일')를 대등한 인격으로 그려냈다.

이 소설은 종교적인 관점에서 읽어볼 수도 있다. 청교도puritan는 '빚
(채무)'과 '파산'을 '죄罪'라 여겼다. 로빈슨은 중산층의 보장된 삶을 버
리고 모험적인 상인商人이 됐고, 플랜테이션 농장(사탕수수밭)을 세웠
지만 이것도 파산했다. 그는 큰 죄를 지은 셈이고, 무인도에서의 험난
한 삶을 통해 이를 뉘우친다(회개한다). 로빈슨은 무인도에서도 매일
성경을 읽고 견실한 생활을 할 뿐 아니라 원주민에게 성경을 가르친
다. 늘 규칙적인 생활을 하고 밤마다 대차대조표(손해와 이익을 기록한
표)를 쓰는 것은 영국의 근면 성실한 부르주아의 생활 모습이다. 칼뱅
Calvin이 근사하게 꾸며놓은(=미화美化한) 청교도 신앙은 '부르주아의 삶
을 예찬하는 신앙'이라는 것을 유념해두기 바란다. 이 소설은 '청교도
예찬의 문학'이기도 하다.

위의 얘기와 연관된 것이지만, 이 소설은 출세와 성공을 향한 끈질
긴 욕망의 이야기이기도 하다. "어떤 험난한 역경逆境에 놓이더라도 헤
쳐나가라! 너 자신의 힘으로 성공해봐라!" 당시는 귀족(타고난 고귀한
신분)이 아닌데도 자기 실력으로 부富와 명예를 쌓아 올린 견실한 중
산층(부르주아)이 여기저기서 나타날 때였다. 이 소설은 그들의 포부와

희망을 담아냈다.

그런데 무엇보다도 로빈슨을 유명하게 만든 것은 그가 '근대 경제학의 모델'이 됐다는 것이다. 작가는 소설만 쓴 사람이 아니고 경제학자였다. 자신의 경제학 사상을 소설로 나타냈다고 봐도 좋다. 요즘은 문학가는 문학만 하고, 정치학자는 정치만 공부하는 식으로 학문예술에서도 '분업'이 일반화됐지만 백 년, 이백 년 전만 해도 그러지 않았다. 원래 사람은 여러 분야를 두루 잘하는 것이 바람직한 일이지, 어느 한 분야만 외골수로 들이파면 세상을 보는 눈이 좁아지기 쉽다. 사회경제 생활도 그렇지만 학문과 예술도 '분업'을 극복하는 쪽으로 나아가는 것이 좋다는 얘기다('분업'은 따로 길게 살펴야 할 중요한 주제다).

애덤 스미스 같은 근대의 경제학자들은 이 소설을 읽고서 '합리적 경제인(경제적으로 행동하며 살아가는 사람)'의 모델을 떠올렸다. 로빈슨 크루소는 자기가 바라는 것을 얻기 위해 자기 노동(일)을 어떻게 배분하느냐를 놓고 갖가지 생각을 하고 계획을 짠다. 무인도에서 저 혼자 일하고 있으므로 딴 사람들의 사정은 전혀 고려할 것이 없다. 이를테면 '가족을 위해 일한다'든지, 딴 사람들과 '분업과 협업'을 한다든지…… 하는 것들은 따지지 않아도 된다. 그러니까 '사람은 어떻게 해야 경제적(합리적)으로 일할까'를 따지려면 저 혼자 고립돼 살아가는 로빈슨 크루소의 경우를 먼저 떠올려야 쉽게 답을 얻는다는 말이다.

로빈슨은 얼마나 합리적이었을까? 그는 난파한 배에서 온갖 물자를 다 꺼내 온다. 그는 자기의 오막살이를 요새fortress로 꾸미고 (적의 공격을 막으려고) 교묘하게 위장한다. 사냥을 하고 가재도구를 만드는 것도 일일이 날짜를 기록해둔다. 자기가 놓인 처지를 꼼꼼하게 대차대조표(자산과 빚을 나누어 기록하는 장부) 형식으로 기록한다. 화약火藥은 위험을 대비해서 여럿으로 나누어 곳곳에 숨겨둔다. 염소를 길들이는

데 성공하자, 집 주변에 울타리를 친다.

그는 우선 자기 생활에 '시간' 개념을 들여왔다. 그가 자본주의적인 근대 인간임을 나타낸 것이다. 중세中世에도 시간 구분이 없지 않았지만 중세의 시간은 '아침, 오전, 오후, 저녁'처럼 하루를 대강 큰 덩어리로 나눈 것에 불과했다. 무인도에서는 사실 '몇 년 몇 월 며칠'이라는 날짜 구분도 별로 의미가 없다. 그러나 로빈슨이 '시간'을 꼼꼼히 따졌다는 것은 작가가 로빈슨 이야기를 '근대 문명에 대한 하나의 우화寓話'로 나타냈음을 말해준다. 근대 사회는 벤자민 프랭클린(미국의 계몽사상가)이 갈파했듯이 '시간을 돈으로 환산하는 사회'다.

이 얘기는 '자본가'의 본질을 나타내는 격언이다. 자본가는 밑천을 들여서 상품의 원료를 사들이고 공장 노동자에게는 임금을 줘서 원료를 가공하는 일을 시킨다. 그래서 만들어진 상품을 팔아서 그 차익(상품 판매액-생산비용)을 '이윤'으로 챙긴다. 그는 원료를 싼값에 사들이거나 노동자에게 임금을 덜 줘야 더 많은 이윤을 챙길 수 있다. 아시아와 아프리카의 약소국弱小國을 총칼로 위협해서 원료(자원)를 싼값에 사들이고(대표적인 것이 '석유'다!), 임금노동자를 헐값에 부려서 생산비용을 크게 낮추는 것이 선진 자본주의국이 벌여온 일이었다(영국은 19세기 중반까지 정부가 매겨놓은 가격 이상으로 높은 임금을 받은 노동자를 처벌했다!)! 노동자가 하루 10시간 일하기로 약속하고 고용됐다고 치자. 그 정해놓은 노동시간 이상으로 노동자에게 일을 시키면 그 시간이 늘어날수록 자본가는 더 많은 돈을 번다! 18~19세기 유럽의 자본가들이 노동자들을 더 부려먹기 위해 어떤 잔꾀들을 썼는지, 앞에 서술해놨던 것을 기억하고 있는가?

중세 때는 영주領主가 농노農奴들을 얼마나 부려먹는지, 너무나 분명히 드러났다. 농노는 일주일에 사흘은 자기의 논밭에서 자기를 위해, 나머지 사흘은 영주의 땅에서 영주를 위해 일했던 것이다. 영주는 농노를 일주일에 사흘 동안을 (거저) 부려먹었다! 그런데 근대 자본주의 사회에서는 노동자가 자기 먹고살 것을 위해 얼마 동안 일하고, 자본가의 이윤으로 갖다 바치기 위해 얼마 동안 일하는지가 분명히 드러나지 않는다. 그래서 마치 '착취'가 일어나지 않는 것 같은 환상이 생겨난다. 18~19세기에 영국 자본가들이 노동자로 하여금 '법정 노동시간'보다 더 일을 하게 만들려고 어떤 계략들을 썼는지를 살필 때라야 그 비밀이 살짝 드러난다.

'시간' 얘기가 (대단히 막중한 얘기라서) 좀 길어졌다. 공간 이야기도 덧붙이자. 로빈슨은 무인도에서 제가 지은 집에 울타리를 두르고, '이것은 내 것!'이라고 푯말을 달았다. 섬을 다 가꾸고 나서는 '이 섬은 내 식민지'라고 저 혼자 떠벌렸다. 이것, 좀 미친 짓 또는 우스운 짓이 아닌가? 누가 자기 집을 뺏으려고 했는가? 그가 자기 나라로 돌아가서 (영국) 법원에 '어느 섬은 내 것이오.' 하고 자기의 소유권을 등록한다고 치자. 그 별것도 없는 섬을 돈 주고 사들이겠다는 사람이라도 만난다면 그 소유권이 그나마 나름의 가치가 있다. 그런데 그 섬에 석유라도 묻혀 있다면 모를까, 실제로는 그 섬에 찾아올 사람도 없다. 그런데 그런 쓸데없는(공허한) 짓을 벌인다! 그는 '자본가'로 살고 싶어 안달이 난 사람으로 보인다. 이 얘기는 자본가로 성공하고 싶어 안달이 난 영국의 중산층(부르주아)들의 욕망에 아첨하는 얘기다. 환상('허구'인 소설) 속에서나마 근사한 섬의 소유권자로서 살고 싶은 욕망!

한국의 은행이나 관청 민원실民願室에는 '이렇게 신청하세요.' 하고 견본見本으로 올려놓은 신청 서식書式이 있는데, 거기 신청인 이름은 '홍길동'으로 적혀 있다. 한국인을 대표하는 이름이 '홍길동'인 셈이다. 이와 비슷하게, 유럽의 경제학 교과서는 '로빈슨 크루소'의 이름으로 시작한다. "로빈슨이 이러저런 목적을 위해, 이러저런 물건을 만들려고 한다. 그가 갖고 있는 자원이 몇 개 안 되므로 그 '(자원의) 희소성'을 감안해서 몇 가지를 선택해야만 한다. 그는 그의 목적에 비추어, 무슨무슨 물건을 만드는 데 얼마얼마의 노동시간을 들이는 게 좋을지, 합리적으로(=이치에 맞게) 나눠보아라…… 어쩌고!"

그런데 문제는 그 교과서들이 거기서 커다란 논리적 비약을 저지른다는 것이다. "로빈슨의 경우를 따져보면 얼마를 생산하고 얼마를 소비할지, 이러저런 답이 나온다. 그러니까(!) 우리 영국(또는 한국) 사회는 그 답에 따라, 얼마를 생산하고 얼마를 소비하는 게 좋겠다."는 것이다.

이 논리에 숨어 있는 가정假定이 뭘까? "사람은 너나없이 똑같은 원자原子들이다. 이 똑같은 원자 알갱이들이 잔뜩 모여서 한 사회를 이룬다. 그러니까(!) 원자 알갱이 하나만 살피면 이 사회가 어떻게 굴러가야 하는지, 그 답이 나온다!"고 하는 가정假定! 이런 부류의 논리를 '원자론'이라고 일컫는다.

그런데 사람은 과연 똑같은 원자들일까? 어느 나라에서 인구人口 1%가 소득(돈벌이)의 절반을 차지하고, 자산(땅과 건물, 귀금속, 저금액)의 70%를 차지하고 있다고 치자. 이 나라의 부자와 가난뱅이는 똑같은 원자들인가? 이 나라에서는 "올해 국민 전체가 소득이 10% 증가했다."는 것이 무슨 의미 있는 변화가 아니다. 1% 인구의 한 해 소득이 20% 증가하고, 99% 인구의 한 해 소득이 제자리걸음을 했다면, 그런 나라에서는 '국민 전체의 소득 증가 통계'는 사회적 양극화 현실을 덮어 가리는 가증스러운 통계에 지나지 않는다. '원자론'은 경제 현실을 개선하는 데 아무짝에도 쓸모없는 허튼 이론理論에 불과하다.

위의 얘기는 로빈슨이라는 외톨이 인간의 행동으로부터 '민족경제는 이런 것'이라고 결론을 끌어내는 게 얼마나 허튼 논리인지를 알려주는 한 가지 사례에 불과하다. 갖가지 측면에서 그 논리는 비판받는다.

한 가지만 짚자. 자본주의 시장경제를 찬양하는 경제학은 "합리적 개인의 선택이 가능하다."는 가정假定에 바탕을 두고 있는데, 과연 현실의 개인들이 그렇게 합리적인지가 우선 미심쩍다. 사람은 시장市場이 어떻게 돌아가고 있는지 잘 알아야 합리적 선택을 할 수 있는데 과연 대중이 시장에 관한 정보를 풍부하게 갖고 있느냐는 것이다. 이를테면 주식株式을 사고팔아서 돈을 벌고 싶은 사람이 많다. 하지만 거대 기업의 요직(중요 직책)에 있는 사람이야 기업 정보에 밝아서 '지금 무슨 주식을 사고팔아야 돈을 버는지' 잘 알겠지만 ('개미 군단'이라 비유되는) 소액 투자자들은 그 정보에 어두워서 늘 손해를 본다. 현실에선 '합리적 선택'이 이뤄지지 않는다.

근대 자본주의를 찬양하고 미화美化하는 경제이론은 '원자론(로빈슨 크루소 이야기)'에 바탕을 두었다. 이와 달리, 자본주의에서 무엇을 고쳐야 할지 궁리하는 경제이론은 '원자론'을 퇴짜 놓는다. 로빈슨 이야기는 로빈슨 한 사람에게나 들어맞는 얘기지, '한 민족 전체'가 나아가야 할 방향을 찾는 데에 그 얘기를 갖다 쓰면 안 된다는 것이다. 한 민족(국민)은 돈(힘)이 많고 적은 여러 집단으로 나뉘어 있고, 이 집단들 간의 힘겨루기를 어떻게 해결해야 할지, 그 답을 내놓지 않는 어떤 경제이론도 지배층의 이익에 봉사하는 학문으로 굴러떨어진다.

근대 자본경제학 얘기는 나중에 더 하고, 이 소설의 문학적 가치만 잠깐 덧붙이자. 『로빈슨 이야기』는 근대 사실주의 소설의 첫 출발이다. 줄거리를 떠올려보면, 이 얘기 속에 무슨 달콤한 사랑 얘기도 없고, 무슨 공상 같은 얘기도 전혀 없다. 오직 '사실(事實, fact)'에 충실한 얘기만 가득하다. 주인공이 미국 드라마의 주인공 '맥가이버'처럼 온갖 도구를 자유자재로 부려 쓰는 만능 인간이라는 과장법만 빼고, 그 험난한 환경에서 살아남으려면 어찌해야 하는지 매우 사실적으로 그려낸 소설이다. 모험 이야기가 그럴뿐더러 사람됨의 묘사도 '근대 영국 중산층'의 모습을 매우 그럴싸하게 본떴다. 이와 같이, '환상'을 다 씻어낸 문학이라는 점에서도 이 소설은 '근대의 출발'을 알려준다.

우리는 이 소설을 '1700년대 초의 유럽'을 알려주는 이야기로 읽어야 한다. 케케묵은 신학神學 이데올로기에 갇혀 있던 중세中世와 견주자면야, 이 소설에는 여러모로 신선한 측면이 많다. 그 당시는 인쇄술이 갓 일반화돼서, (좀 배웠다는) 사람들이 '소설책'에 차츰 빠져들던 때다. 요즘 사람들이 신문 방송에서 영향받듯이, 그때 사람들은 소설을 통해 사회의식을 키웠다. "시간이 돈이다…… 어쩌고!"하는 사회의식을!

주의할 점은, 21세기의 인류에게 방향을 가리켜주는 이야기로 이 소설을 읽어서는 안 된다는 것이다. "우리도 태평양으로 가서 무인도 하나씩 차지했으면 좋겠다?" 그것은 허무맹랑한 꿈(식민주의자의 욕망)이다. 300년 전의 유럽인은 그런 허튼 꿈에 젖어 살았지만, 요즘도 그런 꿈을 꾸는 유럽인이 있다면 "얼른 꿈 깨!"하고 한 대 갈겨줘야 한다.

7 'Nobody'와 돼지가 된 오디세우스의 부하들

오디세우스에게 술잔을 건네는 마녀 키르케

『일리아드』와 『오디세이』는 옛 그리스에 전해 온 서사시(敍事詩, epic)다. 운율을 넣어 이야기를 읊은 것! 『일리아드』는 아테네와 트로이 간의 전쟁 이야기이고, 『오디세이』는 아테네의 장수將帥 오디세우스가 고향집으로 돌아오면서 겪는 10년간의 귀향歸鄕 모험담이다.

오디세우스가 고생을 겪게 된 까닭은 바다의 신 포세이돈의 노여움을 사서 그의 저주를 받았기 때문이다. 그런데 24편에 이르는 이야기의 절반은 오디세우스가 (고향에 홀로 남은 아내 페넬로페에게 추근거리는) 구혼자들을 물리치는 내용이다. 오디세우스는 교활하고 냉철하고 이기적利己的이지만 위기가 닥치면 꾀(기지機智, wit)를 써서 벗어나므로 '좋아할 수는 없지만 경의(존경)를 보낼 인물'이라 할 수 있다.

이 두 서사시를 지은 사람은 기원전(예수 탄생 이전) 8~9세기에 살았을 호메로스라는 추정이 가장 유력하다. 그렇지만 그가 혼자 지어낸 얘기가 아니라(먼 옛날의 시와 노래는 거의 대부분 입에서 입으로 구전口傳돼왔다) 그가 간추리고 보탰을 뿐이라고 봐야 한다(주된 편집자의 구실). (실제 역사에서) 트로이 전쟁이 끝났을 때는 기원전 1200년 무렵이고, 그때 얘기를 100~300년 뒤의 사람들이 시로 읊었다.

그 옛날에는 책이 귀했다. 말로 읊기 좋으라고 운율을 넣었고, 운율이 들어 있는 덕분에 노래꾼들은 그 긴 이야기시를 외워서 읊을 수 있었다. 한국의 판소리 「심청가」도 소리꾼이 대본도 펴놓지 않고 9시간을 내리닫이로 (외워서) 창唱을 한다. 영어로 된 시는 주로 한 시행詩行이 강세(악센트)가 '약강' 순서로 된 5 음보音步 형태를 띠지만 옛 그리스에서는 강세가 '강/약/약' 순서로 된 6음보가 주된 운율 형태였다.

이 두 편의 서사시는 고대 그리스의 인문人文 교육의 뼈대였다. 수많은 교과서와 참고서에 치여 허덕거리는 한국 학생들은 부러워할 일이지만 '시 두 편' 들고 공부 땡! 옛 그리스인들은 이 두 시를 거의 다 외웠고 이것을 도덕과 실천의 길잡이로 삼았다. 이 두 시는 중세 유럽에서 르네상스가 꽃피는 데 큰 기여를 했다(요즘 학교도 잘게 쪼개진 교과목을 합쳐서 중2 이상의 상급 학년은 인문사회 통합교과 하나, 수학과 논리, 자연과학, 외국어, 이렇게 네 개의 교과로 가르치는 게 좋겠다. 중 1, 2까지는 '언어(국어) 교과'를 주요 과목으로 가르치되 그 뒤로는 '언어'를 인문사회에 통합시키는 것이 좋다).

오디세우스는 고대 문학으로서는 드물게, 복합적인(입체적인) 성격의 인물이다. 좋은 놈이기도 하고, 싸가지 없는 놈이기도 하고…… "이 인물은 대관절 어떤 놈이냐?" 하고 그 인물 자체에 주목하게 만든다는 얘기다. 근대 소설이 "한 개인이 이 세계 속에서 겪어내고 깨달음을 얻는 편력기遍歷記"라면, 오디세이라는 서사시는 그 '근대성'을 일찍이 선취한(먼저 얻은) 셈이다.

동서양의 고전 작품들에는 이렇게 현대인들에게도 숙제거리로 남아 있는 문제들에 대해 한 줄기 빛을 던져주는, 보석 같은 단편斷片들이 곳곳에 있다. 구약 성경의 포도밭 주인 이야기라든지 공자의 『논어論語』에 나오는 여러 얘기들 따위. 『오디세이』에 들어 있는 Nobody 이야기와 마녀 키르케 이야기도 그런 반짝이는 보석이다.

먼저 'Nobody.' 오디세우스가 어느 섬의 동굴에 들어갔다가 외눈박이 괴물 키클롭스의 하나인 폴리페무스와 맞닥뜨렸다. 그는 오디세우스의 부하를 여섯 명이나 잡아먹고 오디세우스에게 이름을 알려주면 선물을 주겠다고 약속했다. 오디세우스가 자기 이름은 'Nobody(아무것도 아닌 것)'라고 대답하자, 선물로 그를 맨 마지막에 잡아먹겠다고 했다. 오디세우스와 그 부하들은 꾀를 써서 그의 눈을 멀게 했다. 괴물의 비명소리를 듣고 동료 키클롭스들이 달려와 컴컴한 동굴 안에다 대고 물었다. "Is there anybody(거기 누구 있소)?" 오디세우스가 대꾸했다. "There is 'Nobody'!" 괴물들은 아무도 없다는 얘기를 듣고 가버렸고, 오디세우스는 동굴을 무사히 빠져나왔다…….

이 얘기에는 말장난이 들어 있다. "There is nobody."는 거짓말이기도 하고 참말이기도 한 말장난이다. 중의법重義法! 이 낱말은 일상 언어로 잘 쓰이지 않는 말이라서 새겨두기가 힘든데, "한 낱말에 두 가지 (서로 다른) 뜻이 들어 있다."고 하는 아주 '평범한' 얘기다. 이중의 뜻! '이중(二重, double)'은 '두 겹, 두 가지'다. 조선의 명기名妓 황진이는 "청산리 벽계수야, 수이 감을 자랑 마라"고 노래했는데, 여기서 '벽계수'는 원래 뜻은 '푸른 골짜기 물'이지만, '벽계수'라는 별명을 가진 어느 잘생긴 남자를 넌지시 가리키기도 한다. 그러므로 '벽계수'는 중의법이다.

"There is Nobody."의 원래 뜻은 '아무도 없다'이지만, 그것은 오디세우스의 말장난에 의해 "'아무것도 아닌 것'이라는 이름을 가진 사람이 있다."는 뜻도 되었다. 오디세우스는 실제로는 거짓말을 했지만, 그 꾀 덕분에 하늘을 우러러 한 점 부끄럼 없는 진실을 말했다고도 할 수 있다. 역설逆說(패러독스)이다!

이 얘기는 재밌으라고 지어낸 얘기이긴 해도, 무엇인가 깊이 생각할 거리를 던져준다. 세상에는 Nobody들이 있고, 그들이야말로 정말 중요한 존재들이 아닐까, 하는!

중2 사회책을 펼쳐보자. 프랑스 시민혁명을 서술한 대목에 혁명을 주도한 '제3신분Tiers Etat' 얘기가 있다. '시이에스'라는 사람의 연설이다. 교과서를 옮긴다. "혁명 이전 제1, 제2 신분인 성직자와 귀족은 전체 인구의 2%에 불과했는데도 전체 땅의 40%를 차지했고 국가재정의 절반을 자기들 호주머니로 가져갔다. 그렇다면 제3신분이란 무엇인가? '모두'를 가리킨다. 제3신분은 여태껏 어떤 존재being였는가? '아무것도 아니었다!' 그들은 지금 무엇을 요구하고 있는가? 그들에게 알맞은, 무엇인가가 될 것을 요구한다!"

이 얘기는 인간 존재의 비밀을 말해준다. 인간이 어떻게 해야 이 사회의 주체, 주인主人이 될 수 있는지를. 좁은 울타리 안에서이긴 해도 폴리스polis의 민주정치를 겪었던 옛 그리스인들은 일찍이(곧, 프랑스 시민혁명이 터지기 2,000년 전에) 그 깨달음을 넉넉하게 품고 있었다. 오디세우스의 Nobody가 단순한 말장난만은 아니라는 것을 우리는 『오디세이』가 나온 지 400~600년쯤 뒤, 소포클레스가 지은 위대한 고전 비극 『오이디푸스 왕』의 한 대목에서 발견한다. 오이디푸스는 기구한 운명의 장난으로 자기 아버지를 죽이고 자기 어머니와 결혼하게 된 어떤 사람의 이야기다. 현대 심리학은 '오이디푸스 콤플렉스'라 하여, 어린아이는 한때 어머니에게 애착을 품은 나머지 아버지를 미워하게 된다고 하는 알 듯 말 듯한 현상을 주목하기도 했다.

오이디푸스가 자신의 끔찍한 비밀을 알아내고는 수치심을 견딜 수 없어 제 손가락으로 제 눈을 찔러 장님이 되어서는 여기저기를 방랑할 때 이야기다. 어느 도시에서 오이디푸스의 이야기를 듣고 싶다고 요청이 왔다. "그 사람들이 저를 불렀어요? 저처럼 쓰레기 같은 인간을요? 사람은 아무것도 아닌 것nobody, nothing으로 굴러떨어졌을 때라야 비로소 무엇somebody, something이라도 되는가 보지요?"

신약성경에도 이렇게 인간 존재는 역설逆說로 가득 차 있음을 말해주는 대목이 나온다. 창녀娼女 막달라 마리아는 사람들에게 손가락질받는 비천한 존재였다. 그러나 예수는 막달라 마리아야말로 '하느님 나라'에 가장 먼저 들어갈 사람이라고 칭송했다.

정치학에 숨어 있는 명제命題는 이런 것이다. '아무것도 아닌 존재'만이 '모든 것'을 대표할 수 있다!! 시이에스는 프랑스 혁명 과정에 시민(부르주아) 계급을 가리켜 똑부러지게 이 얘기를 표현했고, 히브리의 예수는 '하느님의 나라'라는 종교사상 속에서 그런 보편성을 못 박아 단언했다. 옛 그리스 사람들은 삶의 이야기 속에서 그런 빛나는 생각의 조각을 끄집어냈다. 오디세우스는 "저는 아무것도 못 되는 존재예요." 하고 거짓말 절반, 참말 절반의 얘기를 털어놓지 않고서는 살아남을 수 없었다. 이 글을 읽는 여러분은 nobody인가, 아니면 somebody인가?

프랑스 민중의 반란으로 무너진 바스티유 감옥

다음은 마녀 키르케 이야기. 이탈리아 근처의 섬 지방에 전해 오는 전설이다. 아이아이에 섬에 마녀 키르케가 살았는데 주문(呪文, incantation)을 외우고 약을 먹어서 사람들을 멧돼지나 늑대, 사자로 만들어버렸다고 한다. 여기서 잠깐, 국어 공부! 동아시아에서는 '수리 수리마수리 수수리 사바하'라고 주문을 외웠다. 이것은 불교 경전에 들어 있는 한 구절이다. 소설 『홍길동전』에는 '주문'이라 하지 않고 '진 언을 읊조렸다'고 적혀 있다. 진언眞言은 참된 말이다. 무슨 얘기냐? 부 처님 말씀 같은 '참된 말'을 하는 것은 엄청난 신비로운 효과를 낳는 다고 옛사람들은 믿었다는 얘기다. "참말 한마디 하는 것이 그렇게 신 비롭고 대단한 일이라고?" 어린아이가 말을 배우는 과정이 얼마나 신 비로운 일인지, 또 인류가 언어를 발명하지 않고서는 만물의 영장靈長 이 될 수 없었음을 떠올리면 옛사람들이 '언어'를 엄청나게 떠받들고 숭상崇尙한 것이 좀 이해가 되지 않는가? '부적'이라는 것도 평범한 얘 기를 다만 '글'로 적었을 뿐이다.

각설하고(곧, 그딴 얘기 집어치우고), 바다를 표류하다가(떠돌다가) 키 르케가 사는 섬에 닿은 오디세우스의 부하들은 죄다 그녀의 마법에 걸려서 돼지가 돼버렸다. 오디세우스만이 헤르메스 신이 도와준 덕분 에 그 마법을 피했고, 오디세우스에게 반한 키르케가 나중에는 그와 그의 부하들을 풀어준다는 얘기다. 줄거리는 간단하다.

'사람이 무엇으로 바뀐다(변신한다).'는 얘기는 그리스 신화만이 우 리에게 베풀어주는 매혹적인 문학 기법이다. 그런데 사람을 다른 것으 로 바꿔버리는 힘은 그 마법사의 눈길이나 손길에서 나온다. 마녀 키 르케의 눈길에 쏘이면 사람이 돼지가 된다. 괴물 메두사의 눈화살을 맞으면 사람은 돌멩이가 된다. 미다스 왕의 손길이 닿으면 모든 것이 황금이 돼버린다. 또 귀한 '반지'가 사람을 바꿔버리기도 한다. 사람은 눈화살을 쏘아 보내거나 반지를 선물로 줌으로써 남의 마음을 사로잡 는다. 힘센 사람은 그렇게 할 수 있다.

돼지가 돼버린 오디세우스 부하들은 벌을 받는다. 무슨 벌? 몸은 돼지가 돼버렸지만 정신spirit, soul은 인간의 것으로 남아, "나는 돼지가 아니라 사람이야."라는 고통스러운 기억을 이어 가야 하는 형벌! 그들은 고통스럽다. "나는 돼지이지만 돼지가 아냐! 나는 사람이지만 사람이 아냐!" 하고 자기 머릿속이 두 쪽으로 갈라지는 고통! 그들은 "난 사람이야!" 하고 말하고 싶지만 그는 이미 돼지 목소리밖에는 낼 수 없기 때문에 자신의 고통스러운 마음을 나타낼 길이 없다. 그가 이런 궁지(역경)에서 벗어날 한 가지 길은, "나는 예전에 인간이었지." 하는 기억 자체를 내버리는 것! 그런 망각(잊어버림)의 기법을 움켜쥐고 "잊어버리니까 즐겁구나!" 하고 그 즐거움을 받아들이는 것!

"끝까지 기억하겠다." 고 다짐하는 사람은 구원과 해방의 순간을 기다린다. "나는 사람으로 돌아가야 해!" 하고 그 기억을 붙든 사람만이 기회가 왔을 때 '인간으로 되돌아가는 길'을 선택할 수 있다. 그러므로 그는 자기가 인간이었던 시절에 대한 기억과 '해방'의 간절함을 늘 기억하지 않으면 안 된다.

'잊어버리기'를 선택한 사람은 인간으로 되돌아가기를 포기하고 오히려 키르케를 유혹하려고 한다. 키르케와 더불어 더 즐거움을 누리는 길, 그것이 그의 새로운 희망이 된다.

돼지는 '오직 먹을 것에만 정신이 팔려 있는 동물'이라고 사람들은 여긴다. 그것이 사람들의 통념(흔해빠진 생각)이다. 실제의 돼지는 오히려 청결한 것을 좋아하고, 얼마쯤의 감정도 품고 있을 터이지만, 우리가 주목하는 것은 사람들에게 '돼지'가 주는 상징적인 뜻이다. 돼지 같은, 돼지와 다를 바 없는 사람은 오직 '부富와 물질적인 풍요함', '쾌락의 만족' 말고는 아무런 관심도 없는 사람이다.

그러니까 '사람이 돼지가 돼버렸다.'는 우화fable는 정신과 영혼이 아니라 재화(財貨, goods)와 물질을 숭배하는 사람에 대한 비유다. 'good'은 '좋다'는 뜻이요, 'goods'는 '좋은 것, 곧 재화'이므로 재화와 물질에 대한 욕구는 사람에게 뿌리 깊은 것이기는 하다. 아무튼 그런 욕구는 물신숭배(物神崇拜, fetishism)를 낳기 마련인데, 이 우화는 이 물신숭배에 대한 풍유(풍자, 알레고리)이다.

현대 철학자들은 현대 자본주의 사회가 '욕망(과 풍요)'이라는 부호(목표)'의 지배를 받고 있다고 말한다. 한국만 살피자면, 1970년대 산업화 시대에 우리 사회의 지배층이 내걸었던 구호(외침, 슬로건)는 "잘살아보세!" "my home, my car(집 한 채 장만하고, 자가용 승용차를 갖자)" 였다. 모세의 십계명十誡命보다 더 우렁찼던 훈계는 "성장하라, 성장하라, 또 성장하라!"였다. 다른 모든 정신적(문화적) 가치는 깜깜하게 잊혔다. 그러므로 우리는 오디세우스의 부하들이 선택할 수 있었던 두 길 중에 '망각(잊어버림)의 길'로 한 발 두 발 나아갔다고 말해야 한다.

현대를 더 깊숙이 들여다보면 우리는 자신이 '상품商品(사고 팔리는 물건)'과 다를 바 없다는 느낌을 받을 때가 많다. 번듯한 회사에 취직하기를 바랄 때, 우리는 '자기소개서'를 쓴다. "나는 이러저러한 재주가 많아요. 나를 갖다가 쓰세요." 하고 거기에 열심히 자랑을 늘어놓는다. "저, 솔직히 부족한 것도 많고, 사실 열심히 일할 마음도 없지만 목구멍이 포도청이라 하는 수 없이 입사 원서를 냈어요." 하고 정직하게 말하지 않는다. 회사 상사上司가 시키는 대로 일해야만 할 때, 우리는 '팔려 온 종' 같은 수치심을 느끼기도 한다.

사람이 상품(사고 팔리는 물건)이 되었음을 가장 극단적으로 실감하는 사람이 연예인이고, 그중에서도 젊은 여성 연예인이다. 그녀의 몸뚱어리는 뭇 사람들이 눈요깃거리로 즐기는, '욕망의 대상'이고, '팔리는 물건'이다. 뭇 사람들의 성적erotic 상상력을 자극하기 위해서 그는 벌건 대낮에 사람들 앞에서 아슬아슬하게 벌거벗은 몸뚱이를 드러낸다. 그래야 이름도 나고, 잘 팔아서 돈벌이가 되니까!

그녀가 좋아하는 이성異性과 가까워지기 위해 옷을 벗는 것은 아름답고 사람다운 일이다. 하지만 자기가 알지도 못하는 수백만, 수천만의 남자들에게 눈요깃거리가 되기 위해 옷을 벗는 것은 은연중에 사람으로서 존엄함을 깎아내리는 짓이다. 물론 '수많은 사람들이 나를 안다.'는 자랑과 돈을 많이 벌게 해주는 눈앞의 이익이 그 부끄러움을 덮어버리니까 그렇게들 옷을 벗겠지만, 그러나 '존엄한 사람으로 인정받고 살고 싶다.'는 마음속의 요구를 언제까지나 억누를 수는 없다.

예전에 어느 신문에선가, 유럽의 한 이름난 여배우가 제 속마음을 솔직하게 털어놓은 기사를 읽은 적 있다. "저는 솔직히 제가 창녀娼女(몸 파는 여자) 같다는 생각이 들어요." 그 여배우들은 대부분 명예를 얻고, 좋아하는 팬을 얻고, 돈도 벌고 하는 것이 너무 달콤한 대가代價라서 자기가 사고 팔리는 상품이 아니라고 애써 부인하고 살지만(망각의 길), 또는 "사고 팔리는 게 뭐 어때? 비싼 값에 나를 팔면 되지, 뭐." 하고 상품이 되었음을 오히려 자랑하기도 하지만, 그러나 '사람답게 살고 싶다.'는 욕구는 이렇게 가끔 그들의 마음속으로부터 스멀스멀 흘러나와 그들에게 부끄러움을 안겨준다.

연예인을 예로 든 까닭은, 그들을 주목하자는 뜻이 아니라 "사람이 상품이 되는 것"이 사람을 어떻게 만드는지, 가장 극단적인 예를 살펴보는 것이 여러분의 이해理解를 도울 것 같아서였다.

각설하고(딴 얘기로 넘어가서) 사람의 '이야기'는 행복하고 부러울 것 없는 사람들이 만들어내지 않는다. 상처 입은 사람, 간절한 의지意志와 꿈을 품은 사람들이 지어낸다. 그런데 인류 문학의 주된 이야기(서사)는 처음(고대와 중세)에는 '종놈(노예)' 이야기였다. 비천한 신분의 사람이 고귀한 사람으로 변신할 수 있다면 오죽 좋으랴, 하고 옛사람들은 꿈꾸었다. 유럽으로 치면 로마제국 시대의 '스파르타쿠스의 반란'이 있고, 한국에는 고려 때 '만적의 난'이 있었다. "어디, 왕후장상(왕과 귀족)의 씨가 따로 있더냐." 하면서 세상을 엎어보려 했던 종놈 만적! 반란이 아니라도, 고구려 때 바보 온달 이야기는 종놈이 고귀한 신분으로 거듭나는 달콤한 꿈을 담고 있다('바보'는 그때 그를 질투한 귀족들이 떠든 험담이었지, 실제의 그는 전혀 바보가 아니었다). 독일의 근대 철학자 헤겔은 밑바닥 민중만이 인간 역사를 선두에서 이끄는 힘이 있다는 커다란 깨달음을 '주인과 종놈(노예)의 변증법'이라는 철학으로 서술했는데, 학습 의욕이 넘치는 훌륭한 학생은 나중에 인터넷 검색을 통해서든 어떻게든 이 얘기를 찾아보기 바란다.

그런데 근대로 오면서 종놈의 얘기는 줄어들고, 돼지 이야기와 상품 이야기가 늘어나기 시작했다. 이 상품과 물신숭배에 대한 이야기의 실마리를 꺼내놓은 것이 '마녀 키르케' 이야기다. 이 얘기를 비롯해, 서사시 『오디세이』는 훗날 숱한 문학가들에게 영감(靈感, inspiration)을 퍼 가는 샘물이 돼주었다.

이를테면 프리모 레비라는 사람이 있었다. 그는 나치 수용소에서 살아남아 '증언 문학'의 길을 걸은 사람이다. 나치의 아우슈비츠 수용소는 말하자면 현대판 키르케 이야기다. "너희는 사람이 아니다. 너희는 짐승이다."라는 그 수용소의 말에 따르는 사람은 편안한 삶을 살았다. 그 유혹의 말에 맞서기 위해 프리모 레비는 『오디세이』의 한 구절, "나는 사람이다. 짐승이 아니다."라는 말을 날마다 암송했다고 한다. 그는 문학에 대해 아무 관심도 없던 청년이었는데 수용소의 삶을 겪고서 문학가가 됐다.

『오디세이』는 고향을 그리워하고 고향으로 돌아가기 위해 온갖 역경과 싸운 사람의 이야기다. 그의 귀향을 훼방 놓은 것은 키르케의 마법만이 아니었다. 그는 '근심걱정 없는 섬'에서 7년을 살았다. 키르케의 마법이 '니가 인간이었다는 기억을 버려라.'는 것이었다면 이 섬이 꼬드긴 것은 '고향에 대한 기억을 내버리라.'는 유혹이었다. 그런데 태평스러운 7년을 보낸 뒤, 그는 문득 자신이 '고향을 잊고 있었음'을 깨닫고 바닷가에서 펑펑 울었다. 고향이 기억나서 울고, 고향을 잊었다는 사실이 고통스러워서 울었다. 세계 문학에서 (무슨 번듯한 영웅호걸이 아니라) '울어대는 남자'가 주인공으로 등장한 것은 『오디세이』가 처음이다. 문학은 이렇게 눈물을 흘리고 슬픔에 젖는 데서 출발하는 것이 아닐까.

인간 사회에 '문학'이 있어야 하는 까닭은 인류의 마음속에 '(남들을) 가엾어하는 마음'을 키워가는 데 있다. 역지사지易地思之! 그러려면 먼저 '힘들어하는 이웃이 우리 옆에 있다.'는 사실부터 깨닫고 기억해야 한다. 그런데 키르케의 마법이 통하는 시대는 그 기억을 지울 것을 강요하는 시대다. 오디세우스는 바로 나, 우리들이 아닐까?

8 "아, 바틀비여! 아, 사람이여!"

바틀비는 나약하게 거부했지만 간디가
이끈 인도 민중은 위대하게 거부했다.

「바틀비」는 미국의 문학가 허먼 멜빌이 1853년에 펴낸 단편소설이
다. 그는 「검은 고양이」, 「어셔가의 몰락」 등의 작품을 내놓은 에드거
앨런 포, 『주홍글씨』, 「큰 바위 얼굴」을 쓴 나다니엘 호손과 더불어, 19
세기 중반에 미국 문학의 르네상스(부흥)를 이뤘다고 칭송받는 작가
다. 허먼 멜빌의 대표작은 『모비 딕』(흰 고래)으로, 에이허브 선장船長
이 27미터가 넘는 난폭하고 커다란 흰 향유고래를 잡으려다가 오히려
그 고래로 인해 목숨을 잃는다는 줄거리다. 생사生死를 넘나드는 자연
과의 대결, 인간 영혼의 창조적이고 파괴적인 충동을 그려냈다. 「바틀
비」는 출판 당시에는 별로 주목을 끌지 못했지만, 1세기가 지난 지금
은 『모비 딕』 못지않은 울림을 던져주고 있다. 줄거리부터 간추려 옮
긴다.

나는 뉴욕의 한 거리에서 변호사로 일한다. 사무실의 일이 많아져서
이미 고용한 직원 말고 문서를 옮겨 적는 일을 할 필경사筆耕士를 한
사람 더 뽑았다. 키가 작은 바틀비였다. 그는 시키는 일을 묵묵히 성
실하게 해냈다.

어느 날, 그에게 무슨 일을 시켰더니 그가 대뜸 "안 그러고 싶어요." 하고 대꾸했다. 나는 너무 놀랐지만 아무 소리도 하지 않았다. 다른 사람이 그랬더라면 나는 화를 내며 그를 쫓아냈을 것이다. 하지만 바틀비에게는 내 분노를 누그러뜨리는 무엇인가가 있었다. 그 일이 있은 뒤로도 바틀비는 걸핏하면 제게 맡겨지는 일을 거부하고 창문 건너편 벽을 멍하니 바라봤다.

그는 끝내 내 말을 듣지 않았고, 결국 월급과 몇 푼의 돈을 줘서 그를 내보냈다. 그런데 그는 사무실 밖 계단에 쭈그리고 앉아, 자리를 뜨지 않았다. 나는 그를 떼어내려고 사무실을 딴 곳으로 옮겼다. 새 입주자의 신고로 그는 부랑자 수용소에 끌려갔다. 거기서 그는 먹는 것을 거부하고 굶어 죽었다고 한다.

그가 죽은 지 며칠 뒤, 그에 관한 소문을 듣게 됐다. 그는 오랫동안 워싱턴 우체국의 '배달 불가능 우편물 취급부'에서 일했다고 한다.[31] 주소가 정확하게 쓰여 있지 않거나, 받을 사람이 이미 세상을 떠나서 되돌아온 편지를 뜯어보고 불태워 없애는 일이었다……

바틀비는 참 묘한 사람이다. 대관절 왜 일을 하려 하지 않았을까? 그뿐만 아니라, '나(화자)'와 바틀비의 관계도 묘하다. '나'는 바틀비를 남다른 애틋한 감정으로 바라본다. 그래서 이 소설이 무엇을 뜻하는지, 종잡을 수 없다.

이것을 '심리心理 소설'로 읽는 사람도 있다. 바틀비와 '나'는 한 사람이 품고 있는 자아自我의 상반된 두 면이라는 풀이다. 변호사인 '나'는

---

31. 우편배달부를 그린 영화로 「일 포스티노」가 있다. 칠레의 민중시인 파블로 네루다가 어느 섬에 망명亡命을 왔다. 시인이 되고 싶었던 우편배달부가 그에게 시를 가르쳐달라고 한다. 그는 '은유의 신비'를 말해준다……

이 사회에 열심히 적응하며 살려고 하는 사람이다. 반면에 바틀비는 사회가 자기에게 강요하는 규율을 거부하고 독립된 삶을 살려고 한다. 다음 대목을 읽어보면 작가가 그런 뜻으로 '바틀비'의 모습을 그려낸 것 같기도 하다.

……나는 바틀비의 자리를 내 방 가까운 곳에 두고, 둘 사이에 장막을 쳐서 가렸다. 내가 부르면 바틀비가 언제든 대답할 수 있게 했다. 장막이 바틀비를 내 눈에서 떼어놓았지만, 소리는 들린다…….

그렇게 읽으면 바틀비가 '필경(베껴 쓰기)' 작업을 거부한 것도 이 사회와 의사소통하기를 거부하는 태도로 읽을 수 있다. 바틀비는 대꾸할 때 말고는 말한 적도 없고, 신문도 읽지 않았고, 산책하러 나간 적도 없으니 더더욱 그렇다.

작가는 어쩌면 사회와 개인의 갈등을 하나의 추상화抽象畵처럼 그려냈는지도 모른다. 이 소설을 쓸 무렵, 작가는 자기 작품들이 아무런 주목도 끌지 못하고, 살림이 너무 궁핍해서 자살의 유혹마저 느꼈다고 한다. '나'와 '바틀비'는 둘 다, 작가의 분신分身으로 읽히기도 한다. 사회에 성공적으로 적응한 '나'와, 고독과 고립 속에 가라앉은 '나'! 이 둘 사이에 '대화가 단절돼 있다.'는 메시지가 담겨 있다.

그런데 이 소설의 주제를 '자아의 서로 다른 두 면'쯤으로 읽는 것은 아무래도 '수박 겉핥기' 같다. 이 사회가 어떤 곳이고, 바틀비가 어떤 사회적 삶을 살았는지에 대해, 너무 막연하게(추상적으로) 파악한다. 사회에 적응하려는 '나'와 고독 속으로 물러나는 '나' 사이의 간극? 이 소설을 작가의 자화상自畵像 쯤으로, 거울 속의 '나'를 바라보는 '나'로 읽는 것은 그럴싸하긴 해도 소설 속에 담긴 갖가지 이야기를 다 빠뜨린다. 이 얘기를 "세상 이야기"로 다시 읽어보자.

「바틀비」의 원래 제목은 「필경사 바틀비: 월가 이야기」다. 한 개인의 인물됨(내면)만 보여줄 뿐 아니라, '월가'라는 세상 이야기도 더불어 들려주겠다는 뜻이 제목 속에 넌지시 담겨 있다. 작가가 살았던 19세기 중반에 뉴욕 월가[32]는 미국 금융자본의 중심지로 한창 커나가고 있었다. 자본주의 경제 운영을 돕는 변호사의 업무가 크게 늘어났고, 그에 따라 필경사의 일손이 많이 필요해졌다.

필경사는 손으로 글씨 쓰기 심부름을 하는 일꾼이다. 이런 일을 하는 사람은 일찍이 로마제국 때부터 있었다고 한다. 바틀비의 시대에는 베껴 쓴 글자 숫자대로 돈(임금)을 받았다고 하니, 얼마나 싸구려 일꾼으로 취급받았는지 알겠다.

변호사는 일감이 생길 때마다 필경사를 불러서 일을 시켰다. 변호사의 명령이 떨어지기 전까지는 무엇을 할지, 말지 알 수 없으니 늘 변호사에게 매여 있는 존재다.

작가는 필경사들의 일터가 얼마나 삭막한지도 실감나게 그려냈다. 사무실은 좁은 칸막이들로 나뉘어 있고, 맞은편 건물 벽이 눈앞을 가로막고 있어서 사무실 창밖으로 아무것도 보이지 않는다. 그 사무실의 한 직원이 소화불량에 시달리고, 딴 직원이 신경질이 심했던 것도 이런 삭막한 노동환경과 관련이 깊다. 소설에는 경영주(자본가)들에 대한 익살맞은 풍자도 곳곳에 들어 있다.

그 일이 얼마나 고단할지도 한번 상상해보라. 어린 학생들 같으면

---

32. 뉴욕 시 맨해튼 구 남부 구역의 한 거리. 19세기부터 지금까지 월가는 악덕 자본가의 상징이 됐다. 2011년에는 경제 대공황의 도화선이 된 금융자본의 탐욕에 항의하는, '월가를 점령하라'는 운동이 뉴욕에서 벌어졌다. 월가는 지금 미국의 민주당과 공화당, 두 당의 최대 물주物主다.

1~2시간만 줄곧 베껴 쓰기를 해도 녹초가 될 것이다.[33] 늘 과로에 시달리는 가난한 노동자가 우리의 주인공이라는 사실부터 새겨야, 이 소설에서 무슨 추상적인 '심리'가 아니라 세상 모습을 읽어내고, 주인공이 무슨 생각을 하며 살았을지도 떠올릴 수 있게 된다.

소설 첫 대목을 들여다보자.

어느 날 아침, 한 젊은이가 내(변호사)가 낸 광고를 보고 찾아와 사무실 문턱에 꼼짝도 않고 서 있었다. 여름이라 사무실 문이 열려 있었다. 지금도 그 모습이 눈에 선하다. 창백하리만치 말쑥하고, 가련하리만치 점잖고, 한없이 쓸쓸한 그 모습이! 그가 바틀비였다.

처음 나는 그가 만족스러웠다. 그동안 일해온 필경사 둘보다 훨씬 부지런했기 때문이다. 마치 오랫동안 베껴 쓰기에 굶주린 것처럼 (낮에는 햇빛 아래, 밤에는 촛불 아래) 엄청난 분량을 베껴댔다. 그가 좀 쾌활하기만 했더라면 그가 더 마음에 들었을 것이다. 그는 창백한 얼굴로 묵묵하게 일했다.

…… 그가 출근한 지 사흘째 되던 날, '나'는 급한 일을 처리하려고 바틀비를 황급히 불러 그가 할 일을 말해줬다. 바틀비가 상냥하면서도 단호한 목소리로 퇴짜를 놓는 바람에 '나'는 순간 멍해졌다. 무슨 사변事變이 나지 않고서야, 고용주의 작업 지시를 피고용인이 퇴짜 놓는 일은 상상할 수 없는 일이기 때문이다. 그런데 '나'는 잠깐 화가 치밀어 오르긴 했어도, 바틀비의 업무 거부가 계속되자 점점 무력감無力感을 느낀다. 첫 대목이 암시했듯이, '나'에겐 바틀비에게

---

33. 19세기 후반에 '타이프' 기계가 발명된 뒤로, 손으로 베끼는 필경사 직업은 차츰 자취를 감추었다. 필경사 일을 맡아 하던 남자들이 일자리를 잃고 그 대신, 수많은 여자들이 '타이피스트'로 회사에 고용됐다.

대한 묘한 동정심同情心이 이미 싹트고 있었기 때문이다. 그가 집도 절도 없이, 사무실에서 먹고 잔다는 사실을 어쩌다 알게 돼 연민(가 없어함)이 더 커졌다.

'나'는 갖가지로 바틀비를 구슬려봤지만 그가 거부하는 일의 범위가 점점 늘어났다. 같은 사무실 직원들이 그의 영향을 받고, 악소문이 퍼져 나가는 참이라, 더 내버려둘 수 없었다. 그에게 엿새 안에 '(사무실을) 떠나라'고 일렀는데도 꿈쩍도 하지 않는다. '나'는 그를 피해 아예 사무실을 딴 데로 옮겨버렸다…….

이 소설에서 하나뿐인 화두話頭는 '왜 바틀비가 일하기를 거부했을까', 그 거부 행동에 무슨 뜻이 담겨 있느냐다. 작가는 바틀비의 옛 삶의 자취를 더듬어서 그 뜻을 읽어보라고 우체국 에피소드를 제시했다. 바틀비는 (수취인 불명不明으로 되돌아온) 편지를 뜯다가 누군가에게 보내는 반지를 꺼낸 적도 있을 것이다. 두 사람의 사랑의 증표는 갈 곳을 잃었다. 돈 몇 푼이 들어 있기도 했다. 누군가가 절박하게 도움을 기다렸는데 그 도움의 손길이 가 닿기도 전에, 절망 속에 세상을 떴을 것이다. 바틀비가 한 일은 사람과 사람을 이어주는 일이 아니라, 그 관계 맺음의 실패를 확인하고 그 소통의 흔적들마저 이 세상에서 깜깜하게 지워버리는(불태워버리는) 일이었다. 이 세상은 바틀비에게 '너는 기계가 돼서 인간 소통의 흔적을 지우는 비정한 일을 맡으라.'고 명령한 셈이다. 작가는 곳곳에서 '바틀비의 쓸쓸한 모습'을 그려냈는데, 그가 떠맡은 비정한 일이 그의 여린 영혼을 여지없이 갉아먹었음을 내비치는 것이리라.

아니오! 그렇게 살고 싶지 않아요!

바틀비는 그런 일을 하고 싶지 않았다. '수취인 불명'의 편지를 소각로에 집어넣는 일뿐 아니라, 문서를 베껴 쓰는 일도 아무런 가치 없는 일이라고 문득 깨달았을 것이다. 그런 일을 하고 사느니, 차라리 죽는 게 낫다고 그는 '소리 없는 아우성'을 질렀다. 그런데 바틀비의 이 혐오하는 감정은 세상을 살아가는 수많은 사람들이 크든 작든 비슷하게 느끼는 것이다. 가장家長은 "목구멍이 포도청이라[34] 일을 하지만, 로또만 당첨되면 당장 이 비루한 짓을 그만두겠다."고 입버릇처럼 되뇐다. 어린 학생들은 "대학만 들어가면, 저것들을 깡그리 불살라버릴 거야." 하고 교과서와 참고서를 매섭게 노려본다.

2007년 삼성그룹의 핵심 참모로 일하던 김용철 변호사는 자신이 (윗선의 명령으로) 정부 관료들에게 뒷돈을 대줘서 로비하는 더러운 일을 해왔노라고 '양심선언'을 했다.[35] 부귀영화를 누리기 위해 권력의 졸개가 되는 짓에 진저리가 났던 것이다. 2010년 고려대생 김예슬은 기업의 돈벌이 창구 노릇만 하는 대학에서 상품처럼 '바코드를 붙인 인생'으로 살고 싶지 않다며 스스로 대학을 그만두었다.[36] 돈 많은 학부모들의 학교로 이름을 날리려고 자율형 사립학교로 탈바꿈한, 기독교 정신은 아랑곳하지 않는 학교에 남아 있고 싶지 않다며 교단을 떠난 교사도 있다. 바틀비를 공감하는 사람은 이 세상에 셀 수 없이 많다.

---

34. 포도청(요즘의 경찰청)의 명령을 거부하기 어렵듯이 '밥을 넣어줘!' 하는 목구멍의 명령도 거부하기 어렵다.
35. 이 양심선언을 계기로 천주교 정의구현사제단이 '삼성과 검찰을 개혁하자'는 운동을 벌였다.
36. 『김예슬 선언-오늘 나는 대학을 그만둔다 아니 거부한다』(2010년 느린걸음 펴냄). 그의 대학 자퇴 선언은 수많은 청년들에게 감명 또는 불편한 느낌을 줬다.

이런 거부 행동이 거대한 사회정치운동으로 발전해간 경우도 있다. 20세기 초 인도印度 의 간디는 영국의 식민통치에 "협력하지 말자"고 민중에게 부르짖었다. 식민지 총독이 주는 무슨 벼슬도 받지 말고, 영국이 세운 학교에도 다니지 말고, 옳지 못한 법률은 지키지 말자! 부당한 세금은 내지도 말자!

사람은 언제 사람이 되는가? 누가 내게 옳지 못하거나, 바람직하지 않은 일을 하라고 할 때, "아니오!" 하고 말할 수 있어야 주견主見 있고, 자부심을 갖춘 사람이 된다. 한 사회는 어떤 사회라야 활력을 얻는가? 부조리하고, 대다수의 삶을 억누르는 것들에 대해 "아니오!" 하고 퇴짜 놓는 사람이 수두룩한 사회! "네!" 하고 무슨 일에든 다소곳이 따르는 사람이 대다수라면 이 세상은 핸들이 빠져 달아나고 브레이크가 말을 듣지 않는 버스처럼 벼랑 밑으로 추락할 것이다.

그런데 빨리빨리[37] 일해서 무엇이든 많이많이 만들어내고, 당장 성과를 남기라는 것이 현대 자본주의 체제의 본성이다. 잘나가는 월가의 변호사 사무실은 이 자본주의 체제를 은유한다. (이 사회에서 잘나갔던) '나'는 바틀비의 이와 같이 타협을 모르는 거부 행동에 맞닥뜨리고서야 '이 세상이 어떤 곳인지' 비로소 둘러보게 됐다.

어찌 된 일인지, '나'는 요즘 딱히 알맞은 것으로 느껴지지 않는 일에 부딪쳤을 때 나도 모르게 "안 그러고 싶군요." 하는 말을 썼다. 바틀비와의 만남이 내 정신에 심각한 영향을 끼쳤다는 생각이 들자 '나'는 걱정스러웠다.

---

37. 한국을 겪어본 외국인들은 다들 '너무 다그치는 사회'라고 느낀다. 그들의 뇌리에 남는 한국어는 '빨리빨리!'다. 그런데 한국보다는 덜해도 자본주의에 깊숙이 포섭된 나라들은 다들 노동자가 많이많이 일하고, 아이들도 빨리빨리 학습할 것을 재촉한다.

산-죽은 삶을 살았던 바틀비

그런데 바틀비의 거부 행동을 더 자세히 들여다보지 않고서는 우리는 '흐릿한' 앎 말고 얻을 것이 없다. "아니오!' 하고 말해야 할 때는 '아니오!'를 말해라!"라는 단순한 일깨움 빼고 말이다.

바틀비가 "안 그러고 싶군요." 하고 말한 뒤로 그는 주변 사람들에게 어떻게 비쳤을까? 괴짜요, 고집불통이요, 정신병자! 사무실에서 내쫓겨도 계단에 쭈그려 앉아 있었고, 감옥에 끌려갔을 때 밥 먹기마저 그만둬버린 것은 마치 '유령幽靈' 같은 모습이었다. 그는 변호사 사무실에 오기 이전에, 이미 남다른 마음의 상처와 충격을 받았던 것으로 보인다. '세상이 비정하다'는 것을 확증하는 일, 다시 말해 갈 곳 잃은 편지(와 그 흔적)를 없애고 지우는 일은 그의 마음에 커다란 외상外傷이 되었으리라고 짐작하지만, 어디 상처가 그뿐이랴. 워싱턴과 뉴욕에서[38] 싸구려 노동으로 부려먹히며 살아가는 것 모두가 스트레스였던 것을.

그로 인해 그는 삶의 활력(또는 본능)마저 잃어버렸다. 심리학 용어로 말하자면, 트라우마로 말미암아 삶의 리비도마저 빼앗겼다. 하지만 고용주('나')가 유순하게 구슬리는데도 일을 거부했을 뿐만 아니라 끝내 삶마저 포기해버렸다는 것은 예삿일이 아니다. "나는 도무지 그렇게는 살 수 없어요!" 목숨은 붙어 있지만, '의미 있는 삶'을 살 수 없으니 산-죽은 목숨이나 마찬가지라는 절규다.

이것, 바틀비만의 얘기가 아니다. 『안티고네』의 결말에서도 이와 맞닥뜨리지 않았던가. 크레온 왕이 그녀를 다질렀다. "역적의 죽음은 존

---

38. 그는 워싱턴 우체국에서 일하다가 뉴욕 월가의 변호사 사무실로 왔다.

중하지 않는 것이 우리 국법이다. 네가 이 국법을 거스르겠다면 너를 살려둘 수 없다." 그 법을 거스르는 순간, 안티고네의 목숨은 산-죽은 목숨이 되고, 머지않아 목숨마저 잃게 된다. 그런데 안티고네는 제 핏줄의 눈을 감겨주지 않고는 떳떳한 사람으로 살 수 없다. 그녀는 살기 위해 죽어야 했다.

안티고네는 타살에 가깝지만, 바틀비는 기괴하게도 스스로 목숨을 버렸다. 바틀비는 무엇을 말해주는가? "저는 제 삶을 의미 있게 해주는 그런 세상에서나 살겠어요!" 남을 도우려는 뜻이 그 상대방에게 가서 닿을 수 있는 곳. 그렇게 서로가 소통할 수 있는 세상. 사람의 일이 그 일꾼에게 보람을 주는 그런 일터. 돈과 자본만 좇는 불나방들이 판치지 않는, 서로가 평등하게 어우러지는 공동체! 그는 기성 자본주의 체제(그 상징인 월가)와 상극 相剋인 사람이다. 비정한 세상이 바뀌어야만 비로소 살 수 있으니, 그는 혁명을 고집하는 주체다. 제 목숨을 버려서 '혁명이 필요하다'고 알렸으니, 그리스도의 삶의 자취와도 닿아 있다.

소설 속의 '나'는 바틀비가 던져주는 메시지를 차츰차츰 알아간다.[39] 그리고 바틀비가 '인간의 진실'을 온몸으로 일깨웠음을 '내'가 문득 깨닫는 것으로 소설이 끝난다.

바틀비는 담벼락 밑에 조그맣게 웅크린 채, 무릎을 끌어안고 모로 누워서 차가운 돌에 머리를 대고 있었다. 온몸이 빼빼 말랐다. 아무 움직임도…… 멈칫 다가갔다. 멍하니 눈 뜨고 있었다. 마음속 무엇인

---

39. 바틀비가 전하는 뜻을 받아 안으려고 안간힘을 쓴 점에서 작가 정신은 탁월하다. 그런데 사실 그 무렵(1848년) 유럽은 격동기였고 프롤레타리아 운동이 올라오지 않았던가. 마르크스의 '공산주의자 선언'도 그때 나왔다.

가가 확 치밀어 올랐다. 그의 손을 만지는 순간 찌릿한 전율이 온몸에 퍼졌다. (……) 절망하여 죽은 사람에게 용서를, 희망 없이 죽어간 사람에게 희망을, 캄캄한 재난에 숨 막혀 죽은 사람에게 기쁜 소식을…… 아, 바틀비여, 아, 사람이여!

부산에 지율이라는 비구니(여자 스님)가 살았다. 그는 (고속철도 통과 예정지였던) 천성산의 '환경영향 평가를 제대로 해달라'며 2003년에서 2006년까지 5차례에 걸쳐, 300일이 넘게 곡기(밥)를 끊었다. 의학 전문가들이 '목숨이 위태롭다'고 본 지경까지 갔다. 천성산의 환경 파괴는 지율의 예상보다는 덜 심각했는지도 모른다. 그러나 지율은 환경 파괴를 아무렇게나 저지르는 자본주의의 '인격화人格化'들에게[40] 속절없이 순응하면서는 살 수 없었다. 그녀는 산-죽은 목숨을 살았고, 국가 지배 세력에게 두려움을 안겨주는 진정한 행위가 거기서 우러났다. 그녀는 바틀비보다 더 빼빼 말라버렸다.[41] 바틀비가 우리에게 슬픔을 안겨준다면 그녀는 (아직 아득하긴 해도) 희망의 싹을 보여준다.

소설의 마지막에 주제가 담겨 있다. "바틀비야말로 사람"이라는 것이다. 사람답게 살지 못하게 만드는 어떤 것도 퇴짜를 놓을 때, 사람은 비로소 사람이 된다. 혁명이란 딴 게 아니라, (목숨만 잇던 짐승이) 사람이 되는 것이다. 바틀비는 우리가 '불가피한 현실'이라고 여기는, 이 분명한 세계가 실은 한낱 허깨비들의 밤에 지나지 않음을 벼락처럼 일

---

40. 국가 관료들은 자본주의 체제를 가동하는 로봇으로서 살아간다. 국가가 자본 확대의 맹목적 충동에 사로잡혀 있는 한, 기업가도, 관료도 그 체제의 로봇(인격화)일 뿐, 살아 있는 사람들이 아니다.
41. 아감벤은 주권자(국가기구) 앞에서 모든 인간은 잠재적으로 '벌거벗은 생명'이랬다. 지율은 이것을 제 몸뚱이로 눈앞에 드러냈고, 그래서 (이데올로기에 절어 있는) 우리 뇌리에 참정치가 움틀 어떤 균열을 불러왔다.

깨워준다. 이를테면 '월가는 늘 번영해야 한다.'는 굳센 믿음 따위는 한 갓 미망迷妄이다. 자본주의는 처먹기만 하고, 똥을 눌 줄 모르는 체제다. 변비약도 듣지 않는다. 그러니 누구든 트라우마에 걸려 '죽다 살아나야' 사람이 된다는 사실을 바틀비가 알려준다.

자본주의가 지구 전체를 집어삼킨 뒤로, 이 세계체제는 '사회 양극화는 숙명(운명)'이라고 뻔뻔스레 못 박고 나섰다. "양극화? 그게 뭐 어때서? 원래 그런 거야!" 흑인가와 백인가를 갈라놓는 그런 수고로움도 이젠 필요 없다. 굳이 고개 돌릴 일 아니다. 도곡동 타워팰리스와 서초동 판자촌은 사이좋게(?) 붙어 있다. 인도네시아와 필리핀 여성은 이제 '가정부(식모) 계급'으로 굳어졌다. 아프리카 민중들? 서서히 굶어 죽어가겠지. 거기, 내버려두는 게 자본에게 쏠쏠한 이득이다. 북한? 자본의 노예로 납작 엎드리든가 아니면 (경제 봉쇄로) 굶어 죽으라 그래라…….

스파르타쿠스 이래로 수많은 민초民草가 싸워서 얻어낸 모든 문명적 가치를 하릴없이 도둑맞고 있는 이 시절에, 피지배계급의 싸움이 승리를 담보할 열쇠는 그들이 자기의 역사와 존재 의미를 변변히 기억해낼 수 있느냐다. 세계 전체로부터 야만과 약탈과 학살의 역사를 읽어내지 않고서는 한 나라의 해방도 이뤄낼 수 없다. 허먼 멜빌의 작가 정신을 기억하라. 먼저 바틀비로부터 '아니오!'를 고집하는 정신을 배우라!

'바틀비'의 핵심 화두는 '안 그러고 싶어요.'다. 원작에는 'I would prefer not to'라고 돼 있다. 이 말을 뭐라고 옮겨야 그 뜻을 제대로 살릴지 연구자들의 의견이 엇갈린다. 바틀비는 그저 '……하기를 바라지 않았던 것'이 아니라 '……하지 않기를 바랐던 것'이라고 구분하는 사람도 있다. 부분 부정이 아니라 전면 부정이요, 지금 이놈의 사회에서 벌어지는 일들과는 아예 담을 쌓겠다는 투다. 그 뜻은 알겠지만 자연스러운 표현이 더 낫겠다 싶어 이 글에서는 '안 그러고 싶어요.'라고 옮겼다.[42]

42. '창작과 비평사' 책은 '안 하는 편을 택하겠습니다.'라고 옮겼고, '문학동네'는 '그렇게 안 하고 싶습니다.'라고 옮겼다. 하지만 이 두 표현의 차이를 독자가 구분해 읽을지 미심쩍다. 영어 원문을 병기하는 게 좋을 듯.

9 '낭만'에 대하여

워즈워스가 그려낸 낭만적인 풍경

    중학생들에게 '낭만이 무슨 뜻이지?' 하고 물어보면 선뜻 시원한 답을 내놓지 못한다. 그것이 무슨 학문에 긴요하게 쓰이는 낱말로 (도덕책이든 역사책이든) 교과서에 등장하는 것이 아니기 때문이다. 그런데 중학교 교사들은 이따금 5지 선다형 문제의 답 가운데 하나로 '낭만적'이라는 낱말을 집어넣을 때가 있다. 이를테면 '글쓴이가 세상을 바라보는 태도는 (복고적, 진취적, 낭만적, 현실도피적, 현실순응적, 이 다섯 가지 가운데) 어느 것인가?'라는 식으로. 교과서 본문에 '낭만'이라는 낱말이 설령 나온다 해도 따로 자세히 낱말풀이를 하지 않고 넘어가기 마련인데, 정작 시험에서는 '이 낱말 뜻을 이미 알고 있을 것'이라 전제前提하고 문제를 낸다. 수많은 학교 시험에는 이렇게 (학생들의 어휘력 발달 상태를 거들떠보지 않는) 배려하는 마음이 없는 문제들이 더러 눈에 띈다. 내 얘기는 그런 실상을 한탄하자는 게 아니라, 교과서에 선보이는 낱말들을 넘어 더 넓게, 부지런히 어휘력을 쌓아서 그럴 경우에도 대비하자는 말이다.

    일상생활에서 '낭만'은 어떤 뜻으로 쓰이는가? "그 사람은 낭만적이다."라고 할 때는 '감정이 풍부하다'거나 '꿈과 이상ideal을 좇는다'는 뜻으로 읽을 수 있다. '신비스럽다'거나 '공상空想에 많이 젖는다'는 뜻도 된다. 후자後者는 '그래서 시덥잖다'는 부정적인 뜻으로 이어진다. 이와 달리, '감동을 준다'거나 '달콤한 느낌을 준다'는 좋은 뜻으로 이 낱말을 쓰는 사람도 있다. "겨울 기차 여행은 낭만을 준다." "그녀는 낭만적인(멋지고 달콤한) 사랑을 꿈꾸었다." "정부는 낭만적인(허튼 공상 같은) 정책을 밀어붙였다."

'낭浪'은 '물 수水 변'이 들어 있다. '물결, 떠돌아다니다, 함부로'의 뜻. 유랑流浪 극단. 방랑자放浪者. "기상청은 '파랑(波浪, 작고 큰 물결) 주의보'를 내렸다."

'만漫'은 '넘쳐흐르다, 질펀하다, 흩어지다, 멋대로, 게으르다' 등의 뜻. "아이가 정신이 산만(散漫, 흩어져 질서가 없음)해서 수업에 집중을 못 한다." "만화漫畵를 그리다."

요컨대 '낭만'은 '물결이 넘쳐흐르는 것처럼 감정이 풍부하다'는 뜻이다.

그런데 이 낱말은 동아시아에 원래 있었던 말이 아니고, 영어의 romance(romantic)를 소리를 본떠 번역한 말이다. 우리말에 오래전부터 있어왔던 낱말은 사람들 귀에 익어서 그 뜻을 금세 알게 되거늘 '번역어'라서 여전히 사람들에게 낯설다.

romance는 원래 로마 제국帝國에서 일반 대중이 사용하던 (속된) 라틴어가 여러 지방으로 흩어져서 발달한 것을 지칭했다. 다시 말해, '로망스어語'는 라틴어를 모어母語로 하고, 거기서 갈라져 나온 말들을 두루 일컫는다. 중요한 것들로 프랑스, 이탈리아, 스페인, 포르투갈, 루마니아의 말이 생겨났다. 귀족들이 구사하던 라틴어는 고상하면서도 문법이 어려웠다. 귀족들의 라틴어는 일찍이 사어(死語, 죽은 언어)가 됐는데도 유럽에서는 20세기 초까지도 학교에서 가르쳤다.

한편 romance는 단지 '라틴어 방언(方言, 사투리)'을 가리켰을 뿐 아니라, 그 방언들로 쓰인 문학작품도 일컫는 말이 됐다. 그런데 로망스어가 생겨난 초창기의 문학작품에는 기사騎士들의 황당무계한 무용담(힘자랑 얘기)과 연애 얘기가 태반이었다. 대표적인 것으로『아더왕 이야기』와『살르망 이야기』가 손꼽힌다. 중세에는 유럽이나 동아시아나 서아시아(아라비안나이트)나 황당무계한 얘기들이 판쳤는데, 이렇듯 기괴한 얘기를 '전기傳奇(기괴한 얘기를 전해줌)' 문학이라고 부른다.

그러니까 "로망스? 응, 기사들의 연애 얘기!" 하면 정답이긴 한데, 그렇다고 원래 '로망스'라는 낱말에 '연애'라는 뜻이 들어 있었던 것이 아니라는 말이다. 로망스어로 표현된 작품들이 거의 대부분 '연애 얘기'이다 보니, 그 결과로서 '로망스=연애 얘기'라는 뜻이 나중에 덧보태진 것이다. 유럽의 근대 소설novel이 어디서 생겨났느냐를 놓고, 학자들의 의견은 '고대 서사시epic에서 비롯됐다.'는 의견과 '중세 로망스에서 이어졌다.'는 의견으로 갈린다.

'로망스'라는 말은 참 넓게 쓰인다. 라틴어에서 갈라져 나온 방언方言이자, '시詩 자체'라는 뜻으로도 쓰이고, '연애소설'이기도 하고, 음악에서는 악곡樂曲의 한 갈래, 곧 서정적이고 감상적인 악곡을 가리킨다. 그리고 대중들에게는 '연애(love, amour) 자체'를 가리키는 말이 됐다. 곁가지로, 재미나는 속담 하나를 기억해둬라. "니가 하면 로맨스이고, 내가 하면 불륜不倫이냐?" 왜 똑같은 잣대(판단 기준)를 들이대지 않고, 세상일을 자기한테 유리하게 판단하느냐 하는 분노 섞인 항변의 말이다.

어지러운가? 어쩔 수 없다. '언어의 계보'는 이렇게 어지럽다. 이 계보의 알갱이만이라도 움켜쥐지 않으면 '낭만적'이라는 말뜻을 똑똑히 새기기 어렵다. 이 낱말은 '연애'라는 뜻에서 갈라져 나왔다. 연애는 어떤 것인가? 사람을 달콤하게 만들고, 꿈꾸게 해주고, 가끔은 터무니 없는 공상空想(판타지)에도 빠지게 한다. 이런 여러 뜻을 다 담고 있는 말이 '낭만'이다. 이 낱말은 유럽 말을 번역한 것이 돼 놔서 '한자말의 뜻풀이(=물결처럼 넘친다)'만으로는 그 뜻을 온전히 새기기 어렵다.

아무튼 '낭만'은 은연중에 '연애'와 연결된다. 대중가요에서 '낭만'을 어떻게 노래했는지, 한 가지 예를 들자. 가수 최백호의 「낭만에 대하여」라는 노래다.

굵은비 내리는 날/그야말로 옛날식 다방에 앉아/도라지 위스키 한 잔에다
짙은 색소폰 소릴 들어보렴/새빨간 립스틱에/나름대로 멋을 부린 마담에게
실없이 던지는 농담 사이로/짙은 색소폰 소릴 들어보렴/이제와 새삼 이 나이에
실연의 달콤함이야 있겠냐마는/왠지 한 곳이 비어 있는
내 가슴이 잃어버린 것에 대하여…… (이하 생략)

느낌이 어떤가? 일러둘 것은, 여기서의 낭만은 여러분의 낭만과 많이 다르다는 사실이다. 가수 최백호는 나이 지긋한 사람이고, 그래서 여러분 아버지나 할아버지의 정서(곧 낭만)를 대신 나타낼 뿐이지, 앞 날 창창한 여러분의 낭만을 나타내준 것이 아니다. 이 가수는 다방(옛 날의 커피숍)에 앉아서 마담과 실없이 농담 따먹기 하는 것을 그리워하 지만, 요즘 옛날식 다방은 거의 사라졌다. 낭만(곧 감성)은 세대世代마 다 다르다! 늙은이는 사라져가는 옛날을 떠올리며 쓸쓸해하지만, 젊 은이는 밝은 낯빛으로 하늘을 봐야지 그래서는 안 된다.

'낭만주의主義'에 대하여

'낭만'이란 낱말을 배운 김에, '낭만주의'에 대해서도 알아야 하지 않겠니? '○○주의主義'라는 것은 '○○'을 주된 생각으로 내세운다는 얘기다. '자유주의'는 여러 가치value 중에 '자유가 으뜸'이라는 얘기이고, '공동체주의'는 '공동체를 북돋는 것이 가장 긴급하다.'는 얘기다. 그런데 무슨 '~주의主義'건 간에 그 가리키는 범위가 대단히 넓다. 더더군다나 '낭만주의'는 '이치理致를 따지는 것보다 가슴으로 느끼는 것이 더 소중하다.'는 간단하고 넓은 뜻에 불과하기 때문에 갖가지가 다 해당될 수 있다.

이를테면 역사책에는 "11세기 아랍에 낭만주의 문학이 있었다……. 14세기 동아시아에는 낭만주의 음악이 성행했다……. 16세기에 유럽에 낭만주의 철학이 일어났다."고 적혀 있다. 이 세 군데의 문화는 '낭만주의'라는 점에서는 같겠지만, 사회문화적 배경이 다 다르고 시대도 다르다. 그 셋은 공통되는 점보다는 다른 점이 더 많다. 또, 이를테면 유럽의 낭만주의가 18세기에도 일어났고, 21세기에도 일어난다면, 이 둘 사이에 겉모습은 비슷해도 '왜 일어났는지' 그 시대적 배경은 상당히 다를 것이다. 그러니까 무슨무슨 '~주의'를 고정 불변하는 것으로 봐서는 안 된다.

백과사전에는 '낭만주의'가 이렇게 풀이돼 있다.

"18세기 말부터 19세기 중엽까지의 서구 문명에서 문학작품·그림·음악·건축·비평·역사 편찬의 특징을 이룬 정신적 자세나 지적 동향. 고전주의 일반과 18세기 말 신고전주의의 특징을 이루었던 질서·냉정·조화·균형·이상화·합리성 등에 대한 거부로 이해할 수 있다. 한편으로 계몽주의와 18세기의 합리주의 및 물질적 유물론 일반에 대한 반발이기도 했다. 낭만주의는 개성·주관·비합리성·상상력·개인·자연스러움·감성·환상·초월성 등을 강조했다."

또 낭만주의가 정면으로 맞서려고 했던 '고전주의'는 이렇게 풀이돼 있다.

"정형화된(=틀이 짜여진) 형식을 특징으로 하는 예술 사조. 낭만주의와 가장 대조된다. 르네상스 이후 일어났다. 비잔틴 양식이 저물면서 이슬람 문화와 더불어 엄청난 지적知的 유산이 유럽 안에 들어왔고 이로 인해 유럽은 일종의 지적 홍수를 겪었다. 고전주의를 통해 수학과 기하학이 미술의 영역에서 상호 연관을 지니는 것으로 인식하게 됐으며 인문주의와 현실주의 등이 고대와 근대 문화 간을 오가며 발전하게 된다. 고전주의는 엄격한 규율이나 규칙, 미술과 음악에 대한 규격화된 양식을 지나치게 강조했다. 루이 14세의 궁정(궁궐)은 고전주의의 산실이었고 그 무렵은 고전주의가 모든 궁정을 지배했다."

그때의 낭만주의 문학을 대표하는 영국 시인 워즈워스의 (1800년 무렵의) 시를 읽고, '낭만주의'에 대해 쪼금 알아보자.

1
저 여자를 보라, 들에서 혼자 일하는
저기 저 외로운 고원高原의 처녀를,
혼자서 가을걷이하며 노래 부르며,
섰다간 다시 천천히 걸어가는.
홀로 곡식을 베고 묶으며
구슬픈 가락으로 노래 부르는구나
들어보라, 깊은 골짜기가
그 노랫소리로 넘쳐흐르나니

아라비아 사막의/그늘진 나무 밑 지나던
고달픈 나그네의 무리에게/들리던 나이팅게일의 노랫소리도
이보다 더 반갑지는 못했을 것이고/머나먼 헤브리디즈 열도列島에서
봄철 바다의 적막을 깨뜨리던 뻐꾹새 소리도
이렇게 가슴을 울리지는 못했으리라……(이하 생략)

2

산골짜기 너머 떠도는 구름처럼
갈 곳 없이 거닐다/나는 보았네
호수가 나무 아래/미풍에 너울거리는
한 무더기 황금빛 수선화를

은하수 반짝거리는 별처럼
물가를 따라/끝없이 줄지어 피어 있는 수선화
헤아릴 수 없는 수선화가/흥겹게 고개 설레는 것을……(이하 생략)

워즈워스는 자연의 아름다움을 찬미했다. 무슨 정형定型을 찾고 기교를 부리는 것보다 자연스러운 심성을 긴요하게 여겼다. 왜 '자연스러움'을 그렇게 찾았을까? 영국에서 산업혁명과 자본주의 경제는 17세기에 본격적으로 발달하기 시작했다. 중학교 사회책에는 그 시절의 어두운 모습이 벼룩의 간肝만큼 소개돼 있는데, 뜻있고 생각 밝은 젊은 시인에게 낡은 봉건사회나 (탐욕스러운 자본이 활개 치는) 자본주의 문명이 끔찍하게 느껴졌을 것은 분명하다.

시 (1)에 선을 보인 인물은 시골에서 농사짓는 처녀다. 도시의 세련된 귀족 집안의 자녀가 아니라 밑바닥 민중이라는 얘기다. 이미 '대중

의 시대'가 되어버린 21세기와 달리, 그때만 해도 밑바닥 민중은 '문학의 주인공'으로 뚜렷이 대접받지 못하던 시절이었음을 떠올려라(조선 땅이나 거기 영국이나 문학은 아직 지배층의 것이었다). 1800년의 워즈워스는 프랑스 시민혁명으로부터 세례洗禮[43]를 받았으리라는 것도 떠올려라. 워즈워스는 자연의 세계와 밑바닥의 건강한 사람들 속에서 도피처를 찾았다.

그러니까 백과사전의 풀이에 빠져 있는 것은 낭만주의가 '어떤 시대와 사회'에 대한 반발로 생겨났느냐. 실러의 『떼도둑』, 『빌헬름 텔』과 괴테의 『젊은 베르테르의 슬픔』도 같은 맥락의 저항이었다. 『홍길동전』에도 무엇인가 세상이 바뀌어야 한다는 소망이 희미하게나마 들어 있다. 정약용이 고발한 「애절양哀絶陽」[44] 이야기도 세상이 어떻게든 바뀌어야 한다는 울부짖음이었다.

자연과 시골을 예찬한 낭만주의 문학이 과연 괴물처럼 커가는 자본주의 산업문명에 대해 새로운 미래를 예시像示하는 것인지는 미심쩍다. 『홍길동전』에는 아직 근대 사회에 대한 통찰도 들어 있지 않다. 베르테르의 청춘은 좌절로 끝났다. 그러나 어쨌건 간에 우리는 아시아와 유럽 어디서든 신분질서에 사로잡힌 낡은 봉건사회를 어떻게 넘어설 것이며, 또 새로운 괴물로 등장한 근대문명에 대해서 어떤 태도를 취할 것이냐 하는 똑같은 문제에 맞닥뜨리고 있음을 알게 된다.[45]

---

43. 원래는 기독교에 입문入門하는 의식이다. 깨끗한 물로 영혼을 씻는다는 뜻. '영향을 받다'는 뜻이 됐다.
44. 봉건지배층이 가혹한 세금으로 민중을 수탈하는 것을 고발한 시. 억울해서 제 남근男根을 자른 사람 얘기.
45. 글 읽기의 끝은 거기 담긴 얘기를 보편 범주(상위 개념)로 모아내는 것. "워즈워스는 낡은 봉건사회와 괴물 같은 자본주의에 대해 반발했다." '채송화와 맨드라미가 참 이쁘다'는 시詩의 주제는 '자연의 아름다움'이다.

2부

교과서는 왜 읽고 싶어지지 않을까?

1 아주 공갈 사회책

교과서가 얼마나 정치색을 띠는지,
'교학사' 역사 교과서 파동이 잘 말해준다.

인터넷 '구글'에 '아주 공갈 사회책'이라는 글 구절을 적고서 검색해 봤더니 가수 안치환의 노래 가사가 하나 뜨길래 '복사하기'를 했다. 그의 노래 가사를 아래에 옮긴다(몇십 년 전 같으면 어떤 자료를 이렇게 쉽게 찾지 못했을 것이다. 요즘 애들은 옛 어른들보다 훨씬 똑똑해질 수 있는 여건을 타고났다!).

행복은 그 잘난 성적순이 아니잖아요
내 무거운 책가방 속에 무엇이 들었을까
아주 공갈 사회책 , 따지기만 하는 수학책
외우기만 하는 과학책, 국어보다 더 중요한 영어책
부를 게 없는 음악책, 꿈이 없는 국어책
얼마나 더 무거워져야 나는 어른이 되나
얼마나 더 야단맞아야 나는 어른이 되나

옛날에 「행복은 성적순이 아니잖아요」라는 영화도 나와서 영화관에서 틀어준 적이 있는데 이 노래를 소재素材로 삼아서 만들어진 영화다. 그런데 가수 안치환이 이 노래를 불렀지만, 노래 가사는 그가 짓지 않았다. 몇십 년 전에 어느 초등학교(그때는 '국민학교'라 일컬었다) 4학년생이 쓴 시다. 전국의 초등학교 선생님들의 동아리에서 "우리, 애들이 쓴 시 중에 잘 쓴 것 좀 모아봅시다!" 해서 펴낸 시집에 들어 있던 시인데 우리의 학교 현실을 너무 생생하게 나타낸 시라서 유명해졌다. 그 시집을 사서 집

「행복은 성적순이 아니잖아요」
영화 포스터

에 꽂아뒀는데, 어찌어찌해서 시집을 잃어버렸었다. 위의 노래 가사는 멜로디에 맞춰 부르기 좋게 하려고 원래의 시에 딴 말을 쪼금 덧보탠 것이다.

'성적으로 줄 세우는 학교'에 대한 이야기는 나중에 기회 되면 하기로 하고, 여기서는 '아주 공갈 사회책……'에 대해서만 말한다. 이 사부師父는 '사회책이 아주 공갈(거짓말)'이라는 것을 대학 1학년생이 되고서야 알았다. 라이트 밀스라는 미국 사회학자가 1960년에 라틴아메리카의 민족독립운동에 관해 쓴 책을 읽었는데, 그 책을 읽으면서 '에이, ○팔 새○들……' 소리가 절로 나왔다. 책장을 덮고서 창窓가로 가서는 유리창 바깥으로 먼 데를 쳐다보며 '야, 이 개○○들아!' 하고 소리쳤던 기억이 난다. 길 가던 사람들이 쳐다볼 테니까 입으로는 못 하고, 마음속으로!

우리(=사부 세대)가 학교에서 '사회' 과목을 배울 때에는 1961년 5월 16일, 군 장교 박정희가 탱크를 몰고 중앙청으로 가서, 당시의 민주당 정부를 뒤엎어버리고 정치권력(정권)을 움켜쥔 사건을 사회 교과서가 '혁명'이라고 가르쳤다. 박정희는 헌법을 고쳐서 장기 집권을 꾀하더니 '무슨 집회(모임)든 열지 말라'는, 초법적인(=법을 뛰어넘는) 명령까

지 내려서 자유민주주의의 기본마저 무너뜨렸다. 그 뒤 시민들의 민주화 운동이 일어나고 그 운동의 정당성이 대중들 사이에 자리 잡자, '5·16이 과연 혁명이었는가?' 하는 의문이 싹텄다. 그래서 우여곡절 끝에 '사회 교과서'가 수정됐다. '5·16은 쿠데타'라고!

또 하나. 1980년 5월 18일 광주에서 시민과 학생들의 시위(示威, demonstration)가 일어났다. 당시의 전두환 정권은 이들을 '폭도(=폭력을 쓰는 무리)'라고 비난하면서 탄압했다. 87민주항쟁으로 전두환 정권이 물러난 뒤로, 그 사건은 '광주 민주화운동'이라 불리게 됐다. 그때의 집권자 전두환은 광주 탄압을 비롯한 여러 잘못으로 귀양살이를 갔을 뿐 아니라 거액의 벌금을 물게 됐는데 그와 그의 가족들이 거액의 재산을 갖고 있다는 정황situation, condition이 너무 분명한데도 그는 단 한 푼도 그 벌금을 내지 않았다.

'사실과 의견'의 구분을 다시 떠올리자. '1961년 5·16'과 '1980년 5·18'의 사건이 어떤 것인지는 사실의 문제라기보다 의견의 문제에 가깝다. 우리 사회는 5·16을 '혁명'이라 부르고 싶어 하는 사람들과 '쿠데타'라 부르는 사람들로 나뉘어 있었기 때문에 '두 의견의 다툼'이라는 성격을 띤다. 그러나 세상을 길게(=장기적으로) 보면, 근대 사회에 접어들어 '민주주의 이념'이 대세(큰 흐름)로 자리 잡았고, 그 민주주의 법이념과 역사적 흐름에 비추어보면 5·16은 '쿠데타'라 보는 것이 또 객관적 사실에 가깝다. 교과서

『동아일보』 5월 17일자 보도.

내용에는 이런 충돌이 들어 있어서 시대에 따라 서술이 달라지는 것이다. 자, 어느 장단에 춤을 춰야 할까?

'아주 공갈 사회책'이라는 시 구절이 나온 뒤로 몇십 년이 흘렀다. 한국의 사회책, 도덕책, 국어책은 우리 사회의 '민주화 흐름'을 받아들여서 그때에 견주자면 많이 개선됐다. 한국의 중고교 교과서들을 '단칼'에 "이거, 엉터리야!" 하고 단죄斷罪할 일은 아니게 됐다.

하지만 사부師父는 요즘의 사회, 도덕, 역사, 국어 교과서를 들여다보면서 "아, 더럽게 재미없군!" 하는 욕지거리가 절로 새어 나온다. '공갈 책'까지는 아니라도 '꿈이 없는 책'이라는 느낌을 지울 수 없다. 요새 아이들이 그 공부를 얼마나 지겨워할까, 넉넉히 짐작할 수 있다. 실은 사부도 대학 4년간의 수업 가운데, 그 수업 내용이 지겨워서 맨 뒷자리에 앉아 교수의 눈길을 피해가며 딴 책을 읽었던 적이 태반이었다는 사실을 털어놓는다.

왜 교과서들이 지겨운지, 예를 하나 든다.

중학교 2학년 도덕책에는 "왜 투표율이 갈수록 낮아지는지" 그 원인을 찾아보자고 묻는 글이 하나 있다. 예문例文에는 선거 투표소로 가지 않는 한 사람의 변명이 실려 있다.

"나 하나가 투표하든 안 하든 선거 결과에는 아무 영향이 없다. 나는 지지하고 싶은 후보도 없다." 그 변명에 이어, 1987년에서 2004년까지 대통령 국회의원 선거 투표율이 실려 있다.

그런데 그 선거 투표율만 갖고서 '투표율 하락'의 원인을 밝혀내는 것은 애당초 불가능하다. 정치 전문가라 해도 딴 수많은 자료를 더 살펴야 판단이 나오거늘 하물며 학생들이! 그렇다면 그 '변명'에서 짐작할 수 있는 것만으로 원인을 밝히라는 얘기가 된다.

첫째, 선거 참여의식이 얕은 사람들 때문에 그렇다. 둘째, 지지 정당이 없는 사람이 많아서 그렇다!

'왜 지지 정당이 없는 사람이 많아졌을까?'를 따지게 되면 우리는 지금 사회가 갖고 있는 문제점들을 좀 더 알아낼 수 있으리라. 그러나 교과서가 내놓은 자료는 이쯤에 멈춰 있고, 또 그 이유를 찾는 것은 또 다른 자세한 공부를 필요로 하므로 학생들은 그 의문을 더 이어갈 수 없다.

한편, '나 하나쯤……'이라는 변명은 분명한 교훈으로 이어진다. "당신이 이 나라의 주인이라면(=주권재민 主權在民), 투표에 참여할 의무가 있지 않소! 정신 차리시오! 주인이 되시오!"

교과서가 이 얘기를 실은 이유는 분명하다. 학생들에게 '시민의 자질'을 갖추라고 훈계하려는 것이다. 그 대목이 실린 단원의 제목도 '시민사회와 시민의 자질'이다!

그런 훈계도 필요하긴 하다. 근대 사회는 '계몽' 사회이기도 하니까 말이다(심훈의 장편 계몽소설 『상록수』). 하지만 과연 '선거 참여의식 부족'이 '투표율 하락'의 주된 원인일까?

그것이 주된 원인이라면 우리는 교과서가 '국민의 자식들아, 얼른 의무를 깨달으라!' 하고 훈계를 길게 늘어놓는 것에 대해 찬성한다. 그러나 '주인의식 부족'이 원인이라고 답할 경우, 1987년에서 1992년까지의 선거 투표율이 왜 높았는지를 설명하지 못한다.

그때 한국 민중의 선거 참여의식(=주인의식)은 무척 높았다! 그런데 그 뒤 왜 선거 참여의식이 낮아졌을까? 그 이유는 딴 데서 살펴야 한다. 그러니까 '선거 참여의식이 낮은 사람이 많았기 때문에 투표율이 낮아졌다.'는 설명은 동어 반복의 하나 마나 한(공허한) 설명이라는 얘기다. 이를테면 "저 아이는 왜 저렇게 키가 작을까?" "응, 저 애는 키가 작기 때문에 키가 작아." 하고 대꾸하듯이.

대관절 '왜' 그 높았던 선거 참여의식이 낮아졌냐고? 그 원인을 제대로 찾을 생각은 안 하고, "투표 안 한 놈들, 너희가 죄인이야!" 하고 다그치는 것은 정말로 오만한(교만한) 단죄가 아닐까?

원래 선거 참여의식이 낮은 사람들이 얼마쯤 있었을 게다. 세상 정치에 관해 관심이 없는 사람들! 그런데 지금 문제는 '원래 선거에 관심 없었던 사람들'이 아니라, '한때 관심이 있었는데 관심을 꺼버린 사람들'이다. (정치권에 대한 실망이든, 무엇이든) 어떤 이유 때문에 관심을 꺼버렸는데 그들을 나무라서 될 일인가? 우리 사회의 지도층에 대한 실망이 '정치 불신'으로 나타났을 개연성이 꽤 높다. 반성할 사람은 지도층이지, 일반 국민들이 아니지 않은가?

원래 정치에 무관심했던 사람들도 나무라서 될 일이 아니다. 그들과 속 깊은 토론을 벌여보면, 그들이 바보라서 무관심한 것이 아니고 '정치판이 어찌 되든, 내 삶에는 아무 영향을 미치지 않는다.'고 하는 짙은 불신감이 무관심을 초래했음을 알 수 있다. 그들 나름으로 합리적인 행동을 했다는 얘기다.

'아주 공갈……'로 돌아가자. 어린 (특히 학업성적이 낮은) 학생들에게 '왜 도덕책, 사회책이 재미없니?' 하고 물어보면 변변히 조리 있는 답변을 하지 못하리라. 그렇지만 그 애들은 '직감直感'으로 안다. 그 '직감'을 사부가 풀어서 설명하자면 이렇다.

사회책에는 이것저것 외워야 할 게 많다. "사회는 이렇게 굴러가거든. 그 자세한 것을 알아둬야 너희는 손해 보지 않고 산다. 이 사회에서 낙오되지 않고 살아가려거든 알아둬!"

도덕책에는 이것저것 훈계하는 게 많다. "예의범절은 이런 것이야. 민주시민은 이런 자질을 갖춰야 해!"

사람이 밥 먹고 살아야 하니까, 또는 먼 훗날 어른이 돼서 무시당하지 않으려고 무슨 공부를 할 때에는 '필요하다' 싶으니까 하긴 하지만 신명이 나지 않는다. "이것은 옳은 것이니까 따라라!" 하는 훈계 말씀에는 감히 그것이 "틀렸다"고 말할 수 없으니까 "예!" 하고 답하긴 해도 그 훈계 말씀을 눈을 반짝이며 듣지는 않는다. 그런데 위의 사례가 말해주듯이, 사회 도덕책은 '훈계'투성이다. 아이들이 '직감'으로 그것을 느낀다.

사람은 무척 궁금했던 무엇을 애써서 알아냈을 때, '유레카(=알았다)!!' 하면서 환호를 지른다. 아르키메데스가 벌거벗은 채로 목욕통에서 뛰쳐나오듯이. 일부 학생들이 수학이나 자연과학을 좋아하는 까닭은 그 과목들이 '정답을 맞히는 것(알아내는 것)'의 즐거움을 더 분명하게 주기 때문이다. 국어나 사회는 이것도 맞는 얘기 같고, 저것도 맞는 얘기 같고…… 그래서 '또렷하게 알아냈다'는 실감이 덜한 분야다.

도덕이나 사회 공부가 아이들에게 궁금증을 자아내는 공부로 다가가게 하려면, 아이들을 수동적인(受動的, passive) 존재에 머무르게 해서는 안 된다. 남이 외우라는 것만 외우고, 시키는 대로 따르기만 하는 존재! "정부는 세 개의 부처(입법부, 사법부, 행정부)가 있다는 것, 그거 그냥 알아둬! 투표를 게을리하는 사람은 민주시민의 자질이 없어! 등등."

아이들이 스스로 공부하기를 원한다면 그들을 능동적(能動的, active)인 존재로 대접해야 한다. 그러려면 그들에게 '우리가 갈 길'을 물어야 한다. 옛날 도덕에는 계승할 것도 있고, 고쳐야 할 것도 있지 않겠니? 무엇을 고쳐야 할까? 지금 사회는 부유층과 빈곤층으로 계속 갈라지고 있어! 왜 그럴까? 어떻게 해야 고칠 수 있겠니? 그런 적극적인 질문을 던질 때라야, 사회와 도덕은 궁금한 공부가 된다. 머리 싸매고 수학 문제를 풀듯이 궁금해지는 그런 공부!

그런데 교과서는 은연중에 '시키는 대로 따르라!' 하고 못을 박는다. "투표율 낮은 것, 당신들 잘못이고 책임이야! 반성해!"라고 은연중에 대다수 민중(과 그 자녀들)을 훈계한다. 왜 투표율이 낮아졌는데? 선거를 기권한 사람들이 '민주시민으로서의 자질'이 없기 때문에? 왜 1987년에는 시민의 자질이 매우 훌륭했는데(=그래서 투표를 열심히 했는데) 왜 2000년대에 들어와서는 시민의 자질이 그렇게 불량해졌는가? '투표율 하락'은 '자질 불량'과 거의 상관없는 것이 아닌가?

답은 딴 데 있다. 여당에 대해서든 야당에 대해서든 '정치 불신'이 깊어졌기 때문에 수많은 대중이 투표하기를 사실상 퇴짜 놓은 것 아닌가? 사회 '주도층'의 잘못을 숨기기 위해 그 원인을 '대중의 자질 부족' 탓으로 떠넘기는 것 아닌가?

그리고 '투표율 하락'은 '대의代議 민주주의의 위기'를 말해준다. 이를테면 국민의 참여가 너무 낮아서 인구 10%의 찬성만 얻고도 대통령이나 국회의원이 됐다고 치자. 누가 그 대통령의 말에 귀 기울이고 그 국회에 박수를 보내겠는가. 이것이 여간 불안한 문제가 아니라서 심지어 '투표 불참자'에게 벌금을 매기는 나라도 10개 국가가 넘는다고 한다. 민주주의를 '강제'로 시행한다는 얘기다! 그런데 그 벌금제도가 겉으로는 정부의 체면을 세워줄지 몰라도 민중의 '정치 불신'을 막아낼 수는 없다. 다들 벌금이 두려워서 민주제도를 이어 간다?

별로 즐겁지 않은 얘기였다. 그런데 이 우울한 현상이 한국 한 나라에만 해당하는 것이 아니므로(=10개국의 벌금을 떠올려라), "한국, 못난 나라!" 하고 자책自責할 것은 없다. 21세기의 인류 상당 부분이 '민주주의의 위기'를 겪고 있으니 우리의 문제의식(관심)은 '세계 전체'로 향해야 한다. "왜 세계 전체가 그럴까? 민주주의가 후퇴하면 혹시 또 다른 독재나 폭압 정치가 생겨나는 것은 아닐까? 그것을 막아내려면 어떤 길을 찾아야 할까?"

나는 (교과서가) 어린 학생들을 '능동적인 존재'로 대접해야 한다고 말했다. 그런데 그들에게 '공부의 중요함과 보람'을 일깨우기 위해서도 그래야 하지만, 미래 세대로서의 주체성을 북돋기 위해서도 그래야 한다. 사회책과 도덕책이 '세상일은 이렇게 굴러간다'고 나름으로 자세히 설명하고 있지만, 아주 중요한 사실 하나는 제대로 일깨워주고 있지 않다. '지금 사람들'과 '미래 세대(곧 후손)' 사이에 이해利害 관계가 서로 충돌하는 일이 매우 많다는 것!

예컨대 정부가 '빚'을 잔뜩 내서 사회복지 예산을 짰다고 치자. 그 정부는 국민들에게 칭찬받을 것이고, 다음 선거에서 그 정부를 맡은 정당이 다시 집권할 가능성도 높아지리라. 그러면 됐나? "만세!"를 불러도 되는가? 지금의 국민들은 그 복지예산의 혜택을 누린다. 그런데 그 '빚'은 누가 갚는가? 지금의 나이 어린 세대, 또는 그들의 후손이!

어떻게 갚느냐고? 빚을 갚으려고 정부는 돈을 잔뜩 찍어낸다. 그러면 물건들에 견주어 돈이 많아졌으니 돈의 값(화폐가치)은 떨어지고 그만큼 물건 값이 뛴다. 이를 '인플레이션'이라고 한다. 사람들은 같은 돈으로 물건을 더 적게 사들이게 되므로 그만큼 생활이 쪼들리게 된다.

후손에게 불리不利한 일은 이것만이 아니다. 원자력 발전소를 잔뜩 지으면 지금 세대는 넉넉하게 '전기의 혜택'을 누린다. 그러나 '핵폐기물'이 초래할지 모르는 위험은 미래 세대가 두고두고 짊어져야 한다. '산업화에 따른 환경 파괴 문제'라는 것이 대부분 혜택은 지금 세대가 누리고 그 부작용의 대가代價는 후손들이 치르게 돼 있다.

도박꾼은 '지금 당장 내가 벌어들일 것'만 생각한다. 자기가 거덜 날 경우, 자기 가족과 그 후손들이 어찌 될지는 생각하지 않는다. 도박꾼이야 심한 경우이지만, 인류도 자신이 쌓아온 산업문명의 부작용을 후손들이 얼마나 감당해야 할지를 진지하게 따지지 않았던 것이 사실이다. 근대 자본주의 체제를 굴려온 주도층의 세계관, 인생관이 "내(우리) 죽은 뒤에 대홍수大洪水가 나건 말건 내(우리) 알 바가 아니다."라는 식이었다.

가장 윤리적인 사람은 자기 가족의 안위安危를 걱정하는 사람이 아니다. 가장 윤리적인 사람은 국민투표에서 1등에 뽑히는 사람도 아니다. 가장 고귀하고 윤리적인 사람은 후손들에게 책임을 지는 사람이다. "이 지구地球가 선조에게 물려받은 것이 아니라, 후손에게서 빌린 것"임을 늘 잊지 않는 사람이다.

눈앞의 사람에게 잘하기는 쉽다. 그 사람한테 칭찬받으니까. 칭찬은 '고래whale'도 춤추게 하지 않는가. 그런데 눈앞에 없는, 지금 이 세상에 없는 사람들한테 잘하기는 여간 어렵지 않다. 왜냐하면 그 후손들에게서는 아무런 칭찬도 전해지지 않기 때문이다. 그런데 사람이 '만물의 영장靈長'이라고 불리는 비결이 뭘까? 어느 짐승이든 '현재'만 좇아서 허덕이지만 사람은 '미래'를 생각할 줄 안다는 것이 아닐까?

여러분은 '지금 세대의 후손'이면서 '미래 세대의 선조'다. 여러분이 대변해야 할 사람은 여러분의 부모가 아니라 여러분의 후손이다. 그런데 지금의 인류 문명은 "지금 이 순간을 누리는 것이 최고"라는, 도박꾼 같은 세계관 위에서 건설됐다. 사회 도덕 교과서의 자질구레한 내용의 암기가 아니라, '커다란 질문을 던질 줄 아는 것'이 더 차원 높은 공부다. 그러니 여러분은 아직 결혼도 아니하고, 자식 농사를 지으려면 아직 멀었겠지만 '아직 없는 사람들'을 위해 지금의 사회를 어떻게 손질할지, 늘 질문을 던져보기 바란다. 그렇게 비판적인 눈으로 따져 읽는다면 사회책, 도덕책에서 배울 거리가 쪼끔은 더 많아질 것이다.

추신追伸: 중2 도덕책에 보니까 오역(잘못된 번역)이 하나 있다. "수신 제가 치국평천하修身齊家治國平天下"를 "자신을 올바르게 수양하면 가정을 잘 이끌 수 있고, 가정을 잘 이끌어 가야 나라를 바르게 다스릴 수 있으며……"라고 옮겨놓았다. 이때의 '가家'는 요즘의 핵가족제도에서의 '가정'이 아니다. '가家'와 '국國'이 합쳐져서 '국가國家'라는 말이 된 데서 알 수 있듯이, 이때의 '가家'는 '힘 있는 한 사회 세력'이다. 이 말은 그 당시의 '사회 지배층'에게나 들려줄 말이었지, 자유와 평등이 기본 가치로 자리 잡은 근대 사회에서 본받을 만한 얘기가 아니다. 또 지금 사회에는 가정을 변변히 지탱하지 못해서 이혼離婚한 사람들이 숱하게 많은데 그럼 그들은 '나라 정치'에 참여할 자격이 못 된다는 말인가? 그러니 '가정을 잘 다스릴 줄 알아야……' 하는 말은 사실(=옛말의 원래 뜻)과도 어긋날 뿐만 아니라, 숱한 사람들을 억누르는 난폭한 얘기가 된다.

2 도덕책은 씩씩하게 이웃 사랑을 외쳐라

사마리아인이 위험에 빠진 사람을 구하다.

도덕책에 무엇을 담아야 할까

도덕 교과서는 '국정國定'이다. '이웃 사랑'과 관련해, 대한민국 국가는 중학생들에게 무엇을 가르치고 있는지, 교과서를 살펴본다.

중1 도덕책은 인간과 도덕, 예절과 도덕, 나의 삶과 국가, 환경과 도덕의 네 단원으로 되어 있는데, 그 가운데 '예절과 도덕'이 가정생활, 친구와 우정, 이웃에 대한 관심과 배려, 사이버 예절을 공부시키는 단원이다.

'이웃'에 관해 도덕책은 먼저 옛날 전통 사회의 이웃과 요즘의 이웃이 어떻게 다른지 비교했다. 요즘은 전통 사회가 지녔던 이웃 관계의 미풍양속이 사라지기도 했지만, (그 대신) 세계 각국의 사람들과 이웃이 될 기회가 늘어났다. 도덕책은 또 이웃에게 피해를 주는 사례를 알아보자고 한다. 이웃과 더불어 살려면 자기중심적 사고와 이기적인 태도를 벗어나야 한다고 말한다. 타인에 대해 '나 몰라라' 하는 무관심한 태도를 버리자고 한다.

도덕책은 우리가 배려해야 할 사람들이 누군지도 살폈다. 왕따당하는 친구, 몸이 불편한 사람, 노약자, 혼혈인과 외국인 노동자. 재해를 겪은 사람들…… 또 어려운 처지에 놓인 사람들에게 봉사하는 삶을 살자고 한다. 이웃을 위해 아무런 대가도 바라지 말고 스스로 나서서, 간단한 일부터 꾸준히 봉사활동에 나서라고 우리를 타이른다…….

앞질러 가는 질문부터 꺼낸다. (위와 같이 '착한 얘기'를 잔뜩 실어놓은) 도덕 교과서를 열심히 읽으면 우리 학생들은 과연 도덕적인 인간이 될까? 학교에서의 도덕 공부는 혹시 시험성적 올리는 데에만 도움되는 것이 아닐까?

사람이 도덕적(윤리적)이 되려면 '앎'도 쌓아야 하지만, 무엇보다 '착한 마음씨'를 길러야 한다. 그런데 어떡해야 길러지지? 도덕 공부가 도덕적인 인간(품성)을 길러내는 데 별로 도움 되지 않는다면 굳이 학교 교육과정에 '도덕교과'라는 것을 둘 이유가 있을까? 이것, 우리가 평소에 감히 떠올리지 못하는 질문이지만 민중의 삶을 선도하겠다는 국가라면 새삼 뼈아프게 되물어야 할 질문이다.

잠깐 허튼 공상을 해보자. 수많은 학생들을 도덕적으로 만들려면 대한민국 국민들 모두, 기독교나 불교를 믿기로 결의하고 이 나라를 신정神政 국가로 선포해야 하지 않을까? 학교에서도 매주 2시간쯤 예배를 드린다. 목사님(또는 스님)의 설교(법문 강의)를 듣고, 가끔 훌륭하게 신앙생활을 한 사람들에게서 간증(체험 털어놓기)도 듣고, 다함께 경건하게 찬송가(찬불가)를 부른다. 더 바람직하기로는, 한 학교가 한 양로원이나 고아원과 '평생 결연관계'를 맺고 학생과 교사 모두가 꾸준히 그곳에 가서 봉사활동을 벌인다…….

물론 이것은 허튼 공상이지만, 이런 정도로 학교의 틀을 뒤흔들 상상력을 과감하게 발휘해야 참교육의 큰 그림을 새로 그릴 수 있을 거라는 말이다.

도덕 교과서에는 일제日帝 강점기와 6·25동란 이후의 암울한 시절을 살았던 장기려 선생의 삶이 짤막하게 소개돼 있다. 가난한 사람들에게 인술仁術을 베풀어 '한국의 슈바이처' 소리를 들었던 분이다. 그런데 학생들이 그의 품성에 감탄만 하고 끝내서야 헛공부를 하는 셈이다. "원래(타고난) 착한 사람이잖아!" 그는 자신이 떵떵거리는 지주地主 집안 출신임을 부끄럽게[46] 여겼다. 세상 권세에 빌붙는 기성 교회를 철저하게 비판하고 자기 사상思想을 끊임없이 가다듬었다.[47] 인술은 거기서 비롯됐다. 어디서 거저 샘솟은 게 아니다. 우리는 그가 기성 교회와 비판적 거리를 뒀듯이, (교육적 참조 틀로서) 기존 교육과정을 가차 없이 칼질해야 하지 않을까?

도덕책은 '옳은 개소리'를 늘어놨다. "이웃을 배려하라. 남에게 봉사하라."는 말은 그른 말이 아니지만 학생들이 한 귀로 듣고 한 귀로 흘린다. 깨달음을 베풀고 마음을 흔들어놔도 사람이 바뀔까 말까 한데, 무슨 지식을 전달해준답시고 동어 반복에 불과한 밋밋한 얘기만 늘어놨으니 그 학습 결과는 뻔하다. 조선시대의 낡은 도덕책(청소년용 '소학')에 견줄 바도 못 된다.

도덕 수업은 어디서 그 걸음마가 시작돼야 할까? 실사구시實事求是다. 사람들의 도덕적 품성이 실제로 높아질 때가 언제인지부터 탐구할 일이다. 거기서 사회적·역사적 앎을 얻어야 한다. 일본 후쿠시마의 원자력발전소 폭발과 같은 재난을 겪을 때, 사람들은 '서로 도와야 한다.'는 깨달음이 저절로 싹튼다. 서로 돕지 않으면 곤경에서 헤어 나올

---

46. 그는 엄청나게 치부한 할아버지 재산을 아버지가 흥청망청 다 들어먹은 데 대해 '사필귀정'이라며 홀가분하게 여겼다고 한다. 그의 사람됨은 한국의 부유층들에게 '속죄'를 다 그칠 좋은 예화다.
47. 그는 김교신과 함석헌 같은 무교회無敎會주의자들에게서 큰 영향을 받았다.

길이 없을 때, 사람들은 도덕적 행동에 나서게 된다. 오히려 국가 관료 체제는 민중의 자발적 연대를 체제에 대한 위협으로 느껴 억누르기 일쑤다. 2005년 여름, (재즈의 고향) 미국 뉴올리언스가 허리케인 카트리나로 인해 물난리를 겪었을 때, 국가기구와 사회 지배층은 이재민을 돕지 않고 자기 자신을 도왔다.[48]

1980년 광주 민주화 항쟁 때도 광주 시민들의 도덕성이 대단히 높아졌다. '(폭압을 휘두른 계엄군에 맞서) 우리 이웃을 우리가 지키자.'는 주인의식이 그들을 도덕적 인간으로 만들었다. 광주시가 한동안 '해방구'였을 때, 그곳에는 도둑놈도 깡패도 죄다 사라졌다고 한다. 뒷골목에서 건들거리던 사람의 품성까지 바뀔 때라야 우리는 '사람과 사회가 (제대로) 바뀐다.'고 말할 수 있다. 이 몇 가지 사례는 도덕적 앎과 사회 역사적 앎이 동떨어져 있지 않음을 말해준다.

왜 이웃 문제가 중요한가?

이야기의 처음으로 돌아가자. 이웃에 대한 '통념'은 내 집과 마주하거나 잇닿아 있는 곳의 사람들, 또는 늘 얼굴을 마주치는 동네 사람들이다. 전통 사회는 마을 공동체를 이루고 살았는데, 이때의 관념이 아직 우리에게 익숙하다.

그런데 도덕책이 서술하고 있듯이, 현대 사회는 수많은 익명의 군중

---

48. 미국 언론은 '이재민(곧 흑인)들이 가게를 약탈한다. 치안을 강화해야 한다.'고 설쳐댔는데, 실제로 지역사회에선 서로 돕는 자조自助 노력이 움텄지, 아무런 약탈행위도 없었다. '치안 강화'가 물난리의 피해를 더 키웠다. 지배 세력이 얼마나 야비한지는 재난이 일어났을 때 선명하게(끔찍하게) 드러난다. 그들은 그것을 '도와야 할 재난'이 아니라 '민중이 지배체제를 뒤흔들지 모른다.'는 위협으로 받아들인다. 그들은 살인 기계다.

이 모여 사는 도시 사회요, 개개인이 저마다 알아서 제 인생을 꾸려가는 개인주의 사회다. 전통 (농촌공동체) 사회에서는 굳이 도덕책을 통해 '앎'을 얻지 않아도 어린이들은 삶 속에서 이웃과 더불어 사는 법을 자연스럽게 터득했다. 그러나 지금은 타인(남들)과 서로 관계 맺는 법을 의식적으로 터득하지 않으면 사회생활을 활력 있게 해내기 어려워졌다.

현대인에게 이웃은 누구인가? 우리 사회에는 동남아시아 이주 노동자들이 많이 들어와 산다. 우리는 세계 곳곳의 사람들과 인터넷으로 소통하고 지낸다. 딴 나라에 여행 가서 그들과 만나기도 하고, 한국으로 건너온 그들을 만나기도 한다. 지구가 하나의 마을(=지구촌)이라는 표현은 전혀 낯설지 않은 표현이 됐다. 그렇다면 우리에게 이웃이란 '전 세계 사람 모두'를 가리키는 대상이라 봐야 하지 않을까?

왜 우리는 이웃을 사랑해야 할까? 도덕 교과서는 이에 대해 따로 '생각해보자'고 말을 꺼내지 않았다. 그 이유를 막연하게 끄적거려봤자, 학생들 머리에 가 닿기 어려워서 그랬을 것이다. 한편으로 우리는 사람이 저마다 뿔뿔이 저 좋은 것만 추구하는 (이기주의) 사회는 '콩가루 사회'가 될 것이고, 서로 돕는 사회라야 다들 행복감을 느끼리라는 간단한 사실은 대뜸 안다. 오히려 질문을 거꾸로 해야, 이웃 사랑이 왜 중요한 과제인지가 생생하게 드러난다. 이웃을 '나 몰라라' 하고, 내 멋대로만 살아갈 경우, 전체 사회가 어찌 될지를 물어야 한다. 이웃 관계가 파탄 나서 어떤 일들이 벌어졌는지를 생생히 알아야, '이웃'에 대해 더 성숙한 생각을 품게 된다.

이 얘긴 나중에 잇기로 하고, '이웃 사랑'이 얼마나 큰 문제인지부터 살핀다. 도덕책은 가족 간의 사랑, 우정, 이웃 사랑, 사이버 예절을 같은 등급의 문제로 간주했다. 앞의 세 가지는 '누구(대상)'를 묻는 것이고, 마지막 것(사이버 예절)은 '어떤 경우'를 살피는 얘기다. 이 둘은 범주가 같지 않다.

학생들은 '가족 안의 인간관계'도, 친구와 우정도 더 깊이 쌓아야 하고, 사이버 예절도 익혀야 한다. 도덕책은 당장 실제로 써먹을(실용적인) 앎을 이것저것 읊었다. 공부의 쓸모가 전혀 없지는 않으나, 그 앎에 깊이가 전혀 없다.

'친구'는 '이웃'에 포함되는 하위 개념이다. '사이버 예절'도 이웃과 더불어 사는 방법에 대한 고민의 하나일 뿐이니 굳이 교과서에 한 단원으로 높이 모실 까닭이 없다. 지문地文에 살짝 넣거나 각주로 처리해도 족하다.[49]

한편 현대의 가족은 전통 사회에서만큼 사람들에게 큰 비중을 차지하지 않는다. 옛날의 대가족은 요즘 핵가족으로 오그라들었거니와, 그 핵가족마저 산산조각 날지 어떨지 알 수 없고 오히려 그게 바람직한 가족유형인지가 미심쩍다. 아무튼 가족과 이웃은 서로 별개의 개념이므로 합쳐서 살필 일은 아니로되, 가족 문제를 큰 비중으로 다루려면 그 본령은 '노인 공경'이 아니라 성(=섹슈얼리티와 에로스)의 문제다. 아이들은 실생활에서 노인들과 마주칠 일도 드물다.[50]

---

49. '사이버 예절'은 살펴볼 '사례'의 하나로 배치하는 게 맞다. 무슨 원리를 따질 공부가 아니다. '우정 어쩌고'도 지식을 묻는 학습거리로 삼는 것은 우습다. 좋은 문학작품을 읽고 거기서 배움을 끌어내는 것으로 족하다.

50. 사회책은 '세대 간의 소통'을 부르짖는다. 그런데 그건 맹탕의 사회학이다. 세대론의 강조는 사회의 핵심 갈등을 덮는 구실을 한다. 노인 복지가 지난 대선의 쟁점이 됐는데 이는 '세대 문제'가 아니라 빈부 격차 문제다.

네 이웃을 네 몸처럼 사랑하라

도덕 교과서는 "이웃에게 피해를 끼치지 말고, 또 어려운 이웃을 돕자."고 학생들을 타이른다. 제목을 '(이웃에 대한) 배려와 관심'으로 달았다. 그것으로 충분할까? 딴 얘기와 견주어 봐야, 도덕책의 말씀이 그것으로 충분한지 가늠된다. 성경책은 '이웃 사랑'을 말하고, 불경佛經은 '사람들(중생)에게 자비를 베풀 것'을 가르친다. 어떻게 다른가?

사랑과 자비에 견주어, 배려와 관심은 그 무게가 많이 떨어지는 행동이다. 우리는 이따금 불우 이웃을 돕는 일에 돈 몇 푼을 보탠다. 그것, 이웃에게 약간의 관심을 보인 행동이긴 해도, 고작 돈 몇 푼 내고서 '나는 그들을 사랑했다.'고 자랑하는 것은 낯간지러운 일이다. '사랑'은 그 대상에게 훨씬 더 많은 열정을 보일 때라야 일컬을 낱말이 아닌가.

그러니까 종교는 사람이 해내기 훨씬 어려운 목표를 내건 반면, 국가(공립학교)는 실천하기가 그렇게 어렵지는 않은 낮은 목표를 제시했을 뿐이다. 더 높은 목표를 추구한 사람은 그 품성이 훌륭해질 가능성이 크고, 낮은 목표에 만족하는 사람은 도덕 공부를 통해 별로 달라질 바가 많지 않다. '우리는 사람을 길러내노라.' 하고 학교가 자랑을 하기 어렵다는 말이다. 그러니 자본주의 학교와는 이쯤에서 작별하고, 더 어려운 과제에 도전해보기로 하자.

유대교와 기독교는 이웃에 대한 '사랑'을 말했다. 그것도 적당히 베풀고 만족할 일이 아니라, '네 몸처럼 사랑하라.'고 했으니, 여간 무거운 명령이 아니다. '네 몸처럼'이라는 구절을 말 그대로 실천한다고 치자. 여러분은 길거리에서 구걸하는 거지를 만날 때마다 양심의 불편함을 견디지 못하리라. 어느 한두 불우 이웃이야 열성을 다해 그럭저

럭 돕는다고 쳐도, 이 세상에 수없이 많은 불우 이웃들을 어떻게 '내 몸처럼' 사랑할 수 있겠는가. 그런 사랑을 실천하다가는 내 살림이 당장 거덜 나고 쪽박을 찰 것이다.

불교 승려 중에는 '생명 있는 것에 대한 자비'를 본때 있게 실천하기 위해 숲길을 걸을 때도 늘 조심하고(개미를 밟아 죽이면 안 된다), 모기가 자기 몸에 달려들어도 자비롭게 제 피를 헌혈하는 분이 있다고 들었다. 그 뜻이야 갸륵하지만 인류 모두가 그렇게 실천할 날이 올 것 같지는 않다.

성경책을 읽어본 적 없는 사람은 '이웃 사랑(곧 봉사 생활)'이 종교생활의 일부이려니, 하고 가벼이 여길 것이다. 성경책 읽고, 찬송가 부르고, 이러저런 신앙생활을 해나가는 것의 한 부분! 그런데 성경책은 그렇게 말하지 않았다. 옛 성현聖賢 가라사대, "'하느님 사랑'이 뭐냐? 길게 말할 것 없이 '이웃 사랑'이니라!" 알파에서 오메가까지, 종교 실천의 '모두'가 이웃 사랑이란다. 두 사랑은 외연外延이 일치한다!

곰곰이 생각해보면 하느님은 사람에게 보이지 않는 존재다. 그러니까 어떤 사람이 아무리 골똘히 하느님을 생각하고 기도를 드린다 한들, 그가 진정으로 하느님을 사랑하고 있는지, 아니면 밑으로 호박씨를 까고 있는지 우리는 알 길이 없다. 우리가 눈으로 아는 것은 '그가 이웃을 사랑하고 있는지' 여부뿐이다. 그의 행동도 살피고, 그의 이웃들에게 물어서 그 '결과'도 알 수 있다. 하느님 사랑을 증명할 길은 '이웃 사랑'뿐이라는 얘기다. 그런데 그게 쉽게 말할 수 있는 일일까? 프로이트는 이렇게 말했다.

…… 기독교의 계명을 난생 처음 듣는 것처럼 순진 소박한 태도로 생각해보자. 놀랍고 당황스러운 느낌을 억누를 수 없다. 그게 우리에

게 무슨 유익함을 주는가? 또 어떻게 하라는 말인가? 내 사랑은 내게 소중한 것이라서 아무에게나 헤프게 줄 수는 없다. 사랑은 내게 의무를 떠안기고, 그 의무를 다하려면 기꺼이 희생을 치러야 한다. 만일 내가 누군가를 사랑한다면 그는 어떤 식으로든 그럴 가치가 있는 사람이어야 한다. 혹시 그가 나와 비슷해서 내가 그 사람 안에서 나 자신을 사랑할 수 있다면, 그는 사랑할 만한 가치가 있다. 또 그가 나보다 훨씬 완벽해서 내가 그 안에서 나 자신의 이상을 사랑할 수 있다면, 그 사람도 내 사랑을 받을 자격이 있다.

그러나 그 사람이 내가 전혀 모르는 사람이라면, 자신의 가치로 나를 매혹하지 못하거나 내 감정생활에 아무런 의미를 주지 못한다면, 내가 그 사람을 사랑하기는 어렵다. 사실 그렇게 하는 것은 잘못이다. 왜냐면 내 사랑이 내가 그들을 더 좋아한다는 표시 때문에 내가 사랑하는 사람들에게 가치를 인정받는 것이고, 따라서 내가 사랑하는 사람들에게 베푸는 만큼 낯선 사람에게도 사랑을 베푼다는 것은 사랑하는 사람들에게는 부당한 일이기 때문이다. 그러나 그 사람도 벌레나 지렁이나 뱀처럼 이 지구 위에서 살아간다는 이유만으로 내가 그 사람을 (보편적인 사랑으로) 사랑해야 한다면, 내 사랑 중에 그에게 돌아가는 몫은 얼마 되지 않으리라.

이와 같은 난생 처음 보는 사람은 단지 내 사랑을 받을 가치가 없는 것만이 아니다. 나는 그런 낯선 사람은 내 적개심과 증오까지 불러일으킨다고 솔직하게 털어놔야 한다……, 인간에게 이웃은 잠재적인 협력자나 성적性的 사귐의 대상일 뿐 아니라, 그들의 공격 본능을 꼬드기는 존재이기도 하다. 인간은 이웃을 상대로 자신의 공격 본능을 만족시키고, 아무 보상도 주지 않은 채 이웃의 노동력을 착취하고, 이웃의 동의도 받지 않은 채 이웃을 성적으로 희롱하고, 이웃의 재물을 빼앗고, 이웃을 경멸하고 이웃에게 고통을 주고, 이웃을 고문하고 죽이고 싶은 유혹을 느낀다. 인간은 인간에게 늑대가 아닐까?

이 얘기를 듣고 보니, '이웃(을 내 몸처럼 여기는) 사랑'은 멍청한 짓 같다. 될 일도 아닌 것을, 허세만 부리는 얘기! 오히려 도덕 교과서야 말로 사람이 할 수 있는 일을 현실적으로 제시한 것이 아닌가. "우리가 할 수 있는 만큼, 이웃에게 배려와 관심을 보여라! '사랑합네.' 하는 흰소릴랑 관두고."[51]

세계를 둘러보면 이 주제(이웃 사랑)가 우리에게 엄청난 생각거리를 떠안겨준다. 인류는 수천 년 동안, 종족(민족)끼리, 종교 신자信者끼리, 또 누구와 누구끼리 수많은 다툼과 살육을 벌여왔다. 현대에 접어들수록 인류의 공격 본능(또는 파괴능력)이 더 커져서 20세기에는 수천만 명의 죽음을 낳은 거대 전쟁이 터졌는가 하면, 600만 명에 이르는 끔찍한 인종(유대인) 학살이 벌어졌다. 가스실에서 죽어간 사람들의 목숨도 목숨이지만, 그들이 (살았을 때에도) 살아도 산 것 같지 않게 기괴한 식물인간으로[52] 바뀌었다는 것이 더 문제다. 인간이 인간을 소름끼칠 만큼 비정非情하게 짓밟아 망가뜨렸다. 우리는 '살아 있는 시체'와 과연 '이웃'으로 대면할 수 있을까? 그들을 구해내려면 (그들의 이웃인)

---

51. 한국 정부는 '근대 자본주의 체제'를 고민 없이 굴리고 있다. 국정 교과서의 기본 철학은 "저마다 자기를 사랑하고, 이웃과 적당히 친선을 꾀하는 것으로 (사회 운영에) 충분하다."는 것이다. 그 기본 전제가 과연 타당하냐부터 캐묻자. 대한민국 국가가 인류의 앞날을 책임질 요량으로 (자기를) 운영할 생각이라면 한가롭고 배부른 '자유주의적 관점과 태도'에 입각해서 끄적거린 (꿈이 없는) 도덕책을 쓰레기통에 던져버려야 한다.
52. 정치학에선 이들을 '무젤만'이라 부른다. 스탈린 정권의 수용소(굴락)는 수용자를 이데올로기적으로 교화하려는 노력이 있었다. 사람으로 대했다는 얘기다. 나치 정권의 수용소는 이들을 호모 사케르(사회에서 배제된 자 또는 산송장)로 취급했다. 두 체제는 그렇게 달랐다. 2013년 초 로마 교황이 유대교 회당에 (사상 두 번째로) 들러 "우리도 나치와 대결했다."고 흰소리를 늘어놨다가 "무슨 소리! 침묵해놓고선!" 하고 면박을 당했다.

우리가 어찌했어야 할까?[53]

우리는 근본 질문을 던져야 한다. 인류가 이 정도로 잔혹해졌다면 '이웃 사랑'이라는 종교 계명을 포기해야 제 분수에 맞지 않는가? 이웃 사랑이라니, 가당可當키나 한가? 그런데 신약성경에서는 '이웃 사랑'을 실천하지 않는 사람은 심판받아야 한다[54]고 적어놓았다. 우리는 이 계명과의 대결을 피할 수 없다.

착한 사마리아인의 미친 사랑

성경에 이런 이야기가 있다. 강도를 만나 실컷 얻어맞고 길가에 쓰러진 사람이 있었다. 그런데 레위 사람과 제사장祭司長은 그 사람을 보고도 못 본 체하고 그냥 지나갔다. 사마리아인만이 뛰어가서 그 사람을 데려다가 정성껏 보살폈다. 예수는 제자들더러 "참으로 이웃을 사랑한 사람은 이 셋 중에 누구냐?"고 물었다.

레위인과 제사장은 유대교 지도층이었고, 사마리아인은 천대받던 밑바닥 사람들이었다.[55] 레위인과 제사장은 아마 '율법'을 핑계 대고 그 사람을 외면했을 것이다. 율법(토라)에는 죽은 시체를 만지지 못하게 돼 있다. 하지만 눈이 비뚤어진 외눈박이가 아니라면 다 안다. 생

---

53. 이 계명을 말 그대로(곧이곧대로) 받아들이는 사람은 늘 '강박증'에 시달릴 수밖에 없다. 이와 달리, 적당히 시늉만 하고 싶은 사람은 뭔가 자신을 변명할 거리를 찾아야 한다. '이웃 사랑' 계명은 자기 혁명을 요구한다는 말이다. 유일신은 노예해방(출애굽)의 사상적 무기武器로 등장했고, 신의 권위를 빌려서야 '네 몸처럼'이라는 무거운 계명이 창안될 수 있었다. 이웃 사랑은 소크라테스도, 공자도 말하지 않았다는 것을 견줘 살피자.
54. 마태복음 25장, '최후의 심판' 비유.
55. 이스라엘 북쪽에 흘러 들어온 외래 민족과 유대 민족이 교류해서 낳은 혼혈인들. 유대인은 이들을 경멸했다.

사를 헤매는 이웃을 당장 돌보는 것이 (케케묵은 율법의 준수보다) 더 긴급한 일임을.

요즘 이스라엘 사람들에게 사마리아인은 누굴까? 그들이 수십 년 간 '하늘만 뚫린 감옥'에 가둬놓고 압살해온 팔레스타인 사람들이 옛 사마리아인의 재림再臨이다. 우리에게 사마리아인은 누굴까? 이를테면 베트남 사람들이다.

2013년 9월 대한민국 대통령이 베트남을 방문해 양국 간의 자유무역협정FTA을 맺었다. 그는 베트남 민족독립운동의 아버지 호치민의 묘소를 참배하는 예의도 갖췄다. 하지만 베트남전쟁 때 미국의 용병으로 파견된 한국군이 베트남 민중에게 저지른 만행에 대해서는 입 한번 뻥끗하지 않았다.[56] 한국의 자본(지배층)에게 베트남은 '돈 벌 대상' 말고 아무것도 아니다. 인류가 형제로서 연대한다는 고결한 사상 같은 것은 그들에게 터럭만큼도 없다. 그때도 (그 더러운 돈을) 실컷 벌었고, 앞으로도 실컷 벌겠지. 요즘 베트남 여성들이 이 나라에 돈에 팔려 와서 학대받는 일이 잦은데도 한국의 사회운동이 한국인의 인신매매를 반대하는 운동을 변변히 벌이지 못했다. 우리(=한국의 피지배층)도 사마리아인에게 다가가는 노력을 한 적 없다.

그런데 예수 얘기는 몹시 난폭(?)하다. (유토피아 실현의) 희망을 걸 사람들은 사마리아인이지, 제 삶에 만족하는 유대인들이 아니라는 뜻이 은밀하게 들어 있다. "유대인들아! 너희가 스스로를 환골탈태하여 사마리아인이 돼다오! 그래야 세상이 뒤집힌다. 유대인 민족공동체의

---

56. 이 사실에서 우리는 양국이 비-대칭적 관계에 놓여 있음을 읽는다. 베트남 지배층도 돈벌이에 눈이 어두워 당당하게 '역사적 사과'를 받아낼 엄두를 내지 못했다. 긴 얘기가 필요해서 그만뒀지만 나는 사실 (더 절박한 대상으로) 베트남 아닌 북한 민중을 말하고 싶었다.

울타리 안에 갇혀 있지 말고,[57] 인류 평등의 보편가치를 받아 안는 사람이 돼다오!" 요즘 우리에게 그 주문注文은 다음 이야기로 번역될 것이다. "반제국주의 반자본주의 투쟁에 앞장서는 남미와 아시아의 민중들이 인류 사회에 희망이다. 남한 민중은 아亞제국주의의 떡고물에 매수買受될 위험을 뿌리치고, 세계 프롤레타리아 변혁의 대열에 함께 해다오!"

사랑에는 에로스와 아가페, 두 개념이 있다. 에로스는 옹졸해지면 나르시시즘에 빠지고, 제대로 꽃피우면 건강한 자기애自己愛에 다다른다. 그럼 아가페는?

아가페는 이웃 사랑을 밀고 가는 심성이다.[58] 구체 현실을 들여다보면 자선慈善과 봉사활동[59]으로 할 수 있는 일은 별것 없다. 그 이웃이 나(우리)를 괴롭히거나 나(우리)에게 괴롭힘을 받는 사람들이라면 어쩔 것인가? 국가끼리, 또는 계급끼리 전쟁이 터졌을 때, 거기 '이웃 사랑'이 어떻게 개입할까? 그러니 아가페는 변혁 정치를 밀고 가는 군건한 심성, 곧 정치적 사랑이 돼야 한다.[60] 우리는 새 세상을 만드는 변혁 정치 말고, 세상 모든 이웃에 대한 우리의 사랑을 표현할 길이 없다. 사랑은 (사랑의) 정치로 나아가지 않을 수 없고, 정치는 사랑과 동

---

57. 예수는 추종자들에게 사회관계의 혁명적 단절을 요구했다("부모 형제를 버려라.") 보편적 단독자로서 세계와 대면하라는 것! 그런데 그 보편적 단독성singularity을 가장 실현하기 쉬운 사람은 사마리아인들이다.
58. 백과사전에 아가페는 '신神이 인간에게 조건 없이 베푸는 절대적인(거룩한) 사랑'이라고 풀이돼 있다. 이 뜻풀이야 신神을 초월적인 인격신으로 받들어온 전통 신앙에 의거한 것이고, 신(=큰 타자)의 죽음을 아는 우리로서는 아가페의 핵심을 '이웃 사랑'에서 찾는다. 거기서 살릴 것은 그것이다.
59. 자선과 봉사활동이 아무 의미도 없는 일이라 깎아내릴 것은 아니지만, 그것이 냉혹한 자본체제의 실재를 덮어 가리는 눈가리개로 쓰인다는 사실을 깨닫는 것이 먼저다. 그 앎을 주지 않는 도덕교육은 우민화 교육이다.
60. 교회가 급진화되는 것(해방신학)도 소중하지만, 결국 '아가페'를 감당할 조직은 혁명적 정치조직일 것이다.

반해야 길을 잃지 않는다. 본때 있는 사랑은 자선이 아니요, 봉사도 아니다.

앞의 글에서, '이웃 사랑'은 대단히 겁나는 계명이라고 말했다. "'네 몸처럼' 사랑하라!"는 말은 언제 어디서나 쉽게 읊조릴 말이 아니다. 이천여 년 전, 인류의 지혜가 한껏 발랄하고 깊었을 뿐 아니라 종말론의 변혁적 기운이 곳곳을 뒤덮었던 제자백가諸子百家의 시대에나 선포될 수 있었던 대담한 계명이었다. 그러니까 기독교가 국가(로마제국)에 포섭된 뒤로, 그 겁나는 계명을 길들이려는 노력이 시작됐을 것은 넉넉히 짐작할 만하다.[61] 사랑할 이웃의 범위를 좁게 한정한다든지 따위로!

온몸으로 밀고 가는 전투적인 이웃 사랑의 예를 어디서 들 수 있을까? 보편 종교의 개척자인 사도使徒 바울의 사랑이 그랬다.[62] 유관순과 전태일의 사랑이 그랬다. 총을 든 게바라가 그랬고, 동학년 곰나루에서 궐기한 전봉준이 그랬다. 영화 「스파르타쿠스」에서 어느 해적海賊이 스파르타쿠스에게 노예 수송을 해서 재물을 모으자고 꾀었다. "당신이 로마제국에 맞서는 것은 달걀로 바위 치기가 아닐까?" 그가 대꾸했다. "노예 됨을 거부하고 싸워야만 우리는 사람이 되거든? 지고, 이기고는 그 다음 문제일세. 아니, 우리는 이미 이겼어." '영원함(불멸)'과

---

61. 기독교 교리는 시대에 따라 부침을 겪었다. 가령 최근 가톨릭교회는 '연옥'을 인정할 것이라 밝혔다. '세례'와 '신자 공동체'의 의미가 묽어진다는 뜻이다. 사회주의 국가 지도층이 자기 이념을 폐기해갔듯이(중국), 교회도 자기 신앙의 핵심을 내버렸다. 사회주의 운동의 타락이 있기 훨씬 전에, 보편 종교 운동의 타락이 있었다. 누군가 후기 자본주의 소비사회에 들어와 인류가 '동물적 삶'으로 후퇴했다고 단죄했는데 아마 두 운동의 타락을 다 바로잡는 사상혁신이 있어야 인류는 다시 인간적 삶으로 돌아가지 않을까?
62. 그는 현자의 지혜를 깨부수겠노라고, 못난 바보로 살겠노라고 거듭 다짐했다. 그래서 숱하게 얻어맞고 갇히고 마침내 죽임을 당했다. 하지만 바보회는 전태일에게서 또 이름 모를 투사들 가운데 다시 살아났다.

'진리(자유)'는 이 굽힘 없는 행동(실천) 속에만 깃든다. 그것은 미친 사랑이요,[63] 참된 삶은 거기서 비롯된다.

덧대기

고등학교 '생활과 윤리' 교과서를 보면 온갖 윤리 문제를 죄다 생각해보자고 꺼내놓았다. 목차(중간 제목)가 "현대생활과 응용윤리, 생명·성·가족윤리, 과학기술·환경·정보윤리, 사회윤리와 직업윤리, 문화와 윤리, 평화와 윤리"로 돼 있다. 얼핏 드는 생각은 "알아야 할 게 대단히 많겠구나!"다. 인간 복제 문제도 토론하고, 남북 평화통일의 윤리도 궁리해야 한다. 학생들이 정말 유식해지겠다. 그런데 모든 것이 '윤리' 문제가 된다면 그때의 '윤리'는 사실 그저 그런 맹탕이다. 모든 사람이 범법자라면 그때의 '범법犯法'은 솔직히 공허한 낱말이 되듯이. 이를테면 유전(생명) 공학을 놓고 찬/반 의견이 뜨겁다. 어느 쪽 논리(이치)가 맞는지 아리송한 대목도 많다. 그럴 때, 옳고 그름의 마지막 잣대가 돼주는 것은 윤리가 아니다. "그주장이 몇몇 힘센 자본을 편드는 거냐, 대다수 민중의 처지를 돕는 거냐"하는 정치경제학의 판단이다. '윤리 과잉'의 교과서가 학생들의 참된 앎을 오히려 억누르고 있다. 대다수 학생들이 실제로 마음에 새겨야 할 것은 온갖 잡동사니에 대한 윤리학적 지식이 아니라 기본이 되는 가르침, 곧 "이웃을 네 몸처럼 사랑하라!"는 준엄한 정언定言 명령이 아닐까?

---

63. 영혼이 있는 도덕책은 이 열쇠말을 중심으로 쓰여야 한다. 정신분석학은 이것의 핵심에 '죽음 충동'이 들어 있고, 그 충동이야말로 사람다움의 핵심이라고 했다. 사람이 어디미치지 않고서 제정신으로 살 수 있는가. '초기' 기독교는 이 '미친 사랑(죽음충동)'을 처음 선명하게 밝혀낸 점에서 인류의 획기적 사상유산이 됐다.

3 국어 교과서, 무엇이 문제인가

옛날의 초등학교 국어책

고故 김인봉 선생한테 들은 얘기다. 그는 전국교직원노동조합 활동을 열심히 한 분으로, 평교사 중에서 교장을 (관료적인 절차를 거치지 않고 직접) 발탁하는 제도가 생겨났을 때 여러 교사들의 추천으로 전라북도의 한 중학교 교장이 됐다. 그 뒤 "학생들이 '노동'에 대해 알아야 한다."고 노동법 전문가를 강사로 모시는 등 참교육을 위해 발 벗고 나서다가 병을 얻어 안타깝게도 제 목숨을 다 누리지 못하고 이승을 떠났는데 오래전에 그의 넋두리를 들은 적 있다. 자기 학교 선생들에 대한 얘긴데, 그 선생들이 '우리 학교의 민주화를 위해 머리를 맞대보자'는 자기 제안에 대해서는 기꺼이 나서서 열성들을 보여주었지만 '참교육에 대해 토론해보자'고 제안했을 때는 다들 조가비처럼 움츠러들어서 입을 떼지 않더라는 거였다. "아, 교과의 벽이 이렇게 두껍다는 말인가!" 하고 그는 탄식을 했었다.

이런 얘기를 들으면 사정을 모르는 사람은 "쯧쯧, 선생들이 참 안 일하구먼!" 하고 혀를 찰지도 모른다. 실제로 우리 사회에는 학생들의 학업 성취에 헌신하지 않는 교사들을 꾸짖는 사회 여론이 한동안 들끓었고, 그래서 '방과 후 학교'니 뭐니 공립학교의 '교육 서비스' 개선

프로그램이 새롭게 생겨났다.

수업에 열성을 다하지 않는 교사들이 더러 있기야 하겠다. 그러나 아무리 학교교육 개선 방향의 초점을 그것(게으른 교사 꾸짖기)에 맞춰 봤자, 개선해낼 거리가 한 움큼도 되지 못한다. 사람이 튼실한 사람으로 자라게끔 돕는 일은 예부터도 '100년을 내다보는 커다란 계획'이라 했다. 온갖 미묘한 구석을 다 살펴야 할 만만찮은 일이다. 중세 성리학의 시대에는 '사람 키우기'가 전체 사회의 목적目的이기도 했다. 요즘도 마찬가지다. 아이들을 어찌 가르칠 것이며 그들의 성장을 어떻게 도울지는 '사회 전체'가 달라붙어서 씨름할 주제다.

그런데 이렇듯 복잡 미묘한 일은 그 원인을 잘 찾아야 한다. 번지수를 잘못 찾으면 아무리 기를 써도 우리는 엉뚱한 곳에 대고 발길질을 할 뿐, 원하는 목적지에 도달할 수 없다. 우리는 왜 그 학교 선생들이 '참교육……' 제안에 움츠러들었을지 잘 안다. 그 원인은 딴 데에 있다. 작은 문제가 아니다.

물론 교사들이 납작 엎드려 꼼짝 않는 타성이 분명히 있다. 하지만 이는 원인이라기보다 결과다. 관료체제에 찌들어온 것의 결과結果! 물론 그 결과가 다시 원인으로 구실하기도 하지만, 아무튼 참교육을 향한 방향 전환의 목소리를 모아낼 결정적인 계기는 눈앞의 현상appearance 그 자체를 분개하거나 꾸짖는 일이 아니라 그 뒤에 도사리고 있는 '구조적인 힘'에 대해 문제 삼는 것이다.

서론이 길었다. 교사들이 매너리즘에 빠지게 되는 주된 원인의 하나가 '주어진 교과서'에 있다는 것을 짚으려고 긴 얘기를 했다. 교과서는 그렇게 주어져 있고, 그 교과서에 의거해 시험을 봐야 하고, 또 학생들은 시험 성적에 목을 매달고 있으니 교사는 교과서에서 거의 자유롭지 못하다. 학생들이 학업에 흥미를 느끼지 못하거나 학업에 실패한다면 교과서와 교육 내용에 무슨 허술함이 있는지 깊이 파헤쳐서 그 개정 작업을 벌여야 하는데, 그 개정 작업을 지휘하는 교육 당국과 지식인 집단(대학교수들)의 눈길이 과연 그 과업을 제대로 해낼 만큼 튼실하냐, 하는 것이 숨어 있는 문제다.

예전과 견주자면야 국어 교과서의 내용이 다소 풍성해진 것은 사실이다. 30년 전의 국어 교과서는 그저 좋은 글 읽으라고 시키고, 낱말 뜻과 수사법(언어 표현 방식) 가르치고는 '땡!'이었다. 그런데다 그 좋은 글이라는 것이 "무궁화는 우리나라 꽃"이라거나 "훌륭한 위인을 섬기자"거나 하는 봉건적 이데올로기를 읊어댄 것이 태반이었으니 요즘 아이들 같으면 10리里는 달아날 내용이다. 그랬던 교과서가 지금 케케묵은 내용이라도 걷어낼 만큼 바뀌었다면 이렇게 된 데에 여러 뜻있는 사람들의 노고勞苦가 깃들어 있으리라는 것도 넉넉히 헤아려야 한다. 군사독재로부터 민주화 시대로 장강長江의 도도한 물결처럼 '시대의 흐름'이 바뀐 것이 교과서 개정을 해내게 밀고 간 '구조적인 힘'이었다.

그런데 지금 교과서는 어떠한가? 아이들이 기겁하고 달아날 내용은 줄었다. 하지만 메마르고 지겹거나, 공부하고서도 머릿속에 남는 것이 많지 않다. 이렇게 된 까닭을 몇 가지로 갈라서 살핀다.

첫째, 지금의 교과서는 '읽고 쓰기' 말고도 '말하고 듣기'를 강조한다. 30년 전의 교과서가 단조롭게 '읽기' 공부만 시킨 것에 대한 반발이다. 그 뜻과 취지는 공감할 구석이 있지만 그 반발로 새롭게 들이민 '교육과정 틀'이 옹색하고 볼품없다. 지금의 교육과정을 짠 국어교육학자들이 '하나'만 알고 '둘'은 몰랐다. '말하고 듣기를 가르치겠노라'는 의욕은 나무랄 일이 아니지만, 그것을 '국어교과 수업' 안에서 실현하기가 벅차다는 간단한 사실을 이해하지 못했다. 자기들 생각(이론 틀)에 스스로 도취해서, 눈꺼풀에 무엇이 씌웠기 때문이다.

오래전에 나온 『언어와 인간』[64]이라는 책의 저자도 똑같은 말을 했다. 말하고 듣기 공부는 학교에서 무슨 '토론대회'를 연다든지, 아니면 전교생이 다 같이 하는 어떤 프로그램을 배치한다든지 하여, 학교 전체 차원에서 궁리할 일이고, 또 모든 교과 선생들이 자기 수업에서 신경 써서 지도할 일이다. 어느 교과 선생이든 '토론하는 법', '남의 말 귀담아 듣기'를 지도할 줄 알아야 한다.

그것은 국어교과가 혼자 떠맡을 일이 아니다. 국어책에는 '말하고 듣기'와 관련해 알아둘 내용을 쪼끔 담아서 (학생들에게) 읽힐 수는 있으되, 실제로 말하고 듣는 연습을 제대로 시키기는 버겁다. 체육책에 '헤엄치는 법'을 적어 넣는다 해서 그 요령을 읽는 것이 '헤엄치는 연습'은 아닌 것처럼 말이다. '읽고 쓰고 말하고 듣는 것', 이 네 가지를 똑같은 비중으로 가르치겠다고 몇몇 전문가 놈들이 겁 없이 선포한 것은 정말 낯 뜨거운 짓이다.

어째서 이 터무니없는 커리큘럼이 버젓이 굴러갈까? "우리 사회는 민주화되었다."고 사람들이 말하지만, 기실은 한참 멀었다는 얘기다. 지금도 지식 영역에 도사리고 있는, 엘리트들의 은밀한 독점권은 누구도 범접을 하지 못한다.

둘째, 문학을 그렇게 허술하게 가르쳐서는 안 된다. 지금은 세계가 하나로 얽혀서 돌아가는 21세기다. 우리의 미래를 개척할 '사회 단위'는 인류이지 민족이나 국민국가가 아니다. 한국 정부는 한국인들만을 다스리고 있지만 그렇다 하여 그 한국인의 후손들에게 '한국 문학'만을 가르쳐야 할까? 세계 문화와 인류 문명을 통 크게 가르치겠다는 진취적인 관점을 품어야 하지 않을까?

64. 일본 언어학자 모리오까와 후지나가가 함께 지은 책. 한양대 출판원이 펴냈다.

중고생들은 세계 역사와 세계 지리를 다 배운다. 요즘 고교 교과과정에 대해, 자기가 배우고 싶은 것만 골라서 수업을 듣는 것을 무슨 '맞춤형 서비스'라나 뭐라나, 교육당국이 요란스레 자랑하고 있는데 학교가 언제부터 '손님이 왕'인 시장판이 되어버렸는지 모르겠다. "골라아, 골라! 여기 시험 점수 쉽게 올릴 싸구려(속성) 교과가 있어요!"

아무튼, 세계 역사와 세계 지리를 아이들이 배운다면 문학도 세계 문학을 배워야 한다. 솔직히 말해서 한국 문학이 성취해낸 바가 너무 빈약하다. 셰익스피어와 괴테로부터 발자크와 톨스토이와 파블로 네루다와 20세기 아시아 아프리카 민족해방 문학에 이르기까지 세계 문학이 표현해낸 갖가지 사상과 인간 탐구의 내용과, 고작해야 한용운의 시詩와 리얼리즘(사실주의) 소설 몇 개뿐인 한국 문학의 탐구 내용을 같은 무게로 견줄 수 있는가. 이광수와 최남선과 개화기 때 문학가들의 작품을 지금의 시점에서 들여다보라. 서양 문물 들여오는 것에 그저 감격해하는 그런 천박한 이야기들에 무엇 하나 참조할 것이 있는가? 고리타분한 한국 개화기 문학은 휴지통에 처박고, 노신의 『아큐정전』을 가르쳐야 하지 않을까?

'문학'이 무엇을 담아야 할지, 인류의 인문적人文的 흐름에 비춰서도 숙고할 일이다. 한국의 고대 문학을 그렇게나 큰 비중으로 가르쳐야 할까? 한국 문학 중에는 지배층의 입맛에 맞지 않는다 하여 교과서에서 아예 제쳐놓은 부분은 혹시 없을까? 후기 자본주의 시대에 들어와서 '소설과 근대 문학의 죽음'을 염려하는 소리가 높다. 전통적 문학 장르라 하여 시와 소설을 당연하게 교육과정에 넣고는 있지만 그 문학적 생명력이 시들고 있다는 얘기다. 그렇다면 인문적인 활력을 띤, 새로 생겨나는 흐름들을 교과서에 어떻게 담을지도 궁리해야 한다.

이러저런 궁리 끝에 몇 개 대학에서는 1학년 교양과정으로 예전의

'국어' 대신에, '언어' 또는 '커뮤니케이션'의 교재를 채택한 적 있다. 둘 다 '국어'보다 더 넓은 범주다. 중고교 국어도 꼭 제목을 '국어'로 못 박고, 한국의 고대 문학과 근대 문학만을 신주단지로 모실 이유는 없다.

셋째, 딴 인문사회 교과와의 관련성도 숙고할 일이다. 한때 대학입시에서 '논술'이 요란스럽게 강조된 적 있다. 세월이 흐르고 시행착오를 겪은 지금은, '논술' 얘기가 쑥 들어간 느낌이다만, 그 논술 공부의 필요성 자체가 소멸해버린 것은 아니다.[65]

그런데 그 '논술'을 어느 교과에서 맡아야 할지를 놓고 한때 사람들이 입방아를 찧었다. 국어냐, 사회냐, 도덕(또는 철학)이냐? 어느 교과든 그 논술 지도를 떠맡을 깜냥들이 못 됐다는 것이 정답이다. 국어교과에서? 글쓰기 요령이야 지도해줄 수 있겠지만 앙상하게 '문학(그것도 탐구 내용이 빈약한 한국 문학)'에만 기대어서 자기만족 해온 국어교과가 사회의 온갖 문제를 다 글로 써내라는 논술의 요구를 감당하기는 무리였다. 사회교과에서? 세세한 사회생활의 지식을 시시콜콜 일러주는 일은 했으되, 인류가 커나온 발자취를 '큰 눈'으로 바라보게 하는 참된 사상思想 교육은 사회교과가 해내지 못했다. 학생들은 5지 선다형 문제 맞히기는 능통해도 논술은 젬병이 될 수밖에 없다. 세상을 크게 내다보는 관점을 스스로 키워내지 못했기 때문이다.

그러니까 '어느 교과가 떠맡으라'고 해서 길이 찾아지지 않는다. 지금의 교과들을 대거 수정하고 '통합'해서, 또 이 통합교과를 지도할

---

65. 이것과 관련한 요지경 풍속을 모아보면 가관이리라. 어느 중1 학생이 마이클 샌델의 책 『정의正義란 무엇인가』를 끙끙대며 읽는 것을 본 적 있다. 학원 숙제란다. 고3도 지겨워서 읽지 않을 책을 중1더러 읽으라고? 그러고 보면 '논술'도 일종의 도깨비방망이다. 교육당국이 이것 갖고 요란을 떨면 뭔가 면피가 된다.

만큼 선생들의 실력을 높여서 그 길을 찾아야 한다. 자본주의 공업사회는 '분업分業'이 일반화돼버려서 학교교육도 교과마다 칸막이를 하는 분업 체제가 당연한 것으로 간주되고 있는데, 이처럼 교과를 도막도막 나누는 것이 과연 바람직한지도 따져야 한다. 라틴아메리카의 어느 나라는 중고등학교에서도 한 선생이 여러 과목을 다 가르치는 통합교육의 실험을 씩씩하게 벌여왔다는데, 이 사례는 우리에게 귀한 생각거리를 던져준다.

앞서 인용한 일본 언어학자는 '국어교과'와 관련해서 의미 있는 제안을 내놨었다. 뭐냐면 초등학교와 중학교 1~2학년까지는 아이들의 언어 실력을 키우기 위해 국어(언어) 교육을 집중적으로 시키는 것이 옳지만, 상급 학년으로 올라가서는 그 비중을 줄여주는 것이 바람직하다는 것이다. 실제로 사회와 역사와 세상에 대해 잘 알아야 논술(글쓰기)을 잘할 수 있지, 수사법(글 표현 방식) 공부는 논술에 곁가지 도움을 줄 뿐이다. 이를테면 1930년대 염상섭의 소설 『삼대』나 채만식의 소설 『태평천하』를 읽는 데서도 식민지 역사(사회)를 아는 것이 주된 공부이지 문학적 표현방법을 아는 것은 곁가지 공부에 불과하다. 그런데 국어 시험에서는 문학적 표현방법만 묻는다. 국어 교사들은 지금의 국어교과가 학교에서 '주요 과목'으로 대접받는 것에 견주어서는 아이들 공부에 이바지하는 바가 적다는 뼈아픈 사실을 솔직하게 수긍해야 한다.

학교 교과서로 수많은 아이들을 진정으로 미래를 개척할 줄 아는 능동적인 주체로 키워내려면 교육과정을 짜는 학자 집단과 교육 관료 집단이 먼저 100년 앞을 내다보는 선진적인 세계관으로 무장武裝해야 한다. 그래야 교과서에 실린 내용들이 대부분 한가롭고 소박하다는 사실을 스스로 깨닫고 교과서 개정에 나선다.[66]

예를 하나 든다. 중1 국어책에는 한 어린이가 심부름으로 고기를 사러 갔는데 가게 주인이 착각해서 거스름돈으로 큰돈을 주자, 그 돈을 어른들 몰래 써버리고는 내적 갈등을 겪는 줄거리의 소설이 실려 있다. '청소년 소설'이다. 아이들 시절의 소소한 고민거리를 담고 있는 소품小品.

중1은 아직 그런 소소한 갈등밖에 머리에 들어오지 않는 어린 나이일까? 왕따시키기나 학교 폭력은 초등 상급 학년부터 시작되는데도? 우스갯소리를 하자면 "남한 사회는 중2나 중1이 너무 무서운 사회 세력이라서 딴 나라 아무도 남한을 침략할 엄두를 내지 못한다."고들 말하는데도? 그런 부류의 소설을 싣겠다면 이문열의 소설 『우리들의 일그러진 영웅』쯤은 중1이나 초등 6학년 교과서에 실어야 한다. 앞의 소설은 어느 못된 한 아이가 주인공을 꼬드기고 을러대는 우연적인 사건 이야기에 불과하지만, 이문열의 소설은 집단적인 폭력의 더 전형적인 사례를 말해준다. 그것은 이승만 정권에 대한 역사적 비판으로도 읽히는 무게 있는 이야기다. 교육당국이 아이들에게 사회를 보는 눈을 정말로 틔워주겠다면 소박한 동화童話들로 교과서를 채우는 것은 그만둬야 하지 않을까.

교과서에는 '환경 파괴' 이야기도 들어 있고, '사회적 불평등(양극화)'에 대한 소개도 들어 있다. 그렇지만 그저 "이런 일도, 저런 일도 있구나!" 하는 것을 아는 것만으로는 미래의 주체가 형성되지 못한다. 교과서는 학생들에게 "이 나라는 정말로 인간과 자연의 공존을 위해

66. 국립국어원과 한국교육과정평가원의 조사에 따르면, 대학 재학 이상의 학력을 가진 국민의 절반이 국어 능력이 기초 수준이거나 그보다 낮으며, 초등학교 때 수학數學 우수 학생이 상급 학교로 갈수록 학력과 학업 흥미가 떨어졌다고 한다(국제 비교 결과). 이 발표는 교과서/교육 내용에 대해 발본의 성찰이 있어야 함을 일러준다(2014년 2월 13일자 연합통신과 1월 15일자 세계일보).

우리더러 그 어려운 실천에 나서라는구나! 소외되고 버려진 사람들을 이웃으로 받아 안는 실천이 참 간절하다는 얘기구나!" 하고 읽혀야 한다. 그러려면 국어책과 사회(역사)책이 따로 놀아서는 안 된다. 학생들이 식민지 역사를 배우고는[67] 뒤이어 한용운과 윤동주의 시를 읽어야 한다. 그래야 민족의 주권 문제를 감성感性으로 받아들인다.

또 교사들 자신이 그런 실천에 묵묵히 나서는 사람으로 학생들에게 존경을 받아야 한다. 20세기 초 식민지 시절에 '민족 사학私學'을 추구해온 학교들에는 학생들더러 그렇게 '선각자frontier'가 되라고 일깨움을 준 사부師父들이 더러 있었다. 지금의 우리 사회에는?

---

67 . 현 정권이 뒷배를 봐준 '교학사' 역사책은 역사 왜곡이 극심할 뿐 아니라 사실 오류도 대단히 많다. 어느 출판사 직원이 입에 거품을 물고 교학사를 욕하는 것을 들은 적 있다. 그 까닭은 '책도 안 들여다보고' 검정을 통과시키기로 다 내정돼 있어서 교학사 필자들이 아무렇게나(건성으로) 집필했기 때문이란다. 자기들은 검정에서 탈락하지 않으려고 꼼꼼히 챙기며 갖은 애를 다 쓰는데!

3부

우리가 정작 알아야 할 것들은

1 그 몸이 그 사람이다

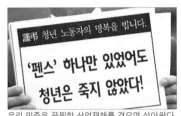

우리 민중은 끔찍한 산업재해를 겪으며 살아왔다.

몸(신체)의 자유

'몸'에 대하여 사전에는 다음과 같이 풀이(정의)돼 있다. "몸 또는 신체(身體, body)는 생물의 한 개체를 일컫는 말이다. 좁은 뜻으로는 팔다리와 머리를 뺀 신체기관을 몸이라고 한다. 몸은 여러 개의 세포로 이루어져 있으며, 영혼과 정신을 담는다고 여겨진다. 무생물이나 추상적인 대상에 대해서도, 곁가지(부수적인 것)가 아니라 중심된 것을 나타낼 때 몸이라는 말을 쓰기도 한다." '육체(肉體)'도 같은 말이다(피와 살을 지닌 몸).

사람은 자기 몸을 제 뜻대로 놀리고 부리며 살아가는 것이 당연하다. 걷고 싶으면 걷고, 앉고 싶으면 앉아야 한다. 그러지 못할 경우, 몸과 마음이 불편해지고, 심지어 사는(살아가는) 것 같지 않다. 그 자유로움은 (굳이 따지는 것이 쑥스러울 만큼) 인간 생존의 기본 조건이다. 그래서 어느 나라 헌법에든 '신체의 자유'를 규정한 (너무나 당연한) 조항이 있다. 이 말뜻을 잠깐 살펴보자. 어떤 말뜻이든 구체적인 맥락(문맥) 속에서 헤아릴 일이다. 누구더러 내 신체(몸)의 자유를 해치지 말라는 얘기인가?

길을 가는데 누가 내게 다가와서 내 팔을 꺾어 주저앉히고 밧줄로 묶어서 어디 매어두려고 한다고 치자. 그는 까닭 모르게 내 신체의 자유를 억누르고 내 생명의 안전까지 위협하려는 것이다. 그럴 때 나는 어찌해야 할까? 내 힘으로 그를 쥐 패고 걷어차서 그가 '앗, 뜨거라!' 도망가게 만들어야 한다. 그럴 힘이 모자라는 사람은 '사람 살려요!' 비명이라도 질러서 지나가는 시민들의 도움을 받거나 틈이 난다면 핸드폰으로 경찰에 알려야 한다. 시민들의 신체의 자유를 보호하기 위해 국가는 치안(治安, public security)을 맡는 경찰기구를 둔다.

그런데 내가 경찰의 도움을 받으려고 할 때, 내 신체의 자유를 위협하는 대상은 '누군지'를 미리 알 수 있는 대상이 아니다. 시민들이 미지未知의 상대방에게 신체의 위협을 받을 가능성에 대비해서 상설常設 기구로서 경찰기관이 운영되는 것이다.

헌법에 쓰여 있는 '신체(몸)의 자유'는 이것(낯선 사람이 퍼붓는 위협)에 대해서가 아니다. 이것은 스스로 조심할 일이지, 어디다 적어놔 봤자 하릴없다. 그 조항은 '시민들을 보호하고, 시민들을 나라의 주인으로 섬기겠다.'고 늘 시끄럽게 떠드는 국가(정부)를 겨냥한 것이다. 요즘 '민주주의 이념'이 세계 곳곳에 널리 자리 잡았기 때문에 '국가(정부)는 국민(시민)들을 주인으로 섬기는 게 (인간 세상에서) 당연해!' 하고 생각하기 쉬운데, 불과 이백 수십 년 전만 해도, 사회 지배층은 민주주의라는 낱말을 어딘지 불온한 것으로 여겼다. 그때는 민주주의를 부르짖는 사람더러 '빨갱이!' 하고 단죄하던 시절이었다. 17세기 말 프랑스의 절대 군주로 군림했던 루이 14세는 "짐이 곧 국가니라L'État, c'est moi."라는 오만한 말을 했다고 전해 온다. 왕이 절대 권력을 휘두르겠다는데 거기 무슨 민주民主가 설 자리가 있겠는가.

헌법에 적혀 있는 말씀은 국가(=경찰과 정부)가 함부로 시민들을 붙들어 가고, 멋대로 고문torture을 가하거나 형벌을 때리는 짓을 하지 말라는 경고다. 국가(정부)야 '국민을 보호할게요.' 하고 다짐을 한다 해도, 그 일을 떠맡는 수많은 관리나 권력자들은 다들 높은 자리에 올라앉아 있는 맛을 누리며 살아가므로 힘없는 민중을 함부로 취급하기 일쑤다. "관청은 존귀하고 민중(백성)은 비천하다!" 곧 관존민비官尊民卑!⁶⁸

그러므로 경찰과 국가 관료들이 함부로 행패를 부릴 때 우리는 다음과 같이 대들어야 한다. "헌법은 모든 국민에게 신체의 자유가 있다고 했소!" 더 나아가 "대한민국은 민주공화국이오! 모든 권력은 국민에게서 나옵니다!"라고도 들이댈 일이다. 물론 이 격언은 섬세하게 읽어야 한다. 우리 사회에는 비非민주적인 것들이 수두룩하다. 헌법은 지금 우리 사회가 100% 민주적인 사회라고 객관적인 사실을 말한 게 아니다. "한국 국가는 민주공화국이 되도록 애쓰겠소! 국민을 주권자로 대접하겠소!" 하고 다짐했을 뿐이다. 그게 옳은 일이라고 당위(當爲, what one should do)를 말했고, 그 방향으로 나아가겠다고 지향(指向, aim)을 밝혔다. 문제는 무엇이 옳으냐다.

여기서 잠깐, 영어 표현을 떠올리자. 법률 용어는 원래 유럽에서 들여왔다. 영어로 'personal liberty'를 우리말로 '신체의 자유'라 옮겼다. person은 '사람, 인물, 개인'이고, personal은 '개인의, 자신의, 인간적인, 사적인'이다. 일상 언어에서는 personal을 '신체의'로 옮기는 일이 없다. 한국의 헌법학자들은 법이 보장하려는 그 구체 내용을 한정지

---

68. 군사 파쇼 시대인 박정희 시대는 이렇게 국가가 시민들의 인권人權과 '신체의 자유'를 마구 짓밟았던 시대였다. 그때 헌법의 몇몇 조항들은 휴지조각에 불과했다.

어 밝히자는 뜻에서 그렇게(남다르게) 옮긴 것으로 보인다. 여기서 거꾸로, 우리는 신체body라는 것이 그 신체를 지닌 사람 자신과, 그의 인물됨과 다르지 않다는 것을 읽어낼 수 있다. 우리는 저 멀리서 홍길동의 몸(신체)이 다가오는 것을 보고, '홍길동이 오는구나.' 하고 알아챈다.

몸과 마음(정신, 영혼)

사람에게는 몸(육체)과 마음(정신, 영혼)이 있다. 과학이 한창 걸음마 하던(깊지 못했던) 때, 곧 근대 초기에는 사람 아닌 짐승과 풀꽃에게는 마음(정신, 영혼)이 없다[69]고 가볍게 생각했다. 기계적 유물론materialism 의 생각! 그보다 훨씬 옛날에는 사람뿐만 아니라 모든 물질(자연세계)은 살아 있거나 영혼이 깃들어 있다는 물활론(物活論, hylozoism)[70]을 믿었다. 그것이야 어찌 되었건 아무튼 사람에게 몸과 마음(정신), 이 둘이 있다는 것은 자명自明한 일이다. 그래서 예전의 어른들은 몸을 가꾸는 체육과 지혜를 틔워주는 지육智育과 덕을 닦게 하는 덕육德育이 있다고 했다.

그런데 이 둘이 '따로 있다'고 못 박아버릴 경우, 우리는 세상 보는 눈이 흐려진다. 이를테면 국가를 사람 몸에 비유한(빗댄) 옛 그리스의 철학자 플라톤이 그런 말을 했다. "머리 구실을 하는 통치자는 이데아(이념)를 직관하는(=대뜸 꿰뚫어보는) 철학자가 맡아야 하고, 가슴 구실

---

69. 요즘은 짐승에게도 얼마쯤 마음이 있다는 것이 과학 발달로 밝혀졌다.
70. 전문 학자들은 이것과 애니미즘animism(정령신앙)을 구분 지으나, 우리는 비슷한 말로 기억해도 된다.

을 하는 군인들은 용기와 기개가 있어야 하고, 배 노릇을 하는 생산자(민중)는 자기들 욕구가 채워지기를 바라겠지만 절제(참음)를 알아야 한다." 여기서 머리는 가슴과 배, 곧 몸보다 윗자리에 있다. 가슴과 배가 머리에게 맞짱 떠서는 안 된다.

비유가 안고 있는 함정을 놓치지 말자. 사람과 국가(또는 사회)는 같은 것이 아니다. 같지 않은 것을 같은 것으로 등치할(=같다고 놓을) 때, 거기에는 생각의 폭력이 끼어든다. 사람의 머리와 가슴과 배는 생명 진화의 과정에서 이치에 맞게 형성된 것이다. 하지만 국가는 생명체가 아니고, 그 구성원들(민중)의 뜻이 합쳐지거나 흩어짐에 따라 언제든 간판을 세웠다 뗐다 할 수 있다. 민주주의라는 이념 자체가 이 '국가 유기체설'을 퇴짜 놓고 있다. "왜 모든 민중이 다 같이 국가의 머리가 되면 안 되는데?" 머리와 가슴은 같은 것이 아니지만, 문제는 이 둘이 '따로' 있지 않다는 것이다.

몸과 마음은 따로 놀지 않는다. 현대에 와서 크게 늘어난 질병인 '암'은 그 발병發病 원인이 자세히 밝혀져 있지는 않지만, 생태환경 파괴와 스트레스의 증가가 그 주된 원인이라는 것을 부인하는 사람은 없다. 마음의 억눌림이 몸의 질병으로 나타난다. 극단적인 예를 들자면, 끔찍한 마음의 충격을 받은 사람이 흔히 정신병에 걸리는데, 심지어 (드물게는) 눈이 멀어버리기도 한다는 것이다. "나는 도무지 저런 꼴을 볼 수 없어!" 하는 울부짖음이 눈(시력)을 망쳐버린다!

몸과 정신도[71] 따로 놀지 않는다. 체력이 튼튼한 학생이 오랜 기간의 학습노동을 잘 감당한다. 어린 시절 활발하게 뛰어다니며 논 사람이 삶에 대해 씩씩한 의지(뜻)도 품고, 갖가지 창의적인 머리도 더 발휘할 줄 안다. 사람이 손으로 도구를 만들어 쓰는 경험을 쌓지 않았다면 머리로 다양한 기술과 학문을 탐구할 수도 없었다. 어린아이의 놀이와 학습에는 손과 눈의 협응이 절대로 불가결하다.

인류는 오랜 동안 육체노동과 정신노동이 서로 딴 세계처럼 분리돼 있었다. 고되게 땀 흘리는 육체노동은 아랫것들(피지배계급)이 도맡아 하는 일이요, 책과 더불어 노니는 정신노동은 지배계급의 소임所任(맡은 임무)이었다. 그러므로 천상天上에서 노니는 지배계급의 똑똑이들은 육체노동을 하는 사람들을 가리켜 '지성知性이 결여돼 있다.'고 경멸하기 일쑤였다.

물론 단순히 근육만 부려 쓰는 육체노동이 생각하는 힘을 키워주는 바는 작다. 하지만 도구를 부려 쓰고 갖가지 물건을 만들어내는 육체노동은 지성의 작용과 동떨어져 있지 않고, 그래서 과학이 탄생하기 전에 먼저 기술technology이 탄생했다. 인류가 오랫동안 평등한 사회를 만들어내지 못한 근본 원인은 육체노동과 정신노동이 완강하게 분리돼 있었기 때문이다(가장 기본적인 분업). 옛 철학자들 중에는 물질(또는 몸)과 정신의 이원론(두 가지 서로 다른 원리가 평행선을 긋는다는 생각)을 말한 사람들이 많은데, 이 생각은 불평등한 인류 사회의 현실을 자연스러운(운명적인) 것으로 받아들인 데서 비롯됐다. 현대 과학기술(컴퓨터)의 발달은 육체노동과 정신노동의 완강한 '분리'를 허물어뜨릴 수 있는 좋은 토대가 되고 있다.

몸과 영혼은 별개의 것인가? 대부분의 종교 교리들은 몸과 영혼을 칼같이 구분한다. 영혼은 선善하고, 육체는 사악하다. 육체(몸)는 머지

---

71. '마음mind, heart'은 감정이나 생각, 기억이 깃들거나 생겨나는 곳. '영혼soul, spirit'은 몸 속에 깃들어서 생명을 부여하고, 마음을 움직인다고 여겨지는 무형의 실체(넋)이다. 마음과 영혼이 다소 뚜렷이 구분되는 반면, '정신mind, spirit, mentality'은 앞의 두 낱말과 뚜렷이 구분되지 않지만, 마음은 감성과, 정신은 이성(지성)과 더 관련된다. 심리(心理, mentality/psychology)는 마음의 작용과 의식의 상태다. 또 지성intellect은 사물을 개념으로 생각하거나 객관적으로 인식하고 판단하는 정신기능이다. 지능은 현상을 받아들이고 생각하는 능력. 단순한 정신기능은 주의를 기울이고 기억하기 등등이다.

않아 사멸하는 덧없는 것이요, 영혼만이 하늘나라에 들어간다. 그러므로 영혼이 구원받으려면 육체의 유혹을 이겨내야 한다. 근대 유럽의 청교도(퓨리턴)는 제 욕망을 억누르는 금욕禁慾의 삶을 살았고, 인도 나라에는 지금도 제 몸을 시련 속에 몰아넣는 고행苦行으로 도(道)를 닦는 사람이 많다. 하지만 붓다(부처)는 지나친 고행苦行이 깨달음을 얻는 바른 길은 아니라고 갈파했다. 영혼은 고귀하고 육체는 덧없고 값없는 것이라고 칼같이 가르는 것은 몇몇 고상한 정신노동자들의 권위를 높여주는 데나 도움이 될 뿐이다.

간추리자. 옛 유럽에서는 영혼과 정신과 마음을 윗길에 놓고, 몸(신체, 육체)을 아랫길에 놓는 사고방식이 주류였다. 한편으로는 영혼의 구원을 추구하는 종교 탓에 그랬고, 한편으로는 사물을 관찰의 대상으로만 삼는 근대과학 탓에 그랬다. 그런데 이 둘은 뚜렷이 구분되지 않고, 서로 갖가지 영향을 주고받는다.

오른쪽으로 구부러진 숟갈을 펴려면 왼쪽으로 (다소 지나치더라도) 확 꺾어야 한다. 그래서 19세기 실존철학자 니체는 이렇게까지 말했다. "내 몸이 내 전부다.[72] 나는 몸뚱어리 말고 다른 아무것도 아니다. 영혼이란 몸의 한 측면을 말해주는 양태mode, aspect에 불과하다!" 자기 한 몸뚱이를 고되게 부려서 가까스로 밥을 먹고사는 사람들은 이 말이 더 가슴에 와 닿을 것이다. 그렇게까지 말할 것은 아니라 해도, 영혼과 육체를 줄곧 위아래로 구분하려는 나쁜 생각 버릇을 떨쳐야 하

---

72. 첫 근대 철학자 데카르트는 이와 반대로 "이 신체는 내가 아니"라고 했다. "이놈의 기계(곧 신체)는 자동장치일 뿐인데 인간의 죽음을 고장 난 기계보다 더 슬퍼할 이유가 없다."는 기계론 철학! 정신과 신체(물질, 기계)를 칼같이 구분하는 태도는 자본주의적 과학 발달의 토대가 됐다. 데카르트 철학은 큰 시대적 의미를 갖지만 그것은 극복돼야 할 비뚤어진 철학이다. 그때의 신체가 누구의 신체일지를 생각해보라. 모든 인간의 신체가 아니라 고용살이로 부려먹을 노동자계급의 신체다. 그는 그 죽음에 대해 무덤덤한, 비정한 얘기를 했다.

는 것은 분명하다.

그뿐 아니라 몸이 먼저이고 정신(마음)이 나중이다. 생각이 없는 하등동물이 먼저 태어나고, 생각을 할 줄 아는 고등동물이 (생명 진화의 결과로서) 나중에 태어나지 않았는가. 앞서, 근대 초기 사람들이 '짐승은 마음과 정신(지성)이 없으려니' 속단했었다고 말했다. 하지만 무릇 모든 생명은 자기 보존을 위해 바깥 세계를 '범주(이를테면 좋은 것과 나쁜 것)'로 나누는 본능적인 능력을 갖고 있다. 우리는 바깥에서 들어오는 정보를 흔히 무심코 처리하고 대응한다. 이를테면 길거리에 빨간불이 켜지면, 생각도 하지 않고 멈춰 선다. 생각과 지성은 먼저 몸이 터득한다. 그래서 바깥세계에 무심코(무의식적으로) 대응한다. 의식 consciousness과 지성知性은 먼저 몸에서 생겨난다.

몸을 여러 층위(위치)로 나누어 보자. 먼저 물질로서의 몸이 있다. 자동차가 달리다가 갑자기 멈춰 서면 차 안에 실려 있던 궤짝이나 타고 있던 사람이나 똑같이 앞으로 쏠린다. 그 현상을 연구할 때에는 사람이나 궤짝이나 다 같은 물질이라 여기고서 사태를 헤아리는 것이다. 다음으로, 생명으로서의 몸이 있다. 칼에 베였을 때 몸이 고통을 느끼는 것은 생명체의 자기 보존을 돕는 기제(메커니즘)이다. 추울 때 몸이 움츠러드는 것도 마찬가지다. 사람이나 짐승이나 자기의 생명을 보존하기 위해 눈으로 둘러보고 귀를 쫑긋 세우고 코로 냄새를 맡는다. 생명체는 다 감각sense을 발휘한다.

또, 사람에게는 '생각하는 몸'이 있다. 사람들은 어른을 만나면 버릇처럼 재빨리 고개를 숙인다. 머리로 생각하기 전에 먼저 몸이 생각한다.[73] 교향악단을 이끄는 지휘자는 음악의 멜로디에 자기의 몸을 맡긴다. 몸이 알아서 그 음악에 반응한다. 발레리나는 무용극의 이야기에 몰입해서 제 몸을 놀린다. 발레리나의 몸은 어떤 이야기를 나타내는 도구가 된다.

몸의 과학(서양과 동양)

몸의 건강을 돌보는 학문이 의학medical science이다. 그런데 서양 의학과 동양 의학은 아주 다르다. 먼저 병원을 떠올려보자. 서양 의학을 실천하는 동네 병원들은 하나가 아니다. 외과 병원이 있고 내과, 비뇨기과, 안과, 피부과, 신경정신과, 치과 병원이 있다. 외과도 성형외과, 정형외과, 신경외과, 심지어 항문외과로 다시 나뉜다. 이와 달리, 동양 의학을 다루는 병원은 무엇 무엇으로 뚜렷이 나뉘어 있지 않다.

병원에 약을 타러 가보면 두 의학의 또 다른 차이를 알 수 있다. 서양 의학은 눈앞에 생겨난 질병의 증상을 당장 억누르는 데에 초점을 둔다. 이를테면 감기약은 열을 내리게 하고, 콧물 가래를 당장 가라앉히는 구실을 한다. 이와 달리, 동양 의학은 몸의 원기元氣를 북돋아서 몸이 스스로 질병을 무찌르는 것을 도울 뿐이다. 당장 질병의 증세를 억누르는 데에는 서양 의학만큼 효능을 발휘하지 못한다.

어느 의학이 더 좋은지, 우리는 똑 잘라서 말할 수 없다. 저마다 일장일단一長一短이 있기 때문이다. 그런데 요즘은 대다수 사람들(한국인들)이 이렇게 여기고 있지만, 한 세대(30년) 전만 해도 서양 의학이 대단히 우월하다고 떠받든 사람들이 많았다. 특히 사회 지배층이 은연중에 동양 의학을 푸대접했다.[74]

---

73. 「개그 콘서트」의 '누려' 코너는 밑바닥 시절을 '몸이 기억한다'는 얘기다. 머리 기억보다 몸 기억이 더 사무치다!

문제는 서양 의학이 갖고 있는 결함이 뭣인지 자세히 헤아려서 그 것을 극복할 길을 찾는 것이다.[75] 병원에 자주 다녀본 사람들은 생활 경험을 통해 그 결함을 깨닫는다. 이를테면 병명病名을 알 수 없는 질 병에 걸린 사람이 종합병원에 갔더니 ○○과에 가봐라, 그 ○○과에서 '모르겠다'고 해서, 그 옆의 ○○과에 갔고, 거기서도 모르겠다 해서 또 ○○과에 갔고…… 이렇게 환자를 녹초가 되도록 뺑뺑이를 돌리더란 다. 병원을 옮길 때마다 그 번거로운 신체검사와 진단을 일일이 다시 받는다.

병원이 십수 개의 '과'로 나뉘어 있고, 의사들은 자기가 속한 '과'의 의학지식만 쌓아두고 산다. 사람 몸의 '전체'를 알 필요가 없다. 뚜렷 하게 자기 '과'에 속한 질병이야 알아내지만, 뭣인지 알기 어려운 낯선 질병을 판단할 안목이 없다. 서양 의학은 이와 같이 '분과' 체제로 칼 같이 구분해놓은 것이 커다란 병폐다. 간판은 '종합병원'이라고 붙였지 만 그저 여러 분과들을 단순히 그러모은 것이지, 여러 분과들을 정말 로 종합해서(그 칸막이들을 걷어치워서) 더 높은 질質의 질병 대응력을 만들어낸 게 아니다. 그래서 그곳 의사들은 다들 제 칸막이 안의 것밖 에 모르는 '우물 안 개구리'가 된다.

그런데 의학만 이렇게 칸칸이 쪼개기의 병폐를 안고 있는 것이 아니 다. 근대 학문 모두가 이런 전문화(분업화)의 병폐를 안고 있다. 정치학 자는 정치만 알고, 사회학자는 사회만 안다. 그것도 다시 쪼개진다. 이

---

74. 이는 19세기 말 이래로 우리 사회의 엘리트들이 덮어놓고(곧이곧대로) 서양문물을 받 아들이고 본따는 데에 급급했던 맹렬한 경향의 한 표현이다. 20세기 초에 소설 『무정』을 쓴 이광수의 천박한 '개화론'을 떠올려봐라.
75. 우리 의료에서 서양 병원이 압도적 비중을 차지하므로 그 문제가 더 절박하다. 동양 의 학의 미덕을 배우는 것이 그 극복책의 마련에 도움 된다. 원래 근대 초기에 서양 의학은 옛 사회의 의학적 지혜를 섣부르게 몰아내면서 들어섰다. 조잡한(기계적) 유물론이었다! 요즘 와서야 옛 지혜들에 귀 기울일 눈이 조금씩 싹텄다.

를테면 경제학은 통계경제학, 제도경제학, 거시경제학, 미시경제학……
으로 쪼개진다. 칸칸이 쪼개질수록 그 전문 학자들이 전체를 헤아리
는 통찰력은 희박해진다.

물론 전문화(분업화)가 나름의 미덕이 있어서 생겨난 것인 만큼, 그
흐름을 되돌리기는 간단치 않다. 의료(병원) 체계 전체를 손보지 않고
서 섣불리 칸막이를 허물기는 어렵다. 그렇다 해도 길게 보아, 명실상
부한 '종합병원'을 지향하는 혁신이 있어야 하는 것은 분명하다. 그리
고 동양 의학에 담겨 있는 지혜가 그 혁신에 도움 될 것이다.

서양 의학은 또 당장 사람 몸이 바뀌는, 눈에 보이는 변화를 추구한
다. 감기 환자에게는 당장 열이 내리고 콧물과 가래를 멈추는 게 장땡
이다. 의사들 중에는 당장 치료의 성과를 올려서 환자에게도 인정받
고, 돈도 더 벌고 싶어서 빡센 감기약을 처방해주는 경우가 많다. 환
자들이 그런 약을 자꾸 먹다 보니 병균들이 내성(저항력)이 생겨서 더
독한 항생제를 써야 약이 듣는 악순환이 일어난다. 요즘의 한국인은
약을 너무 즐겨 먹는 민족에 속한다고 한다. 이것은 서양 의학에 대한
맹신(눈먼 믿음)이 초래한 병폐다.

감기 바이러스와 싸우는 것은 사람 몸(에 들어 있는 백혈구)이지, 감
기약이 아니다. 또 사람 몸이 감기에 걸리는 까닭은 바이러스 때문이
아니라, 그 바이러스를 이겨내지 못할 만큼 사람 몸이 쇠약해졌기 때
문이다. 사람이 건강할 때는 쉽게 감기에 걸리지 않는다. 이 점에서도
동양 의학의 지혜를 배워야 한다. 카리브 해의 섬나라 쿠바에 놀러 간
한국인에게 들은 얘기다. 그가 감기에 걸려서 병원에 갔더니 의사가
약은 주지 않고 웃으면서 "연애를 열심히 하세요. 그러면 낫습니다(꼭
약을 먹어야 할 것은 아닙니다)." 그러더라는 것이다. 삐딱하게 보자면 쿠
바가 (미국의 경제 봉쇄로) 물자가 부족한 나라라서 그 병원에 감기약

이 떨어졌는지도 모른다. 하지만 쿠바는 동양 의학을 배우는 데 열심인 나라다. 이제는 동양 의학의 본고장인 한국의 민중이 동양東洋 아닌 쿠바에서 배워야 할 판이다.

서양 의학(병원)에서 달라져야 할 것은 한둘이 아니다. 20세기 들어 수많은 민중이 고생하는 질병을 탐구하기보다 심장이식 수술같이 희귀한 치료기술 개발에 열을 올리는 경향이 생겨났다. 전자보다 후자가 병원의 돈벌이에 더 보탬이 되기 때문이다. 질병이 다 생겨난 뒤, 그것을 가라앉히려고 허덕이기보다 미리미리 예방하는 것이 더 값이 싸게 먹히는데, 한국의 의료 당국(보건소, 병원)과 의료 체계는 '예방'을 소홀히 한다. 또 죽음을 앞둔 늙은이들에게는 병의 치료보다 덜 고통스럽게, 더 위엄 있게 죽음을 맞는 것이 간절한데 현대 서양 병원은 모든 시술(의술 시행)이 '목숨 늘리기'에 맞춰져 있다. 사람의 정情을 모르는 냉혈冷血 기계와 같다…….

환자와 의사의 사회관계도 생각해보자. 한국이 낳은 명의名醫라는, 『동의보감』을 펴낸 허준의 일생이 여러 차례 TV 드라마로 방영된 적 있다. 존경할 만한 훌륭한 의사doctor와 만나기를 바라는 민중의 소망을 반영한 드라마다. 그런데 역사 드라마에는 사실史實, 事實을 왜곡되게 그리는 대목이 참 많다. 허준이 살았을 때, 대다수 의사들은 전업(전문 직업)이 아니었는데 드라마에는 마치 요즘 의사들처럼 병원을 개업해놓고 시술하는 것처럼 표현돼 있다. 실제로는 농사꾼이나 책 읽는 선비 중에 병病과 약초를 잘 아는 사람이 주변의 아픈 사람들을 이따금 돕는 식이었다. '저 사람은 의사!'라고 못 박아 말할 사람은 ('어의御醫' 같은 몇몇을 빼고는) 거의 없었다. 요즘도 어떤 병을 오래 앓는 사람은 '반(절반) 의사가 다 된다.'고 한다. 원래 따로 '의사'라는 직업을 갖고 태어난 사람도 없었을 뿐 아니라, '의사'가 질병에 대한 앎을 독점하고 있는 것도 아니라는 말이다.

이 얘기를 꺼내는 까닭은 불친절한 의사들에 대해 불만을 품는 민중이 그동안 적지 않았기 때문이다. 의사와 환자의 관계를 윗사람이 아랫사람에게 베풀어주는 수직적 관계로 여긴 의사들이 많았던 것이다. 이는 한국 사회에서 상당수의 의사들이 '특권층'으로 기득권을 누리며 살아왔던 것과도 관련이 깊다. 학교에서 교사가 학생들과 눈높이를 맞춰서 그들을 동등한 인격적 존재로 대해야 하듯, 의사도 환자의 '알 권리'를 지켜주고, 그들의 지혜를 존중해야 한다.

현대 사회는 민중의 몸을 어떻게 취급하고 있는가

현대 사회는 자본주의 사회다. 대다수 사람들이 남(기업체)에게 고용돼 품값(임금)을 받고 품팔이꾼으로[76] 일하며 살아간다. 그들은 고용돼 일하는 시간 동안은 고용주의 지휘명령에 따라 일한다. 사람이 저 스스로 일을 설계하고 제 목표에 따라 일할 때, 일할 맛(자율적 존재로서의 성취감)이 나는 반면, 타율他律에 따라 일할 때에는 자존감(자기 존중감)이 떨어지고, 권태(따분하고 지루한 감정)에 사로잡히기 십상이다. 그래서 피고용자들이 존중받지 못하는 기업에 다니는 사람들은 늘 '이런 곳을 벗어나 내 자주성을 발휘할 수 있는 독립된 일을 하고 싶다.'는 갈망을 품고 살아간다.[77] 요컨대 현대인들은 (노동시간 동안) 자기 몸의 주인이 자기가 아닌 것 같은 소외감에 시달릴 때가 많다.

---

76. 요즘 고용살이를 하는 노동자계급의 인구가 5,000만 인구 가운데 2,300만 명쯤 된다는 연구보고가 있다. 그들의 가족까지 합치면 노동자 가족이 4,000만 명이 넘을 것이다.

현대 사회의 민중은 남(고용주)의 눈에 들어야 일자리를 얻을 수 있다. 그러므로 남(고용주)에게 잘 보이기 위해, 제 몸을 가꿔야 한다는 강박감에 시달릴 때가 많다. 한국의 젊은이들에게는 그 강박감이 훨씬 심해서 특히 여성들의 경우, 취직을 대비하기 위해 성형수술을 하는 사람이 많다. 실제로 신입사원을 뽑을 때 외모(겉 생김새)를 살피는 기업이 많아서 이들의 지나친 외모 가꾸기를 나무랄 수 없다.[78] 한국은 뚱뚱하거나 못생긴 여성들이 겪는 열등감이 너무 깊어서 한국의 GDP가 아무리 올라간들, 이 나라의 못생긴 여성들이 과연 행복하게 살 수 있겠냐 싶다.

게다가 변변히 일자리를 얻지 못하는 여성들의 경우, 제 몸을 돈 받고 파는 일이 늘어났다. 자기 몸을 남의 성적 욕구를 달래는 노리개로 내놓는 것이다. 수십 년 전에는 창녀촌이 미군기지 앞과 서울 영등포역 앞 등 몇 군데에 한정돼 있었지만, 요즘은 주택가 곳곳으로 스며들었고 굳이 가게를 차릴 것 없이 인터넷으로도 제 몸을 팔고 산다. 자본주의가 발달할수록 창녀들이 늘어난 것이 역사 현실이다. 요즘 한국 여성 중에 제 몸을 파는 사람이 수백만 명에 이르는 것으로 짐작된다.[79] 그녀들은 돈을 벌어 목숨을 잇는 대신, 영혼이 소리 없이 멍들어갈 것이다.

하지만 어디 제 몸을 파는 사람이 허름한 노래방의 도우미들뿐이랴. 치어걸이니 레이싱걸이니, 갖가지 모델들이나 연예인 상당수도 대

---

77. 사람이 남의 고용살이를 얼마나 싫어하는지는 근대사회의 비밀(!)을 밝힐 인문학의 아주 커다란 주제다.
78. 어느 중학교 졸업생이 고교 '관광학과'에 지망하려고 했다. 담임선생이 그쪽 사정을 알아봤더니 키 작은 사람은 안 뽑는다는 거였다. 담임이 말려서 그는 지망을 포기했다. 야박한 세상이 학교마저 야박하게 만든다.
79. 해외로 원정 나가는 여성들도 많다.

중 앞에 제 예쁜 몸매를 자랑하는 게 돈벌이 수단이 됐고, 실제로 제 몸을 남몰래 사고파는 유혹에 빠지기도 할 것이다.[80] 수명 짧은 아이돌 여가수들은 대중의 눈길을 끌려는 안간힘으로 전 국민이 시청하는 TV에 나와 음란한 몸짓을 서슴지 않는다. '네 몸을 눈요깃거리로 내놔라! 네 몸을 내게 팔아라!' 하는 사회적 압력이 너무나 거세서 국가도, 시민사회도 이 압력을 가라앉힐 계책을 내놓지 못하고 있다. 현대 사회가 '개판'으로 돌아가고 있다고 해야 할까?

그런데 제 몸을 억지로 가꾸고, 제 몸을 내다파는 사람의 몸뚱어리만 시달리고 있는 게 아니다. 그들은 오히려 곁가지에 불과하다. 우리 사회는 수십 년 동안 산업재해율이 세계 챔피언을 자랑했었다. 육체노동자들이 수없이 다치고, 병들고, 죽어갔다. 이를테면 삼성반도체 기흥 공장에서는 2007년 이래 지금까지 39명이나 '산업재해로 인정해달라'고 신청을 냈다.[81] 유해有害 환경에서 일하는 것만 노동자의 몸을 갉아먹는 것이 아니다. 겉으로는 별 해로움을 주는 것 같지 않겠지만, 일터를 24시간 '교대 근무'로 돌리는 것도 사람의 건강을 보이지 않게 갉아먹는다. 한국의 노동자 5명 중 1명이 깊은 밤을 꼬박 일하며 보내는데 그러면 하루의 주기週期가 불규칙해져서 암과 핏줄(혈관) 질병에 노출되고, 만성 피로와 잠 부족에 시달리게 된다. 그들의 생활이 차츰 파괴된다.

공장과 가게가 24시간 불을 밝히는 것은 그 주인(자산 소유자)들에게는 성장과 번영을 가져다줄 축복일지 몰라도, 그곳의 품팔이꾼들의

---

80. 프로스포츠 선수나 연예인들은 제가 번 것을 '몸값'이라 부른다. 몸을 사고판다는 뜻이 거기 들어 있다.

81. 노동조합 탄압으로 악명 높은 삼성 회사에서는 '산업재해 인정'을 요구하는 것 자체가 용기를 필요로 했다. 2007년 그곳에 다니던 황유미 씨가 백혈병으로 죽은 뒤로, 삼성 노동자들은 하나둘 두려움을 떨치기 시작했다.

몸뚱어리를 옥죄고 짓눌러 그들의 삶을 서서히 좀먹어 들어간다.[82] 그 주인들이 톡톡히 돈을 번다면 품팔이꾼들의 삶을 파괴한 대가로 버는 셈이다. 그 주인들이 연말에 아무리 갸륵하게 불우 이웃을 돕는다 해도, 그 선행善行은 그들이 공장과 가게에서 저지른 악행惡行을 면죄해주지 못한다. 수천 년의 인류 역사에서 현대(근대)만큼 민중이 제 몸뚱이를 갉아먹는 일에 시달린 적이 거의 없었다.[83] '밤샘 노동' 말고도 사람 몸을 갉아먹는 노동환경이 한둘이 아니지만 더 설명하지 않겠다.

민중의 몸을 돌보는 것은 사회의 책임이다

2007년 TV SBS 방송에서는 「맨발의 의사들」이라는 다큐멘터리를 방영했다. 쿠바의 의사들이 세계 곳곳의 가난한 나라에 가서 의료 봉사를 하는 내용을 담은 것이다.

쿠바는 가난한 나라다. 하지만 모든 민중의 몸을 자상하게 돌보는 일에서는 세계의 으뜸이다. 가난한 나라가 어찌? 접근법을 옳게 쓰면 국가의 재정이 빈약하다 해도 민중의 몸 건강을 돌볼 수 있다. 그 나라는 나랏돈의 가장 큰 분량을 의료에 쓴다. 그리고 '수많은' 의사들이 민중을 돌본다. 질병이 생기기 전에, 세심하게 질병 예방에 힘쓰므

---

82. 3교대에 시달리는 간호사들은 전직(직업 전환)이나 미국 병원 취업을 꿈꾼다. 좋은 일꾼들을 미국에 뺏긴다.
83. 피라미드 따위를 세우는 데 부려 쓰인 노예들은 가혹한 노동에 시달렸지만 그런 노예는 일부에 불과했다. 정교한 기계가 들어온 근대 공장의 노동자들이 고된 육체노동을 던 것은 사실이지만, 장시간(밤샘) 노동과 유해 환경 등으로 몸뚱이를 갉아먹는 면에서는 근대(현대)를 따를 시대가 없었다.

로 적은 돈으로도 의료를 지탱할 수 있다. 그곳 의사들은 오전에는 환자를 치료하고 오후에는 집집마다 다니며 민중의 건강을 챙긴다. 한국에서는 홀로 사는 노인들을 몇몇 사회복지사가 돌보는데, 거기서는 모든 의사가 발품을 팔아 사회복지사 노릇까지 곁들인다.

그 다큐멘터리가 보여준 것은 쿠바의 의사들의 마음가짐이 얼마나 훌륭하고 겸허하냐는 것이었다. 그곳의 의사들은 훌륭한 일을 하면서도 나라에서 받는 돈 액수가 다른 육체노동자들이 받는 액수와 다르지 않다. 한국은 장기려 선생님과 같은 몇몇 소수少數의 의사들만이 칭찬받을 의사들인데 견주어, 그곳은 의사들 대부분이 모범적인 삶을 산다.

'좋은 사회란 (가난하더라도) 좋은 사람들이 많이 사는 곳'이라고 정의定義한다면, 그곳이야말로 좋은 세상이 아닐까? 그동안 한국 사회에는 솔직히 "열심히 일해서 돈 많이 벌어라! 그래야 잘 먹고 잘 산다!"는 고함소리만 울려 퍼졌지, "좋은(착한) 사람 돼라!"는 얘기는 '빈말'로만 주고받지 않았던가?

2007년에는 다큐멘터리 영화 「식코Sicko」도 나왔다. 미국의 마이클 무어라는 영화인이 찍었는데, 미국의 의료(병원) 체계가 얼마나 사악한지, 돈 없는 환자들을 어떻게 내쫓는지를 생생하게 폭로하는 내용이다. 크리스 도나휴라는 한 환자가 췌장 이식수술을 하려고 보험회사와 싸우는 줄거리다. 이 영화는 미국의 의료 현실에 넌더리내는 대중들에게 큰 반향을 얻어 오바마 정부가 의료보험 개혁에 나서게끔 다그치는 계기가 됐다.

마이클 무어는 캐나다, 프랑스와 영국, 쿠바의 국가 의료보장 제도와 미국의 현실을 견준다. 영화 속에 나오는 돈 없는 환자들은 쿠바에 가서 치료 받기를 꿈꾸고, 실제로 그런 꿈같은(?) 혜택을 누리기도 한다. 그런데 한국 정부는 무엇을 꿈꾸고 있는가?

수십 년 전까지만 해도 미국에 건너가 살기를 꿈꾸는 한국인이 많았다. 그런데 요즘은 미국에 건너간 동포同胞 중에 그곳이 살기 힘들어 한국으로 되돌아오기를 꿈꾸는 사람들이 여럿 생겨났다. 그 까닭의 하나가 '병원 문턱'이 높다는 것이다. 없는 사람이 살기에는 차라리 한국이 낫다!

그런데 요즘 박근혜 정부는 '의료 민영화' 계획을 슬슬 꺼내놓고 있다. '민영화'는 '민간인들에게 넘기라'는 말이니 흐릿한 표현이고, 사유화私有化라 일컫는 게 낫다. 국가의 의료보장 책임을 줄이고, 병원이 돈벌이를 하게 길을 열어주자는 게다.

한국은 쿠바는커녕 영국만큼도 의료보장이 충분치 못한 나라였다. 그런데 한국정부는 영국과 쿠바의 길을 꿈꾸기는커녕 한국보다 훨씬 못한 미국을 닮아가자고 민중을 부르짖는다. 미국 현실을 경험한 재미在美 동포들은 미국 아닌 딴 나라에 가서 살기를 꿈꾸고 있는데 말이다.

우리의 몸을 잘 간수하려면 우리는 어떤 사회를 만들어가야 할까? 적어도 대다수 민중의 몸뚱어리가 안녕하도록 돕는 일만큼은 사회가 책임지겠다는 원칙을 굳세게 세워나가는 그런 사회여야 하지 않을까? 그래서 의료 문제는 정치politics 문제다.

2 집값의 정치경제학

서초동 판잣촌에서 건너다보이는 타워팰리스

　'집값' 얘기를 꺼내기 전에 뭔가 생각해볼 거리부터 제시한다. 어느 사회과 선생의 넋두리를 들은 적 있다. 프랑스 영화에서 감명 깊은 장면을 하나 봤다는 거다. 중학교 사회과 수업 장면인데, 선생과 학생들이 수업 끝종이 울릴 때까지 줄곧(쉼 없이) 말을 주고받더란다. 그만큼 학생들이 수업 내용에 몰입해서 수업에 능동적으로 참여하더라는 것인데, 한국의 중고교 교사라면 다들 부러워할 장면이겠다. "저렇게 선생이 줄곧 떠들면 진이 빠질 터인데……." 하는 괜스러운 걱정까지 들 만큼.

　한국의 사회과 수업은 어떠한가. 얼마 전 기말고사 때 중2 시험 감독에 들어가서 사회과 시험 문제지를 들여다본 적 있다. 시험문제 몇 개를 소개한다.

　"문화에 대한 설명으로 옳은 것은? 다음 글에 나타난 문화 개념은? 다음 글에 해당하는 문화의 속성은? 대중문화의 영향이 아닌 것은? 도덕과 법의 공통점은? 다음 사례는 어떤 법에 해당하는가? 법적 분쟁 해결 절차로 옳은 것은……?"

　한국의 사회 교과서는 추상 개념을 풀이하는 것 위주로 이뤄져 있다. 반면에 토론이 활발한 것으로 봐서 프랑스 사회 교과서는 실제 현실을 알아보는 내용으로 이뤄져 있으리라, 넉넉히 짐작이 간다. 이를테면 결혼과 이혼의 현실에 대한 수업은 학생들의 흥미를 끌어내기가 쉽다. "법적으로 결혼하는 것과 그냥 동거만 하는 경우가 어떻게 다른가?" 또는 "이혼, 바람직한가, 아닌가?" 하는 주제라면 칠판에 길게 판서할 것 없이 줄곧 토론만 벌여도 훌륭한 수업이 된다. 실제로 스웨덴의 중학교 사회 교과서는 '결혼, 복지'같이, 사회생활을 두루 살피는 단원으로 구성돼 있다.

교과서는 실제 현실의 절실한 대목들을 담아내야

사회과 교과서가 꼭 '실생활 위주'로 가야 하고, '추상 개념 습득'이 불필요하다는 얘기는 아니다. 막연히 말하자면 어느 쪽이나 일장일단이 있다. 유럽의 사회책처럼 실생활 위주로 돼 있는 것은 '지루한 내리먹임식 교육'을 탈피하는 미덕이 있다. 반면에 한국의 사회 교과서는 개념적 사고를 북돋는 장점이 있다. 하지만 이것이 두 유형 사이에서 취향에 따라 선택할 문제일까?

중학생 나이는 추상 개념 형성의 걸음마를 떼는 나이다. 추상 개념 습득을 배제해서는 안 되겠지만 꼭 필요한 핵심 개념에 한정하고, 학생들의 현실에 가까운 얘기부터 생각해보게 만들어야 한다. 그래야 학교 공부가 '지겨운 것'으로 다가가지 않는다.

이를테면 수업 내용이 '문화와 도덕과 법'이 무엇인지, 그 총론을 따져 묻는 것으로 시종始終하는 것은 '아니올시다'다. '문화 일반'과 '도덕 일반'을 따져 묻는 것은 중학생들에게는 뜬구름 잡는 얘기가 되기 십상 아닌가?[84] 수업 첫머리에 개념적 설명을 잠깐 해주더라도, 수업이 구체현실에 대한 탐색으로 넘어가야 아이들의 지적知的 흥미를 북돋아주지 않겠는가? 시험 문제의 태반이 개념을 (5지 선다형으로) 따져 묻는 것이라면 그 수업이 유럽의 중학교처럼 활기찬 토론을 끌어내지 못할 것은 너무나 당연하다.

대안 교과서는 '집'을 둘러싼 현실부터 가르쳐야

기존 교과서를 기꺼이 휴지통에 처박을 대안학교가 세워진다면 나는 그 대안 교과서의 첫 단원으로 '집' 또는 '집의 정치경제학'을 설정할 것을 제안하고 싶다. 결혼제도가 구속력을 잃고 동거 생활이 늘어난 유럽에서는 청소년들에게 '결혼의 제도와 현실'을 알아보는 것이 실생활의 긴급한 과제라면 치솟는 집값·전셋값으로 대다수가 고통받는 한국에서는 청소년들이 그 고통스러운 현실을 직시하는 것이 훨씬 실천적인 공부 과제가 된다.[85]

교과서에는 '민주시민의 자질, 법과 정의, 시장경제의 이해, 자원개

---

84. '문화 일반' '법 일반'에 대한 추상 개념은 잠깐 짚어줄 필요는 있어도 그것이 주된 학습 목표여서는 안 된다. 중학생 나이에 그런 커리큘럼은 얼치기 앎밖에 선사하지 못한다. '근대 이전과 근대', '자본주의 체제(사유私有와 사회적 소유)', '개인과 공동체' 같은 기본 범주가 학습 목표가 돼야 한다. 인간 역사를 먼저 자세히 배우지 않고서 법과 문화를 헤아리는 것은 공허한 짓이다. 기존 교육과정은 부르주아 사회과학의 개념 틀에 따라 짜여졌다. 영국 일부 대학에서는 (자본주의 시장경제를 찬양해온) 신고전파 경제학을 추방하자는 운동이 벌어지고 있거니와, 우리의 교육과정도 발본의(뿌리를 뽑는) 관점에서 재구성돼야 한다.
85. 땅값·집값 문제가 크게 해결된 다음에는 교과서에서 그 문제의 비중을 크게 낮춰도 좋다. 그러나 그러기 전까지는 우리 사회 현실을 알아보는 데 '집값' 문제만큼 커다란 문제가 없다.

발과 도시발달' 같은 온갖 유식한(잡학 다식한) 내용들로 가득 차 있는데, 그 잘난 교과서로 열심히 시험공부를 한 요즘의 20대, 10대가 파란만장했던 우리의 현대사도 깜깜하게 모를뿐더러 사회적·정치적 관심조차 빈약하다. 아이들이 이렇게 허당으로 자라서야 경제 대공황을 벗어날 길 없는 암울한 21세기를 어떻게 직시하고 대담하게 헤쳐나갈까.

교과서만 탓할 일은 아니지만, 아이들을 그렇게 눈길 좁은 소시민으로 성장하게 하는 데에 교과서가 큰 공(?)을 세우고 있다는 것도 부인할 수 없다. 아이들과 그 부모에게 가장 절박한 현실부터 끄집어내봐라. 어찌 그 공부를 아이들이 지겹고 한가로운 것으로 받아들이겠는가. 절실한 얘기들은 죄다 감추거나 물타기하고, '시장경제는 좋은 거야. 민주시민의 의무는 어쩌고……' 번듯한 얘기를 내리먹임하기 바쁜 교과서는 그래서 참으로 불순不純하다. "아주 공갈 사회책, 따지기만 하는 수학책, 외우기만 하는 과학책, 국어보다 더 중요한 영어책, 부를 게 없는 음악책, 꿈이 없는 국어책 (책가방이) 얼마나 더 무거워져야 나는 어른이 되나!"[86] 수십 년 전의 몇몇 총명한 어린이들은 일찍이 국가가 강요하는 교과서들이 몹시 불순하다는 사실을 진즉에 깨달았는데, 요즘 청소년들은 이를 얼마나 깨닫고 있을까.

서민들이 가장 고통받는 것은 '내 집 마련' 문제다

인간 생활의 기본은 의식주衣食住다. 그런데 이와 관련해, 옛날과 요

---

86. 1970년대에 어느 이름 모를 초등학생이 쓴 시의 한 대목이다.

즘이 무척 대조된다. 고려와 조선 시대에는 기근(굶주림)이 끊이지 않았다. 옷가지도 변변찮아서 가죽신은 높은 벼슬아치, 부자들이나 구경할 뿐 대다수는 억센 짚신을 신거나 맨발로 걸어 다녔다. 하지만 아무리 가난한 백성도 내 집 마련 걱정은 별로 하지 않았다.[87] 아무 데나 터 잡고, 뒷동산에서 나무기둥 베어다가 초가지붕 올리면 집 하나, 뚝딱 마련할 수 있었다. 집 짓는 데 제 품만 팔면 됐지, 부슨 돈 들 일이 없었다. 고래 등 같은 기와집을 지을 형편이 못 돼서, 비가 새는 초가지붕을 해마다 수리하느라 바쁘기는 했지만 말이다.

요즘 중진국, 강소국強小國이라고 자랑하는 한국의 서민들은 밥 굶을 염려는 거의 없다. 옷도 대량생산돼 (명품만 아니라면) 큰돈 안 들이고 어쨌든 몸에 걸칠 수 있다. 그런데 옛사람들은 아무도 걱정하지 않았던 '내 집 마련' 문제 때문에 늘 걱정을 달고 산다.

집값이 얼마나 비싸길래 그런 걱정을 안고 사는가? 2013년 12월 23일자 인터넷에 올라와 있는 '아파트 시세'를 보면 1평(3.3제곱미터)당 전국 평균 888만 원이요, 서울 평균이 1,614만 원이다. 그런대로 번듯한 34평형(실제 평수 25.7평) 아파트의 경우, 전국 평균은 3억 원이요, 서울 평균은 5억 5,000만 원 남짓이다. 전세로 들어가려고 해도 서울에선 3억 2,500만 원, 전국 평균은 2억 원이 필요하다.

돈벌이를 갓 시작한 젊은이가 1년에 천만 원을 저축할 경우(그보다 더 허리띠를 졸라매기는 쉽지 않다), 내 집을 마련하려면 서울에서 55년이 걸리고, 시골에서는 평균 30년 걸린다. 시골도 아주 외진 곳에 집을

---

87. 옛날엔 '집(한 집안)'이 사회를 떠받치는 든든한 기본 단위였다. "나라에는 충忠, 집에서는 효孝!" 누구나 제 집은 지니고 살았던 때여서 집안家門이 사회의 버팀목이 될 수 있었다. 그런데 지금은 가족제도가 붕괴해가는 추세다. 집도 절도 없이 떠도는 사람들이 늘어났다.

마련한다면야 '내 집 마련'의 기간을 줄일 수 있겠지만, 사람들이 대도시로, 수도권으로 몰려드는 까닭은 시골구석에서 돈벌이할 기회가 매우 희박하기 때문이다. 요컨대 제가 벌어서 집을 마련한다는 것은 요즘 세상에 거의 불가능에 가까운 일임이 분명하다.

부모에게 집을 물려받지 못하는 가난한 젊은이들은 어떻게 살아야 할까? '전세'도 어림없다. 전세금도 만만찮을뿐더러, 요즘 은행 금리金利가 아주 낮아 집 소유자가 전세를 놔서는 아무 금융소득도 얻지 못하는 까닭에. 다들 '월세'로 전환해가는 추세다. 전세 자리가 계속 줄어들고 있다.

그런데 없는 사람들에겐 월세 내기도 만만찮다. 서울 강남에 직장을 갖고 있는 젊은 부부가 직장 근처에 성냥갑만 한 20평짜리 아파트(오피스텔)라도 월세를 얻으려면 보증금 천만 원에 월세 90~100만 원을 내야 한다. 쥐꼬리 봉급에서 거액이 월세로 뜯겨 나간다. 그 액수가 부담스러워서 (서울을 벗어나) 인천 계산동에서 월세를 구할 요량이면 보증금 1,500만 원에 월세 40만 원을 내야 하고, 수원시 정자동에 구하려면 보증금 5,000만 원에 50만 원을 내야 한다. 당장 보증금 마련도 여의치 못하다면 보증금 천만 원에 월세 50만 원을 내는 동두천(더 먼 곳)으로 찾아가야 한다.

인천 계산동에서 서울 강남까지 출근하려면 인천 1호선을 타고 여섯 정거장째인 부평역에 내려 서울 지하철 1호선으로 갈아타고 열두 정거장을 와서 신도림역에서 2호선으로 갈아타고 열두 정거장을 더 가야 한다. 출근하는 데 2시간은 족히 걸린다. 동두천에서 서울 강남으로 다니려면 1호선을 열두 정거장 타고 와서 도봉산역에서 7호선으로 갈아타고 스물두 정거장을 더 가야 논현역에 다다른다. 전철이 띄엄띄엄 다니고 거리도 멀어서 인천 계양동보다 시간이 제법 더 걸린다. 그가 종로 3가로 나와 친구들과 술 한잔을 걸친 뒤 집에 가려면 밤 10시 46분에는 지하철에 올라타야 한다. 술자리에 취해 있다가 막차라도 놓칠 경우, 어마어마한 택시비를 감수하거나 찜질방 신세를 져야 한다.

하루 출퇴근에 네다섯 시간을 잡아먹는다면 집에 와서 쉴 시간이 별로 없다. 귀가하여 아기를 돌봐야 할 경우는 잠자리에 들어가서야 겨우 쉰다. 야근이라도 할라 치면 밤에도 아기를 누군가에게 맡겨야 한다. 퇴근 후 모처럼 친구들과 어울리려 해도 막차를 놓칠까 봐 줄곧 신경 쓰게 된다. 게다가 출퇴근 시간에 지하철 1, 2, 7호선은 미어터진다. '지옥철'이라고 했다. 일도 시작하기 전에 진이 빠지고, 집에 와서는 녹초가 된다. 월세 낼 돈이 모자라 경기도에서 서울로 먼 거리를 출퇴근하는 사람은 삶의 조건이 (서울시민보다) 훨씬 각박하다.

그가 다니는 회사가 불황으로 문이라도 닫는다면 어찌 되는가? 여러 달 보증금과 저축해둔 돈을 까먹고도 다시 일자리를 구하지 못한다면 그는 거리로 나앉을 수밖에 없다. 그가 저축하는 돈은 그 위태로운 때를 대비하는 것이다. 그는 '내 집 마련'의 꿈을 키우기는커녕 길거리에 노숙자로 나앉지 않는 것만 감지덕지하며 내일 없는 삶을 이어갈 것이다.

요즘 한국 사회는 결혼과 출산을 포기하는 사람이 점점 늘고 있다. 더 나은 내일이 올까, 믿기지 않아서 자기 몸 하나 건사하는 데 만족(?)하기로 작정한 젊은이들이 많다는 얘기다. 2013년 9월에는 텔레비전 프로그램 「개그 콘서트」에 '안 생겨요!'라는 제목의 코너가 새로 생겼다. 개그맨 유민상과 송영길이 나와서 연애도 못하고 맞선 볼 기회도 생기지 않는 변변찮은 노총각들의 설움을 바보스럽게 보여주는 코너인데, 두 출연자들은 줄곧 징징거리거나 엉엉 운다. TV 시청자들더러 이 못난이들을 비웃으라는 주문인데, 시청자들도 도무지 서글픔을 감출 길이 없다. 사람이 욕심꾸러기나 바보는 대놓고 비웃을 수 있어도, 볕 들 날 없이 살아갈 사람을 어찌 비웃을 수 있겠는가. 이렇게 미래 없는 사람들(잉여, 백수)을 그려내는 개그 프로그램이 많아진 것은 실제 현실이 훨씬 어둡다는 것을 말해주지 않는가. 그런데 미래 없는 이 젊은이들을 당장 위협하는 것이 바로 '주거 문제'다.

땅값과 집값이 얼마나 비싼가?[88]

한국인 10명 중 4명은 셋방에 산다. 집이 모자라서인가? 아니다. 2012년 현재 한국에는 1,530만 채의 집이 있다. 집이 필요한 가구家口는 1326만 가구다. 다들 내 집을 마련하고도 200만 채가 남아돈다. 2002년부터 주택보급률은 100%를 넘어섰다.[89] 그런데 절반 가까이가 여전히 셋방에 사는 까닭은 집값이 너무 비싸기 때문이다. 남아도는 집은 그 소유자들이 전세나 월세를 내줘 돈벌이를 하고 있다.

집값이 비싼 까닭은 그 큰 부분을 차지하는 땅값 때문이다.[90] 1963년부터 2007년까지 대도시 땅값이 923배로 올랐고 그 가운데 서울 땅값은 1,176배나 올랐다. 같은 기간, 소비자 물가物價가 43배 올랐으니 물가에 견줘서 서울 땅값은 30배 가까이 오른 셈이다. 비슷한 기간에

---

88. 이 글의 상당 부분은 손낙구의 책 『땅과 집 이야기』를 간추렸다. '철수와영희' 펴냄. 10대를 위해 쓴 책이다.
89. 주택 공개념이 없는 사회에서는 '주택보급률'은 의미 없는 통계다. 이런 통계에 현혹돼서는 안 된다.
90. 집값에는 땅값과 건축비와 수요 공급 관계, 지역 조건(가령 시내 중심가는 비싸다) 등이 반영된다.

도시 노동자 가구의 월평균 실질소득은 15배 오르는 데 그쳤다. 소득에 견줘서 대도시 땅값이 60배 이상, 서울 땅값이 70배 이상 오른 것이다.[91]

물가가 비싼 이유도 땅값 때문이다. 몇 해 전, 스타벅스 명동점이 서울 충무로의 한 빌딩에 세 들어 있을 때 보증금 30억 원에 한 달 임대료를 1억 원씩 냈다고 한다. 서울의 노른자위 땅이라 땅값이 비싸다고 임대료를 비싸게 받은 것이다. 하루 임대료가 333만 원 꼴이니 하루에 커피 3,000잔을 팔 경우, 그 당시 커피 값 3,300원에 천 원쯤의 임대료가 포함돼 있었던 셈이다. 국토교통부가 발표한 2013년 공시 지가地價에 따르면 이곳 땅값은 1평(=3.3제곱미터)에 2억 3,100만 원이다. 빌딩 면적이 51평이므로 땅값만 118억 원이고, 4층 건물을 포함한 가격은 200억 원이 넘었다.

2013년 공시지가로는 한국의 땅값 총액이 3,880조 원에 이른다. 그런데 이 숫자는 모든 국토를 다 계산한 게 아니라 국가나 지방자치단체가 소유한 땅을 제외한 것이고, 실제 거래가격의 80%쯤으로 낮춰 매겼다. 실제 한국의 땅값 총액은 5,000조 원에 이를 것으로 추정된다. 이것은 얼마나 비싼 값일까?

캐나다는 땅값이 1년간의 국내총생산GDP 액수와 비슷하다. 세계적으로 땅값이 비싼 일본도 GDP의 2.4배 규모일 뿐이다. 우리는 GDP의 3.7배에 이르렀으니 땅값이 얼마나 부풀려졌는지 알겠다. 한국의 땅값으로 (면적이 우리의 100배인) 캐나다 국토를 두 개나 살 수 있고, (면적이 우리의 77배인) 호주 땅을 다 사고도 남는다.

91. 한국 중산층은 봉급을 저축해서가 아니라 땅을 사서 부자가 됐다. 자본가도 기업 이윤 축적 못지않게 땅 사재기로 많이 치부했다. 눈먼 수구 보수 세력이 이 사회를 끝끝내 주름잡고 있는 물질적 근거가 여기에 있다.

집값은 얼마나 되는가? 2013년의 공시가격으로 집값 총액이 2,045
조 원이다. 중앙정부와 지방자치단체가 소유한 집을 뺀 나머지 1,500
만 채의 집에 대해, 실제 가격의 80% 남짓으로 매긴 값이다. 모든 집
의 실제 가격 총액은 3,000조 원에 달할 것으로 추정된다. 2013년 수
도권 공동주택 580만 채의 공시가격 총액이 1,150조 원으로, 국내총
생산GDP과 맞먹는 액수다.[92]

땅값과 집값이 이렇게 비싸니 거기 세 드는 데 필요한 임대료가 비
쌀 것은 두말할 것이 없다. 2006년 기준으로 한국의 주요 도시에서 방
세 칸짜리 아파트를 얻는 데 드는 월세는 영국, 홍콩에 이어 세 번째
로 비싸다. 미국의 1.6배요, 일본의 2.1배, 프랑스의 2.7배, 필리핀의 7.3
배, 말레이시아의 13배다.

땅값·집값이 왜 그렇게나 올랐나?

한국은 좁은 땅에 많은 사람이 산다. 도시로 사람들이 많이 몰려들
어 한동안 집이 부족하기도 했다. 그렇지만 이 자연적 환경과 사회적
조건은 부동산 값이 비싼 이유의 일부만 설명해줄 뿐이다. 그렇다 해
서 그렇게나 비싸질 이유는 없었다. 한국처럼 인구밀도가 높은 딴 나
라들은 한국만큼 부동산 값이 비싸지 않다. 이를테면 싱가포르는 인
구밀도가 한국보다 훨씬 높고 100% 도시국가이지만 전 국민의 92%가
자기 집을 갖고 있고, 부동산 문제로 고통을 겪지 않는다.

---

92. 집값에는 땅값이 들어 있다. 이를 감안해 전국의 땅값과 (땅값을 뺀) 집값을 더한, 2013
   년 부동산 가격 총액은 5,680조 원이다. 여기에 국가/정부 소유 땅을 더하고 실제 거래
   가격으로 계산하면 9,000조 원을 훨씬 웃돈다.

한국의 땅값은 투기 때문에 올랐다. 땅뙈기는 한정돼 있는데 그것을 사고파는 시장에 엄청난 돈이 흘러들면 땅값이 자연히 오른다. 어디 개발이익을 거둘 만한 곳에 돈이 몰려들면 값이 계속 뛰고, 그 땅을 먼저 사서 나중 팔면 톡톡한 차익을 거두게 된다. 가만히 앉아서 돈을 벌었으니 반사회적인 불로不勞 소득이요, 도박판에서 돈 버는 것과 다르지 않다.

한국의 부동산不動産 값은 1960년대 말, 1970년대 말, 1980년대 말, 2002년 이후, 네 차례 크게 올랐다. 막대한 투기 자금이 흘러들 때마다 땅값·집값이 폭등했다. 1960년대에는 월남전에서 (딴 나라 민중을 살해한 대가로) 벌어들인 돈이, 1970년대에는 중동(아랍)의 건설공사판에서 벌어들인 돈이, 1980년대에는 (삼저三低[93] 호황 덕에) 세계무역으로 벌어들인 돈이, 2000년대에는 은행에서 싼 이자로 풀려난 돈이 부동산시장에 몰려들어 투기 자금이 됐다.

정부는 부동산 값을 끌어올리려고 큰 건설공사를 자꾸 벌였다. 경부고속도로와 경상도 공업단지 개발, 서해안 고속도로와 올림픽 관련 개발 등등. 그래서 막대한 투기 자금이 '사재기' 할 만한 계기를 만들어줬다. 정부는 부동산 투기를 막는 장치나 제도도 풀어버렸다. 한때 '부동산 투기 억제 세금'을 매겼지만 얼마 가지 않아 흐지부지됐다. 요컨대 정부가 뒷배를 봐줘서 막대한 돈이 투기 바람을 일으킨 결과로 부동산 값이 폭등한 것이다. '복부인福夫人'[94]이니 '떴다방'이니 하는 유행어들이 이 투기 바람을 묘사한 것들이다.

---

93. 석유 값이 낮고, 금리가 낮고, 달러 값이 낮다는 뜻. 한국 경제는 틈새 입지 덕분에 최근 경제위기도 덜 겪었다.
94. 『동아일보』 1979년 12월 11일자 기사는 "부동산 투기 호경기 때 돈 보따리 싸들고 복덕방을 드나들며 재미를 톡톡히 보는 부인을 복부인이라 한다."고 썼다. 이때 처음 생긴 이 낱말은 그 뒤 국어사전에까지 올랐다.

그런데 부동산 투기판의 진짜 주인공은 복덕방을 뛰어다니는 복부인이 아니라 기업이요, 그중에도 재벌이었다. 개발 정보를 미리 알 수 있고, 큰돈을 댈 수 있으며, 직접 공사를 떠맡고 정부로부터 갖가지 특혜를 입는 재벌이 '큰손'이다. 1980년대 후반에 4대 재벌(삼성, 롯데, 기아, 금호)이 사들인 땅 가운데 생산에 필요한 공장부지는 4%에 불과했다. 정부로부터 개발 정보를 얻어듣고 부동산 차익差益을 거둘 땅을 미리 사재기한 것이다.

정부가 재벌에게 베푼 특혜는 이루 말할 수 없다. 재벌이 짓는 아파트는 짓기도 전에 먼저 돈을 내고 분양받았다(선분양제). 한국 말고 이런 특혜를 주는 나라는 어디에도 없었다. 재벌은 땅값을 은행에서 빌리고, 건설 자금은 미리 소비자한테 받았으니, 팔리지 않을까 봐 걱정할 일도 없고, 분양 값을 턱없이 비싸게 매겨 폭리를 취했다. 그야말로 '땅 짚고 헤엄치는' 장사를 한 것이다. 분양 값이 오르면 주변 아파트 값도 오르고, 그러면 새로 분양되는 아파트 값이 다시 오르는 짝짜꿍으로 서울과 수도권 아파트 값이 크게 올랐다.

집 없는 고통은 뼈에 사무친다

첫째, 걸핏하면 이사를 다녀야 한다. 한국은 세계에서 가장 많이 이사 다니는 국민이다. 통계청이 내놓는 국내 인구이동 통계를 보면, 2003년부터 2012년까지 10년간 8,645만 명이 제가 살던 동네를 떠났다. 평균 인구수가 4,700~4,800만 명이니 모든 국민이 5년에 한 번 집을 옮긴 셈이다. 또 1년에 전체 국민의 18%가 이사를 떠난 셈인데, 한국처럼 이사가 잦은 나라도 없다.[95] 전체 가구家口 중에 27%는 지금

거주하는 집에 10년 넘게 살고 있고, 52%는 5년에 한 번씩 이사 갔다. 31%는 2년에 한 번씩 이사를 갔으니, 이 31%는 전세 월세를 살았던 사람들이 틀림없다. 집을 가진 가구는 37%가 5년에 한 번 이사했지만, 셋방 사는 가구는 77%가 이사를 갔다. 또 셋방살이들의 절반은 적어도 2년에 한 번씩 이사 갔다. 전월세 값이 자꾸 오르는데다가 계약기간이 2년으로 묶여 있어서 그런 것이다.

이사 가기는 무척 고달픈 일이다. 집을 새로 구해야지, 이삿날 맞춰야지, 형편에 따라 살림살이도 줄여야지, 아이의 학교도 옮겨야지……여간 번거롭지 않다. 이사를 자주 다니면 이웃과 정情을 쌓기도 어렵다. 뿌리내리고 살 곳이 아니므로 동네와 지역 사정에 대해 관심이 싹트지도 않는다. 그래서 민주시민 의식의 형성을 어렵게 한다. 선거 투표율을 조사해보면 셋방살이들의 투표율이 확연히 낮다. 또 자녀의 정서 발달에도 해롭다. 사람은 어린 시절 오랫동안 사귄 친구들 덕분에 삶의 안정감을 누리고 사는 법인데, 그런 교우交友의 기회를 허락하지 않는다.

둘째, 없는 사람일수록 더 뜯기고 산다. 전세금 마련할 길이 없는 사람이 월세에 들어간다. 그런데 2013년 9월의 예금 금리를 기준으로, 1년간의 주거비용이 전세살이가 평균 370만 원인 반면, 월세 살이는 950만 원으로 그 2.5배에 이른다.[96] 전세 세입자는 내 집 마련의 꿈을 꿀 수 있어도 월세 세입자는 감히 그런 꿈을 꾸지 못한다.

우리 사회의 응달에 사는 사람들은 의식주衣食住 가운데 '주거住居의 빈곤'으로 가장 고통받는다. 옥탑방은 추위와 더위에 속절없이 허

95. 경제협력개발기구OECD 주거이동률 평균이 16%인데 우리는 그 2배가 넘고, 일본의 4배나 된다.
96. 2013년 10월 한국감정원이 펴낸 보고서 『월세시장 분석과 정책방향』참조.

덕이고, 지하地下 셋방은 어둡고 습하여 우울증을 유발하기에 딱 안성맞춤이다. 더 가난한 사람은 월세 15만 원짜리 쪽방에서 바닥에 스티로폼과 전기장판을 깔고, 고드름 매달린 천장 밑에서 가까스로 겨울을 난다. 한여름에는 찜통더위로 말미암아 생명이 위험해질 때도 찾아온다. 가장 비참하게 살아가는 사람들이 외로이 쪽방에 눌어붙은 독거獨居 노인들이요, 그 다음으로 비참한 사람들이 고시원과 옥탑방에 간신히 몸을 누이는 젊은 '잉여' 세대다.[97] 한국은 세계에서 가장 자살률이 높은 나라인데, 그 첫 번째 이유는 이들 독거 노인과 잉여 세대를 방치하는 데 있다.

부동산 문제와 맞닥뜨리면 '정치'가 사라진다

한국 현대사를 크게 구분하면 1987년 민중항쟁 이후를 '민주화 시대'라[98] 일컬을 수 있다. 그때의 민중항쟁 덕분에 민주적 제도가 얼마쯤 들어오고, 민주주의의 공간이 쪼끔은 열렸다. 하지만 민중의 절실한 삶과 관련된 부분에서는 민주주의가 얼씬도 한 적 없다. 부동산 문제가 바로 그렇다.

한국의 국가기구는 산업화가 시작된 이래, 단 한 번도 부동산 문제를 민중 복지의 차원에서 접근한 적 없다. "집을 늘려 지어라! 그래야

---

97. '민달팽이 유니온'에 따르면 전국 20~34세 청년 112만 명이 '최저 주거 기준'에 미달하는 곳에 살고, 140만 명이 '주거 빈곤' 상태다. 4평 공간 마련에 월 50만 원이 드는데, 이는 1인 가구 평균소득 140만 원의 35%다.
98. 박노자는 '최악의 대통령'이라는 글(『한겨레신문』 2013년 12월 25일자)에서 현 집권자가 '중간적 파시즘'을 지향한다고 썼다. 그 집권자의 희망이 그대로 관철된다면 '민주화 시대'는 머지않아 막을 내릴 것이다.

경제가 성장한다!"고 부르짖는 소리 말고 딴 소리를 꺼내지 않았다. 내 집 장만의 꿈에 부푼 중산층이 그 든든한 지원군이었다. 집값이 오르면 널찍한 아파트 한 채 장만한 중산층도 땅값·집값 상승에 따른 차익差益을 떡고물만큼이라도 누릴 터였다.

불황의 그늘이 깊어진 요즘은 정부 관료들이 꺼내드는 이유가 조금 달라졌다. "경기를 북돋기 위해서는 집을 계속 지어야 하고, 집값을 떨어뜨려서 안 된다!" 집이야 남아돌든 말든 상관없다. 자본가들이 벌어야 하고, 있는 사람들이 자산을 까먹어서는 안 되기 때문에, 부동산 규제를 푼다.

민중의 처지에서는 문제를 어떻게 풀어야 할까? 지금의 다락같이 높은 땅값·집값은 원래 그렇게 비싼 게 아니고, 수십 년을 부동산 투기가 지랄을 떨어서 그리 된 것이다. 그 투기 거품을 걷어내면 수요 공급의 원리에 따라 땅값·집값이 추락하는 것이 자연의 이치다. 일본이 좋은 사례. 수십 년 부풀어 올랐던 부동산 거품(버블)이 1990년대 들어 드디어 꺼지고, 부동산 값이 대략 60%로 폭락했다. 한국도 국가 지배층이 있는 자들을 편들어 부동산 값을 받쳐주던 완강한 계급적인 태도를 거둬들인다면 잔뜩 부풀어 오른 거품이 반드시 꺼지게 돼 있다.

그러니까 한국의 민주 정치가 삶의 곳곳에 다 개입해 있다면 '부동산 값, 받들어야 할까 아니면 떨어뜨려야 할까?'를 둘러싸고 커다란 토론이 시민사회에서 벌어져야 마땅하다. 그런데 민중의 의견을 대변해 정치를 한다는 의회에서 이 문제가 큰 의제로 떠오른 적이 전혀 없다. 부르주아 민주주의 야당(민주당)은 민중의 삶을 치열하게 대변할 뜻이 아예 없고, 민중복지 추구에 상대적으로 열성이 높은 진보 정당들은 방향을 잃고 지리멸렬해져서 그럴 엄두를 내지 못한다. 노동단체나 시민단체가 스스로 문제를 들고 나올 법도 하련만, 대중의 강력한 응원을 끌어내지 못한 상태에서 이들은 '달걀로 바위 치기'가 고작이다. 부동산 값이 떨어지지 않기를 바라는 부유층과 중산층의 욕구가 워낙 완강한 까닭에, 정부에 어지간히 압력을 넣지 않고는 정부가 태도와 정책을 바꾸지 않는다. 그러니까 이 문제는 무척 첨예한 계급 갈등의 소재다.

자본주의가 생산력을 높여가던 시절(19세기)에는 기업가들이 대체로 진보적이었다. 생산력을 높이는 결과를 낳을 전망이 보인다면 저희가 고용하는 노동자들이나 저희 상품을 사줄 소비 대중과 타협할 줄도 알았다. 하지만 부동산 투기는 생산 활동이 아니라 (도박과 똑같이) 남의 호주머니에 들어 있는 돈을 제 것으로 뺏어 가는 반사회적인 수탈 행위일 뿐이다.

한국의 지배 세력이 주로 생산 활동을 통해 치부致富했다면 우리는 그들에게 '계급 타협'을 기대해볼 수도 있다. 개그맨 김지민의 말마따나 "생산을 좀 아니까!" 1930년대에 경제 대공황을 맞아 미국의 루스벨트 대통령이 '뉴딜 정책'을 추구한 것이 그런 계급 타협의 좋은 사례다. 싱가포르는 토지를 깡그리 국유화國有化해서 모든 국민이 땅값 부담 없이 집값만 내고 집을 살 수 있게 했다. 그래서 경제 체제가 더 건전하게 굴러갈 수 있었다. 그런데 한국의 지배 세력과 중산층은 기업 이윤과 봉급 저축으로 번 것보다 부동산 불로소득으로 번 돈이 훨씬 많다. 이들에겐 나라의 경제 체질을 건전하게 바꿔서 우리 사회에 이바지하겠다는 통 큰 태도를 기대하기 어렵다. 나라 전체야 어떻게 되든 말든, 내 재산을 지키는 것이 더 우선이기 때문이다. '부동산 시장을 살려라!'는 계명은 모세의 십계명보다 더 거룩하게 이 나라에 군림하고 있다. 그 성역聖域을 허무는 것이야말로 (민중을 나라의 주인으로 나서게 하는) 진짜 정치다. 소리를 질러라. "부동산 값, 화끈하게 떨어뜨리자!"고.

왕토王土를 회복하라!

간추리자. 프랑스와 스웨덴의 중학생은 '결혼을 꼭 해야 돼? 말아도 돼?' 하는 것을 교실에서 토론한다. 중학생들이 흥미진진하게 토론하기는 해도, 그들이 사회를 보는 눈을 '크게' 틔워주는 주제는 아니다. 한국 중학생들은 '문화, 법, 도덕' 따위가 무슨 뜻인지, 시시콜콜 묻는 시험에 시달린다. 배운 것이 전혀 없지는 않지만 시험 때가 지나고 나서 머리에 남는 게 없다.[99] 그런데 사람들은 현실의 절실한 문제가 뭔지 일깨워줄 때라야 앎의 욕구를 느낀다. '왜 땅값·집값이 이렇게 비싼 거냐?'를 놓고 따질 때, 어린아이라도 세상을 보는 눈을 스스로 틔운다.

부동산 문제를 해결하는 첫걸음은 기업과 정부와 언론이 합작하여 부동산 값 상승을 부추기고 그 하락을 막으려고 안간힘을 써온 지난 수십 년간의 외골수 주행走行을 그만두게 하는 데 있다. 그 주행이 멈추기만 하면 20여 년 전의 일본이 그랬듯이 시장market 원리에 따라 자연스레 부동산 거품이 꺼지고, 부동산 값이 반 도막으로 떨어지게 돼 있다. 묻는다. "'내 집 하나' 번듯하게 장만하고 있는 중산층의 노

---

99. 전통문화와 현대 문화가, 엘리트 문화와 대중문화가 어떻게 다른지 속속들이 알지도 못하는 아이들에게 '문화 일반'의 개념을 심어주는 것이 얼마나 쓸모가 있을까. 학업 실패의 가장 큰 이유는 지배계급이 후세들에게 자기들의 지식과 이념을 '내리먹임'하겠다는 데 있다. 그 내리먹임을 잘 소화하는 일부만 선발하겠다는 속셈!

후老後 보장을 위해, 서민 대중의 자녀들이 높은 땅값·집값의 부담을 영구히 짊어져야 할까? 있는 사람들을 위해, 없는 사람들이 계속 희생돼야 할까? 그들이 피눈물을 흘리든 말든?"

땅값·집값을 확실하게 낮출 그 다음 경로는 모든 국토를 국유화(사회화)하는 것이다. 이 주장에 대해 "감히 자본주의를 부정하고 사회주의를 들여오겠다는 거냐?" 하고 도끼눈을 뜰 사람들이 적지 않겠지만, 땅의 사유私有를 막은 덕분에 싱가포르의 자본주의 경제가 훨씬 건전해질 수 있었다는 실례를 그들에게 들이대야 한다.

우리 사회에는 수백, 수천 년 동안 '왕토王土' 사상이 계승돼왔다. 천심天心이 민심民心의 신비로운 표현이었듯이, 왕토란 요컨대 '몇몇 있는 놈들의 땅이 아니라 백성 모두의 땅'이라는 뜻이다. 그래서 몇몇 권문세족權門勢族이 땅을 독차지할 때마다 뜻있는 선비들은 '왕토를 회복하라'고 사회개혁을 외쳤었다. 우리 민족의 역사는 수천 년이 되는데, 그중에 사유재산을 거룩하게 떠받든 시대는 식민지 시절을 포함한다 해도 불과 백 년에 지나지 않는다. 백 년 전만 해도 계승해야 할 전통은 왕토 사상이었다.[100] 어제의 역사를 돌아보는 까닭은 내일 우리가 헤쳐 갈 길을 찾기 위해서다.

---

100. 이 사상을 곧이곧대로 받자는 게 아니다. '땅은 민중이 공유해야 한다.'고 하는 그 핵심을 계승하자는 말.

3 사람은 지배받는 것을 가장 싫어한다

일본군에게 몸을 짓밟힌 성노예

　어느 중학교 도덕 시험문제를 들춰봤더니 이런 문제가 있었다. "사랑"은 무엇과 관련이 있고, 무엇과 관련이 없는가? 답은 이렇다. "사랑"은 '책임, 존경, 지식, 보호'와 관련이 있고, '지배'와 관련이 없다! 아니, 사랑은 지배와 상극相剋(서로 충돌하는 것)이다. '지배'는 영어로 'rule, dominate, control, reign, govern'이다.

　예例를 하나 들어서 생각해본다. 요즘은 법원法院이 부부夫婦 사이에도 '성폭행'을 인정하는 추세다. 사랑을 동반하지 않는 일방적인 성관계는 부부 사이일지라도 '성폭행'이라는 것이다. '일방적'일 때, '사랑'이 증발해버린다.

　상대방이 원하지 않는데도 강제로 성관계를 맺는다는 것은 그 상대방을 내 뜻대로 '지배支配'하겠다는 생각의 표현이다. 상대는 나에게 복종해야 한다. 그런데 사람은 자기를 지배하고 자기에게 명령을 내리고, 자기를 성적 욕구를 풀어줄 '도구道具'로만 여기는 사람을 (자기의 온 영혼을 바쳐) 사랑할 수는 없다. "응, 나더러 아무 소리 말고 복종하라는 얘기구나!" 싶을 때 그 사람은 불현듯 혐오의 감정에 휩싸인다. '인생의 길동무'라는 깊은 신뢰 없이 단지 '성적 욕구'만으로 성관계를 맺는 사람은 개돼지만도 못한 존재가 아니더냐(개돼지는 종족 보존의 본능을 느낄 때만 서로 관계를 맺는다. 사람보다 훨씬 사람답다).

이렇듯 '지배받는 사람'이 어떤 굴욕을 느끼는지는 '부부' 간의 성폭행 사례에서 선명하게 드러난다. 그런데 여기서 역지사지易地思之해보자. 평소에 늘 돕고 살았던 부부 사이에서도 한쪽이 다른 쪽을 제멋대로 명령하려 할 때, 당하는 쪽에서 날카로운 굴욕감을 느끼거늘, 서로 아주 남남인 두 민족 사이에 지배-복종 관계가 맺어진다면 당하는 민족 쪽에서 얼마나 굴욕감을 느낄까?

일본 제국주의는 식민지 조선에서 수많은 재화(財貨, goods)를 빼앗아 갔다. 그러나 빼앗긴 것이야 나중에 더 열심히 일해서 복구하면 된다.[101] 민족 독립운동을 벌여야 했던 더 큰 이유는 남의 민족에게 종속되어 '자주성'을 잃고, 시키는 대로 사는 것이 인간의 존엄성을 짓밟기 때문이다. 사람은 '존엄'의 감정을 품고 살아야 '사람답게' 사는 것이거늘, "너희는 종(노예)"이라는 생각을 끊임없이 불어넣는 식민지 체제에서 사람은 도저히 자유를 느낄 수 없다.

시인詩人 한용운은 '(식민지 시절) 지배받는 민족의 설움'을 다음과 같이 노래했다.

당신을 보았습니다

당신이 가신 뒤로 나는 당신을 잊을 수가 없습니다

101. 노동자 서민 가운데는 고용주가 멋대로 명령, 군림하는 것보다 헐값의 임금(품값)을 받는 것을 훨씬 억울해하는 사람도 있는데 이는 본말本末이 뒤바뀐 태도다. 빼앗는 것(착취)보다 '지배하는 것'이 약자를 더 비참하게 만든다. 삼성 이건희는 재산을 더 불리는 데서가 아니라 기업과 전체 사회를 주름잡고 지배하는 데서 더 큰 쾌락을 얻는다. 어느 재벌 총수는 부하들을 함부로 다뤄서 부하들이 그를 설설 피했다는데, 이것도 '지배하는 자의 쾌락'을 보여준다. 그들이 돈을 긁어모으는 가장 큰 목적은 '지배자가 되는 것'이다.

까닭은 당신을 위로하느니보다 나를 위함이 많습니다

나는 갈고 심을 땅이 없으므로 추수秋收가 없습니다

저녁거리가 없어서 조나 감자를 꾸러 이웃집에 갔더니 주인은

"거지는 인격이 없다. 인격이 없는 사람은 생명이 없다. 너를 도와주

는 것은 죄악"이라고 말했습니다.

그 말을 듣고 돌아 나올 때에 쏟아지는 눈물 속에서 당신을 보았습

니다

나는 집도 없고 다른 까닭을 겸하여 민적民籍도 없습니다.

"민적 없는 자는 인권이 없다. 인권人權이 없는 네게 무슨 정조냐."

하며

능욕하려는 장군이 있었습니다.

그를 항거한 뒤에, 남에게 대한 격분이 스스로의 슬픔으로 바뀌는

찰나에

당신을 보았습니다……

중년中年의 성인들 중에는 "회사에서 월급 받는 생활을 그만두고, 내 개인 사업을 벌이고 싶다."고 틈만 나면 넋두리하는 사람이 많다. 개인 사업이 밥벌이가 더 잘 될 것 같아서가 아니다. "이 회사는 내 것"이라고 믿는 사장(소유주所有主) 밑에서, 그가 시키는 대로 따라야만 하는 생활이 그에게서 삶의 보람, 자기를 존엄하게 여기는 마음을 점점 앗아갔기 때문이다. 사람은 "지배받고 명령에 따르는 삶" 속에서는 '사람답게 산다'고 느끼지 못한다.

인간 사회는 오랜 세월을 '지배하는 무리'와 '지배받는 무리'로 갈려서 살아왔다. 이 대립관계를 조금이라도 극복하려는 노력으로 탄생한

것이 '민주주의' 제도다. 그러나 '민주주의'는 "지배받는 무리가 이 사회를 지배한다(=주권재민主權在民)"는 일종의 역설적逆說的인 이념이라서, 그 민주주의가 그야말로 완벽하게 실현되기 전까지는 한 사회가 여전히 '지배층과 피지배층'으로 갈리게 된다. '민주주의 제도' 밑에서 누군가에게 '지배받는다'는 것이 얼마나 끔찍한 일인지는 이를테면 다음과 같은 장면을 상상해보면 실감할 것이다.

여러분과 똑같은 동등한 존재라고 여겨온 옆의 짝꿍이 어느 날 '반장'이 되더니 여러분에게 '이래라, 저래라' 명령하기 시작한다고 치자. 학교 당국이 '반장'을 옛날의 귀족처럼 대접한다면, 그래서 학교가 뒷배를 보아주는 '반장'에게 감히 대들 수도 없다면 어떤 기분이 들겠는가? 어제까지만 해도 동료였던 짝꿍이 오늘부터 '지배자'가 된다면? 이문열의 유명한 소설 『우리들의 일그러진 영웅』은 그런 장면을 실감나게 표현했다. 꼭 읽어봄직한 책이다. 이 소설은 1960년 4·19의거로 쫓겨난 이승만 정권을 빗댄 우화이지만, '한 학교 내 지배 복종관계' 그 자체로 읽어도 된다.

여성을, 소수 민족을, 장애인을, 또 누구를 "차별"하는 문제도 우리가 한시바삐 해소해야 할 문제이기는 하다. 힘센 나라가 힘 약한 나라로부터 자연자원(석유, 광물 등)을 헐값에 빼앗아 가고, 회사의 소유자가 피고용인들을 헐값에 부린다면 그런 경제적 이익/손해 관계도 바로잡아야 할 일이기는 하다. 그러나 인간 사회에 가장 뿌리 깊게 도사리고 있는 문제는 어떤 사람들이 어떤 사람들을 '지배'해온 관계다. '민주주의' 제도는 이 지배 종속 관계를 얼마쯤은 해소하려고 애써왔다. 하지만 '겉 다르고, 속 다른' 일이 어디 한둘인가?

'지배'가 얼마나 끔찍한 것인지는 '사랑하는 사람 사이'에서 너무나 선명하게 나타난다. 내가 저 사람의 '졸병'에 불과하구나, 싶을 때 그 사랑은 단박에 깨져버린다. 그런데 우리는 이 세상이 '사랑으로 넘치는 곳'이 되었으면 싶다. 이 세상에 사랑이 흘러넘치려면 누구를 지배하는 자도, 누구에게 지배받는 자도 다 과거의 자기를 벗어던지고 '동등한 이웃'의 관계로 돌아와야 한다. 그것은 과연 불가능한 일일까? 인간은 원래 어리석고 탐욕스러운 존재라서?

> 덧대기
> 21세기 들어, 사람들이 세상으로부터 소외감이 더 깊어졌다는 사회 조사가 나왔다. 미국의 갤럽 조사 보고에 따르면, 임금노동자의 70%가 출근을 싫어하거나 정신과 의사한테 진찰을 받은 적 있다고 한다. 고용살이는 '지배/피지배 관계'를 만들어낸다. 남(사장님)이 시키는 일을 억지로 해야하니, 회사에 나가기가 싫은 것이다. 사람들이 위/아래 없이, 수평적으로 협력해서 일하는 경제 체제로 바뀌어야만 그 소외감이 사라질 것이다.

4 게으를 권리

열 살도 안 된 한 어린이가
채석장에서 돌을 깨고 있다.

100년 전에 프랑스 사람 라파르그가 『게으를 권리』라는 제목의 책을 펴냈다. "사람에게는 게으르게 탱자탱자 하며 지낼 권리가 있어요. 그 권리를 꼭 찾아 먹읍시다!" 하고 부르짖는 얘기였다. 여러분은 어떻게 생각하는가? 반가운 소리인가, 아니면 부不도덕한 소리 같은가? 사람이 살아가면서 부딪치는 문제 중에 이 문제만큼 중요한 문제가 없다. 그렇지 않은가? 여러분은 "공부할까, 놀까?" 선택하느라 늘 골치가 아프다. 어른들도 마찬가지다. "아, 이 지겨운 일, 그만하고 어디 놀러 갔으면……." 하는 소망을 늘 품고 살아간다.

먼저 중학교 '도덕2' 책을 들여다본다. '생활 속의 경제윤리' 중에 '일하는 즐거움과 풍요로운 생활'이라는 항목이 있다.

'일'은 생존(생활) 수단이지만, 사람의 꿈을 이루거나 욕망을 채우기 위해서 (새로운) 일이 계속 생겨났다. 그런데 생존 문제가 해결되더라도 사람은 일을 해야 행복을 느낀다. 즐겁고 풍요로운 삶은 단지 물자가 풍족한 것만으로 누릴 수 없다. 약자弱者를 돕는 사회가 되어야 하는데, 사회보장제도에 만족하여 일할 생각을 안 하는 사람들도 문제다. 사람은 자립自立할 줄 알아야 한다.

이 글은 정말로 갈팡질팡한다. 앞의 얘기와 뒤의 얘기가 따로 논다. 그리고 '글쓴이'는 너무 잘났다. 어쩌자고? "사람은 일을 해야 행복을 느낀다. 남의 돈(사회복지 기금)에 기대서 살 생각일랑 하지 말라!"고? 그 얘길랑 그런 몇몇 사람에게나 가서 건네라. 도덕책을 읽는 수많은 학생들 중에 그런 베짱이가 앞으로 더러 나올지 어떨지는 모르겠다. 그것은 하느님도 모르는 일이 아닌가?

그런데 그렇게 미리부터 겁을 주겠다는 것은 "대다수 학생들은 베짱이가 될 소질(?)이 아주 뚜렷하다." 하고 그들을 불신하는 얘기가 아닌가? 마치 식민지 조선인은 언제든 위대한 일본 천황께 대들 '불량스러운 기질'이 뚜렷하므로 늘 감시해야 한다고 믿었던 조선총독부(식민지 통치기관)의 관리들처럼 말이다.

도덕책은 너무 잘났다. "일해야지, 임마!" 하고 너무 쉽게 가르치려고(꾸짖으려고) 든다. (물질문명이 풍요롭게 발전했다는) 21세기에 들어서도 대다수 사람들은 여전히 입에 풀칠하기 위해 힘들게 살아간다. 생활고生活苦를 비관해서 이승을 떠나는 어른, 집안이 너무 가난해서 자기 앞날을 도무지 낙관할 수 없어 스스로 삶을 마감하는 청소년이 여기저기서 나오고 있다.

그들에게 "입에 풀칠하기 위해 억지로 일하는 것이 얼마나 고달프냐."고, 아니 "일자리를 찾을 수 없어 얼마나 두렵냐."고 위로하는 말부터 건네야 옳은 것 아닌가? 그러고 나서 조심스럽게 "그런데 일하는 것이 고달프기는 해도, 때때로 사람에게 보람도 안겨준단다. 그러니 좀 참고 견디면서 우리, 더 나은 사회를 만들어보지 않겠니?" 하고 말을 붙여야 하지 않을까?

아니, 아직 일자리도 변변히 구하지 못한 젊은이들에게는 그런 얘기도 오만불손한 얘기다. 일할 기회도 찾지 못해 절망하는 사람에게 '게으름 피우지 말고 일하라'니! "너희에게 제대로 일자리도 마련해주지 못해 우리 어른들(사회지도층, 국가당국)은 정말 몸 둘 바를 모르겠구나." 하고 후손들 앞에 무릎 꿇고 석고대죄石膏待罪(돌바닥에 엎드려 처벌을 기다리기)를 해야 할 판이 아닌가?

잠깐 격앙했다. 우리는 "일하는 것이 보람도 준다."는 얘기를 하기 앞서, "일하는 것이 얼마나 고달프냐? 세상을 살아가는 것이 얼마나 고단하냐." 하는 데에 먼저 주목해야 한다는 것을 일깨우기 위해 '소리 없는 아우성'을 질렀다.

'일하는 것이 주는 보람'은 나중에 살펴본다. 이 글의 주제는 '일하는 것이 얼마나 고달프냐'이고 '사람은 게으를(=곧, 쉬어가며 일할) 권리가 있음을 똑바로 새기자'다. 힘들게 일하며 살아가는 사람들을 불러, 구수한 삼겹살에 쐬주 한 잔이라도 대접하면서 '얘기 좀 들려달라'고 청하면 아마 그 사람들이 1년 열두 달을 죽치고 앉아서 자기 신세타령을 늘어놓을 것이다. 그만큼 이 주제는 사람들 인생의 '중대사重大事'이다.

한국 사회에는 2004년부터 '주5일 근무제'가 차츰차츰 들어왔다. 월요일부터 금요일까지 하루 8시간, 일주일에 40시간을 일하게 못 박은 제도이다. 1970~80년대에 (서울 청계천) 평화시장이나 (서울) 구로공단에서 어린 여공女工들이 하루 13~14시간을 꼬박 일하던(=때로는 밤새워 작업하느라 '잠을 쫓는 약'까지 먹어야 했던) 때와 견주어 보면, 세상이 그런대로 좋아졌다. 상전벽해桑田碧海! 뽕나무밭桑田이 푸른 바다碧海가 되었다고도 비유할(빗댈) 수 있겠다. 잠깐 삼천포로 빠지자면, 청계천 5가 평화시장 건물 앞에는 어느 젊은이의 구릿빛 동상(銅像, bronze statue)이 서 있고, 그 앞의 다리에는 그 젊은이의 이름이 새겨 있다. 그의 일생을 그린 영화도 나왔었다. 어린 여공들을 돕기 위해 제 몸을 불사른 젊은이였다.

세상이 어떤 면에서 다소 좋아졌다고는 해도 여전히 문제투성이다. '기나긴 노동시간'이 제법 줄어들었다는 것도 '대체로 그렇다'는 얘기이고, 형편이 좋은 사람들 얘기이지 지금도 형편이 어려운 사람들은 더 긴 시간을, 단조롭고 지겨운 노동에 바치고 있다는 사실을 잊어서는 안 된다. EBS 교육방송에는 '극한 직업'을 소개하는 다큐멘터리 프로그램이 있는데 틈 날 때 시청하기 바란다. 갖가지 어려운 노동조건 속에서 일하는 사람들의 사정을 역지사지하여 느껴보기 바란다.

1970~1980년대 산업화 과정에서 한국 노동자들이 겪은 고달픔만이 유별난 경우는 아니었다. 지금도 인도나 방글라데시 같은 데서는 (20대도 아니고) 7살, 8살의 수많은 어린아이들이 고되고 오랜 노동에 시달리고 있다. 부처님은 이 세상을 고해苦海(고통의 바다)라 일컬었는데 이 어린이들에게 '고해'는 그럴싸한 비유가 아니라 그냥 '있는 그대로'를 나타낸 말이 아닐까.

유럽은 딴 대륙보다 잘사는 동네라고 우리는 알고 있지만, 18세기 산업혁명 때 유럽과 영국의 노동자들이 겪었던 고난은 우리의 1970년대보다 훨씬 혹독했다. (프랑스) 나폴레옹 장군이 침략전쟁을 벌일 때 얘긴데, 그전에는 프랑스 군인이 되려면 키가 160cm는 돼야 했었다. 그런데 프랑스의 대다수 사람들이 일은 고되고 먹는 것은 부실해서 키가 점점 줄어들었다. 키 큰 사람이 드물어서 나폴레옹 때는 '키가 155cm만 넘으면 군인으로 뽑는다.'라고 규정이 바뀌었다고 한다. 19세기 영국의 찰스 디킨스가 쓴 소설(이자 영화) 『올리버 트위스트』는 산업혁명 때 영국의 실상을 소상하게 묘사했다.

일이 왜 고달픈가? 단지 오랜 시간 일하는 것만 고통스럽다는 얘기가 아니다. 단조롭고 뻔한 일을 계속하면 사람이 '바보가 되는 것 같은' 느낌을 받는다. 아니, 실제로 '바보'가 되기도 한다. 농사꾼과 절단기(프레스) 앞에서 맨날 옷감만 자르는 노동자를 견주어 보자. 농사꾼도 맨날 똑같은 일을 할 때는 많다. 풀을 뽑는(김을 매는) 일은 단조롭다. 옷감 자르는 일보다 더 고되기도 하다. 그러나 농사꾼은 푸른 하늘도 쳐다보고 싱그러운 바람이 땀을 씻어주는 쾌감도 맛보면서 일한다. 또 농사꾼은 한 가지 일만 하지 않는다. 김도 매고, 볍씨도 뿌리고, 거두고, 논의 물꼬도 손질하고…… 그는 늘 날씨와 농작물의 상태를 관찰해야 한다. 그 일은 지혜를 필요로 한다.

반면에 절단공은 1년 내내 절단기에다 옷감을 디밀고 발로 절단기를 누르는 단순작업만 계속한다. 신경 쓰고, 머리로 생각할 것이 없다. 그러니 일이 지루해지고, 허튼 공상空想이 모락모락 피어오른다. "이번 주말에 '태진아 쇼'가 들어온다는데 거기나 갈까. 옆 공장 아가씨들한테 말이나 붙여볼까……." 손과 발은 절단기에 붙어 있지만 머릿속은 딴 데를 헤맨다. 그런데 옷감을 절단하는 일은 매우 위험하다. 손과 발이 제대로 협응하지 않고 삐끗하기만 해도 그 절단기 칼날이 절단공의 손가락을 덮친다. 머릿속으로 달콤한 휴일 여가를 그리다가 그는 어느 날 큰 사고를 당한다. 일의 지루함을 견디다 못해 손가락이 잘리는 사고를 겪는다면 이 공장은 보람찬 일터가 아니라 절망으로 가득 찬 일터가 아닌가. 잘라진 제 손가락을 바라보는 그의 마음은 얼마나 황폐해질까.

발¹⁰²

그는 장화를 벗으려고 했다
비명 소리보다 먼저 복숭아뼈가 신음을 토하고
으드득, 무릎뼈가 튀어 올랐다
부러진 홍두깨처럼 아무런 감각도 없는 발을
어떻게든 장화에서 꺼내려고
그는 안간힘을 썼다
하늘에서 벼락이 치듯 고함을 질렀다
그러나, 발은 꿈쩍도 않고 대못처럼 박혀버렸다
숨을 아주 깊이 들이마시고
핏발 선 눈을 천천히 감고
털썩, 엎드려 가늘게 떨다가
그는 비로소 죽은 듯이 투항(항복)했다
그러자 너덜너덜 허벅지만 남기고
저 혼자서 롤러roller 밑으로 걸어가는 발
끝까지 그의 장화를 신고 가는 발!

이 세상에는 보람으로 가득 찬 일을 하기보다 지겹고 힘들고 때로
는 몸을 망가뜨릴 뿐, 별다른 보람을 주지 못하는 일을 단지 입에 풀
칠하기 위해 억지로 견디며 해내는 사람이 더 많다. 이 고역苦役을 겪
는 사람들이 어떻게 하면 덜 위험하고 덜 힘들게 일할 수 있을지, 또

---

102. 임성용 시집 『하늘 공장』에서 인용. '삶이 보이는 창'에서 펴냈다. 옛 문학은 주로 지배
    층의 이야기를 담았다. 요즘은 이 시인처럼 육체노동자로 살아가면서 제 삶의 체험을 담
    아내는 문학도 차츰 생겨났다.

어떻게 해야 그들이 가난의 고통을 덜 수 있을지를 함께 궁리하여 해결책을 찾아가는 것만큼 중요한 일은 없다.

그런데 도덕책은 거짓말을 했다. 누구나 일을 하면 보람을 느끼는 것이 아니다. 보람 없이 일하는 숱한 사람들의 문제를 어떻게 고쳐나가야 할지, 어찌해야 일이 보람을 줄 수 있을지를 우리, 머리 맞대고 같이 궁리해보자고 도덕책은 말했어야 한다. 여러분은 교과서(특히 도덕책)에 의지하지 말고, 자기 머리로 도덕과 사회 문제를 해결할 길을 스스로 찾아나가기 바란다.

(앞서 절단공의 경우처럼 단조롭고 지루한 일은 '분업'이 낳은 커다란 폐해다. '분업'이 노동자들의 지성知性을 갉아먹는다는 것은 일찍이 애덤 스미스가 짚었던 사실인데, 노동자들이 일에서 보람을 찾을 수 있도록 어떻게 공장이나 일터의 생산구조를 바꿔야 할지, 현대 사회학이 씨름하고 있다. 일터의 구조가 바뀌지 않는 한 지금의 그 절단공에게는 역사가 발전한 것이 아니라 오히려 후퇴했다고 말할 수 있다.)

사람이 기계가 돼버리는 영화 「모던 타임스」의 한 장면

5 경제 공부, 숲부터 먼저 봐라

삼성과 현대의 두 총수.
이들이 우리 사회를 지배한다.

중3 사회책을 집어 든다. '시장경제의 이해' 단원에 담긴 내용은 아래와 같다.

시장경제의 주체는 가계, 기업, 정부인데 시장경제는 늘 돌고 돈다.
시장은 공급자와 수요자가 거래하는 곳이다. 수요와 공급이 만나 가격을 결정한다.
시장경제는 자유경쟁을 중시하지만 공정하고 투명하게 경쟁해야 한다.

그냥 외울래? 형광펜으로 좌악- 밑줄 그어가면서? 그럼 중간고사 기말고사의 성적을 얻는 데는 도움 되겠지. 그러나 덮어놓고 외워서는 세상 보는 눈이 트이지 않는다. 사회책에 적힌 얘기는 TV 뉴스 같은 데에서 지겹도록 들을 얘기다. 그러므로 지금 책을 외우지 않아서 성적을 얻지 못한다 해도, 여러분이 어른이 될 즈음에는 귀에 다 못이 박힐 것이다. 그러니 외울 것을 걱정하지 말고, 따지고 드는 '눈길'부터 틔워보자.

언젠가 '공부 방법을 털어놓는' TV 프로그램에서 명문대 출신의 한 연예인이 말하는 것을 들은 적 있다. "저는 수학을 공부할 때 수학책의 '목차(차례)'부터 한참 들여다봤어요. 예전에 배운 것, 지금 배울 것을 견줘가며 개념을 찬찬히 떠올려봤지요." 사회과목도 마찬가지다. 먼저 숲을 봐야지! 커다란 제목을 놓고 그 제목부터 먼저 살펴보자.

'시장경제'라! 이것, 제목으로 타당한가? 책에 담긴 내용과 그 제목이 서로 맞아떨어지는가?

그 제목은 틀렸다. 사회책이 설명한 것은 '자본주의 시장경제'이지, '시장경제 일반'이[103] 아니다. 인류 사회에는 오래전부터 '시장경제'가 있었다. 하지만 '자본주의 시장경제'는 근대에 접어들어 생겨났다. 사회책은 이 후자를 설명했으면서 왜 제목은 전자로 달았을까? (교과서의) 필자들이나 교육당국이 이 둘을 구별하는 눈이 없기 때문이겠지만, 더 은밀하게는 그렇게 얼버무리는 것이 '자본주의 시장경제에 대한 믿음(신앙)'을 불어넣는 데에 더 유리하다는 정치적 계산이 깔려 있다. "시장경제는 (근래에 생겨난 게 아니고) 태곳적부터 있었던 '자연스러운 것'이여! 너, '자연(自然, nature)'과 맞짱 뜰 만큼 어리석지는 않겠지?"

요즘 사람들은 '시장경제? 좋은 것이지유, 뭐.' 하고 믿어버리는 사람이 적지 않지만, 중세 때만 해도 사람들 생각이 전혀 달랐다. 우리말에 '사농공상士農工商'이 있지 않은가. 사대부士大夫가 지배층이요, 사회적 지위가 농민 다음으로 공인工人 그 다음에 장사치(商人, merchant, trader) 순서였다. 공인工人은 장인(匠人, craftsman)이라고도 일컬었다. 이를테면 가죽신을 만드는 갓바치. '갓'은 오늘날 '가죽'이란 낱말로 바

---

103. '일반적인 것general'은 모두(전체)에 해당되는 것. '보편적인 것universal'도 비슷한 말인데, 철학 논의에선 주로 '보편-특수-개별(단독)'의 짝이 쓰이고, '일반↔일부part'의 짝은 일상생활에서 쓰인다.

꿰었고, '바치'는 일하는 사람을 가리키는 접미사다(이를테면 '장사치').

유럽은 어땠는가? 중세 교회는 누가 딴 사람에게 돈을 빌려주고 '이자利子'를 받는 것을 엄하게 꾸짖었다. 옛 그리스에도 시장市場이 열리긴 했지만, 아무나 아무 물건이나 사고팔 수 없었다. 폴리스police가 지정한 까다로운 규칙 안에서 운영됐다.

동서양을 가릴 것 없이, 근대 이전의 사회가 자기 내부에서 '시장경제'가 커가는 것을 엄중하게 규제했던 것은 매우 합리적인 선택이었다. 농사일은 부지런하고 성실할 것을 요구한다. 누구는 땀 흘려서 (고된 노동으로) 먹고사는데 누구는 그저 물건을 사고팔거나, 돈을 빌려주고 비싼 이자를 받아서 부자富者가 된다면 공동체의 화합이 깨진다.

또 예전의 인류는 물자를 생산하는 힘(생산력)이 작았던 탓에, 먹고쓰고 남는 '잉여'가 많지 않았다. 서로 유통할 물건도 많지 않았다. 그러니까 상인의 숫자도 적었고 그들의 지위도 낮을 수밖에 없었다.

커다란 교역交易은 오랫동안 공동체와 공동체 사이, 지역(나라)과 지역(나라) 사이에서만 이뤄졌다. 아시아의 비단이 비단길silk road을 통해 유럽에 전해진 것처럼. 몇몇 특수한 상인 가문家門이 그 일을 맡았다. 연암 박지원은 소설 「허생전」에서 상공업의 발달을 부르짖었지만, 어떻게 해야 상공업이 발달할 수 있을지, 구체적인 윤곽을 보여주지는 못했다. 「허생전」에서는 허생이 변산반도의 도적떼들을 섬으로 보내 '이상理想 사회'를 만들게 했는데, '공工'과 '상商'을 일으키자는 관념적인 주장(머릿속 생각)과는 달리, 그 섬은 여전히 농업사회로 굴러갔다. 박지원의 생각은 '청나라 문물이라도 얼른 받아들이자'는 수준에 머물렀을 뿐이다.

지금 21세기의 '시장경제'는 고대나 중세 때의 '시장경제'와 질적으로 다르다. 예전에는 공동체와 공동체 사이에만 교역交易이 있었지, 한 공동체 내부에는 거의 없었고, 그 내부에서는 상인이 보잘것없는 존재였다. 지금은 시장경제가 공동체 안으로 완전히 침투해 들어갔다.

더 중요한 차이는 근대에 들어와서 '사람의 노동(력)'이 사고 팔린다는 사실이다. 영주領主와 농노農奴로 이뤄진 중세 봉건사회에서는 농민들이 영주에게 신분身分으로 묶여 있었다. 근대 초기, 대다수 농민들이 농토(토지)에서 쫓겨나 '맨주먹 맨몸뚱이'뿐인 처지가 되면서 헐값의 임금을 주고 이들을 부려먹는 공장주工場主, 곧 자본가들이 생겨났다. 지금은 이런 공장factory들의 운영이 나라 경제에서 커다란 비중을 차지하는 자본주의 시장경제가 됐다. 요컨대 자본주의 사회에서는 (임금노동자를 비롯해) 모든 것이 다 상품이 돼버렸다! 이렇게 자본가가 생겨난 역사적 과정에 대해서는 (학교 사회책은 그런 역사의 서술을 생략하고 있는데) 나중에 더 소개하겠다.

아주 어려운 질문을 하나 던진다. 인류 역사는 반드시(필연적으로) 자본주의 시장경제의 발달로 갈 수밖에 없었을까? "아니, 인류가 자본주의 사회로 나아가는 것이 당연한 일이지, 웬 뜬금없는 소리람?" 하고 갸우뚱거릴 지식인들도 많겠지만, 진리는 다수결多數決로써 판정 나는 것이 아님을 새겨두자. 진리가 다수결로 판정 나는 것이라면 인류는 '지구가 태양 주위를 돈다.'는 지동설地動說을 받아들이지 못했을 것이다. 갈릴레오 시절에는 천동설天動說을 믿는 사람이 99%였으니까.

내 생각은 이렇다. 이러저런 형편들이 결합되다 보니까 인류는 자본주의 사회로 나아가게 됐다. 그렇게 될 만한 구석들이 많았던 것은 사실이지만, 그렇다 하여 그런 변화가 '필연(반드시 일어날 일)'은 아니었다고 본다. 학자들도 활발하게 토론하기 어려운 '질문'이라, 더 긴 얘기를 하긴 어렵지만 아무튼 그런 질문을 던질 줄 알아야 우리의 생각은 확 넓어진다.

곁가지 얘기를 하자. 역사책은 '실학實學 사상이 참 진보적이고 근대적'이었다고 서술한다. 틀린 얘기는 아니지만, 실학사상이 갖고 있는 근대성, 진보성이 과연 얼마만큼이나 대단했을지, 그렇게나 칭송할 일일지는 미심쩍다. 우리 사회가 농업생산력을 크게 북돋고 산업을 일으켜야 할 필요가 컸을 때, 그러니까 1960년대에 바라본 실학사상의 진보성은 더 크게 느껴졌을 것이다. 하지만 우리는 온갖 우여곡절 끝에 이러저러하게 산업화를 해냈다. 지금 그 산업화의 결과와 맞닥뜨린 우리에게는 실학사상의 진보성이 그렇게 대수로운 것으로 비치지 않는다.

박지원은 「예덕선생전」이라는 짧은 글에서 땀 흘려 일하는 생산자를 예찬한 적 있다. 그 무렵에 서울 근교에는 집집마다 찾아다니며 똥을 퍼서는 서울 근교의 채소밭에 그 똥거름을 대주는 사람이 있었다. 신분은 미천했지만 열심히 일해서 돈도 제법 모았다. 박지원은 그런 사람이 잘되는 세상을 희망했는데 요즘 얘기로 하자면 그렇게 땀 흘리는 견실한 생산자가 '자본가'로 클 수 있다면 나라 경제가 견실하게 근대화될 수 있다는 뜻이다.

박지원이 1780~1800년에 글을 썼으니 그로부터 200여 년이 흘렀다. 한국 경제는 그런 '예덕 선생(똥퍼 선생)'이 일으켰을까? 한국 경제의 두 주역인 삼성재벌과 현대재벌의 창시자 이병철과 정주영을 존경하는 사람들이 우리 사회에는 많다. 두 창시자가 근면 성실했으리라고는 보이는데(그러지 않고 창업創業이 잘되기는 어렵다), 두 재벌 그룹이 그렇게 커나가게 된 주된 비결이 창업한 사람의 근면 성실함 덕분이었을지, 아니면 어떤 유리한 뒷배경 덕분이었을지는 박지원의 말마따나 '실사구시實事求是'해봐야 한다.

또, 나중에 태어난 사람은 먼저 태어난 사람보다 더 현명해지기가 쉽다. 세상이 어떻게 굴러왔는지, 그 결과를 눈으로 보고 있으므로. '땀 흘려 일하는 진취적인 사람이 (부자富者가 되어서) 좋은 세상을 만들 것'이라는 박지원의 희망이 매우 소박한 것이었음을 우리는 (현실의 진행을 겪었기에) 잘 안다.

'수정자본주의'의 길을 제시한 케인스를 다시 불러오자. 케인스는 (세계 대공황이 터지기 직전인) 1928년의 강연에서 이렇게 말했다. "우리는 앞으로 적어도 백 년은 공정한 것이 반칙反則이고, 반칙이 공정한 것인 양 살아야 한다. 탐욕과 고리대금업 같은 악마적인 것들을 당분간 허용해야 한다. 그래야 자본주의가 '생산력 해방'을 가져다준다."

케인스는 박지원처럼 소박하게 미래를 그리지 않았다. 인류를 잘 먹고 잘살게 해준다는 점에서 자본주의를 찬양하지만, 자본가들이 탐욕에 사로잡혀 온갖 부정적인 모습을 빚어낸다는 것을 케인스는 잘 알고 있었다. 언젠가는 그런 모습이 사라졌으면 좋겠지만 당분간은 그들이 세상의 주역主役으로 행세하는 것을 인정하자고 한다. 케인스의 그런 야무진 꿈(=자본주의 유토피아)조차 허튼 것이었음이 2013년의 세계 현실에서 너무 분명해졌다.[104] 그럴진대, 조선 왕조의 '실학사상'이 담아냈던 진보성이 극찬을 아끼지 않을 만큼 대단한 것이었다고 보이지는 않는다.

파노라마 같은 세상 흐름에 견줘 보자면 우리 개개인의 지혜는 매우 얕다. 옛 선조先祖들도 마찬가지다. 우리는 옛 지식인들의 지혜에 (크게) 의지하지 말고, 스스로 세상을 알아나가야 한다.

---

104. 그의 제자 중에는 (자본주의의 대안을 찾자며) 사부와 일정하게 선을 긋고 딴 방향을 찾는 사람도 나왔다.

6 "사람 나고 돈 났지, 돈 나고 사람 났냐!"

돈이 돈을 번다.

학생들에게 '돈'에 대해 (제대로) 가르쳐야 한다는 생각은 오래전부터 해왔다. 요즘 학생들은 (물론 어른들한테 물들어서) 옛날보다 훨씬 더 '돈'에 사로잡혀 있다는 생각이 들어서였다. 사부는 1960년대에 국민학교(지금의 '초등학교')에 다녔다. 우리 때나 우리 형과 누나뻘 되는 사람들이 학교를 다닐 때에는 "커서 어떤 사람이 될래?" 하고 어느 어른이 묻는다면 아이들이 "과학자가 되겠어요."나 "대통령이 되겠어요." 아니면 "애국자가 되겠어요." 하는 대답을 많이 내놓았다. 요즘은 아이들이 많이 달라졌다. 요즘은 "의사가 되겠어요."나 "판검사, 변호사가 되겠어요."라는 대답이 많다.

어떻게 달라졌는가? 그때는 아이들이 '사회에서 칭찬받는 사람이 되겠다.'는 생각들을 많이 했다면 요즘은 (물론 사회로부터 인정도 받고 싶어 하지만) '돈을 많이 벌어서 안정된 생활을 누리고 싶다.'는 생각을 더 뚜렷이 한다는 얘기다. 이것은 요즘 아이들이 품성이 갑자기 달라져서 '돈을 더 밝히게 되었기 때문'이 아니다. 요즘 사람들이 '돈'에 대한 압박(강박관념)을 더 느끼지 않을 수 없게, 사회가 달라졌기 때문이다. 어떻게 달라졌는가? '돈'이 덜 지배하던 사회로부터 '돈'이 더 지배하는 사회로!

그렇다면 공교육公敎育의 교과서에는 "돈이란 무엇인가? 왜 사람들은 돈의 지배를 받는가? 그 지배에서 벗어나려면 어찌해야 하는가?"에 대한 묵직한 앎을 구하는 내용이 들어 있어야 옳다. 그래야 다들 성숙한 어른으로 클 터이니까 말이다.

그런데 공교육을 꾸려가는 집단지성(여러 지식인들)에게는 그렇게 투철한 문제의식과 방향감각이 없다. 국어책이나 역사책에서는 '그거, 우리가 따로 궁리할 거리가 아니에요.' 하고 '나 몰라라' 하고, 사회책에서는 '현대 사회는 이러저러하게 굴러간다는 것을 애들에게 말해줄게요. 그중에 '돈' 문제도 살짝 집어넣지요.' 하는 정도로 대충 얼버무린다. 사회책에서 학생들은 (화폐와 관련한) 맥 빠진 겉핥기 지식만 몇 개 얻어듣는다. 그래서 고등학생은 세상을 대충, 겉핥기(!)로 조금 배우고서 어른이 된다. 그 젊은이가 성숙한 어른으로 클지, 말지는 그 자신에게 달려 있을 뿐, 공교육(공립학교들)이 그를 성숙시켜주는 바는 별로 없다, 젠장!

돈 얘기나 하자. 사람들은 옛날에도 '돈'에 대해 짓눌리는 느낌을 많이 품었다. 이는 '돈'에 관한 옛 속담이 숱하게 많다는 데에서도 얼핏 짐작할 수 있다. 한번 적어보자.

…… 개같이 (돈을) 벌어서 정승처럼 써라. 개새끼도 '돈'이 있으면 '멍첨지'라 부른다. 유전무죄有錢無罪 무전유죄無錢有罪. 돈이 돈을 번다. 부자 하나가 나려면 마을 셋이 망한다. 부자는 망해도 3대를 이어 간다. 돈으로 열리지 않는 문門이 없다. 사람이 짐승과 다른 점은 '돈' 걱정을 한다는 것이다. 돈이 '인생의 전부가 아니라'고 말하는 사람에게는 죽을 때까지 돈이 쌓이지 않는다. 돈이 없으면 적막강산

이요, 돈이 있으면 금수강산. 돈이 제갈량이다. 돈만 있으면 귀신도 부린다. 돈이 많으면 장사를 잘하고 소매가 길면 춤을 잘 춘다. 돈 없는 놈이 큰 떡 먼저 든다. 돈은 나는 새도 떨어뜨린다. 금金 판 돈도 돈이고, 똥 판 돈도 돈이다. 내 돈 서 푼은 알고, 남의 돈 칠 푼은 모른다. 돈으로 침대는 살 수 있어도 잠은 살 수 없다. 하느님은 하늘에서 군림하고 돈은 땅 위에서 군림한다. 사랑은 다능多能이고 돈은 만능萬能이다…….

그런데 "사람들이 옛날에도 돈을 무서워했다."는 말은 흐릿하고 '하나 마나 한 말'이다. '언제부터 얼마만큼' 무서워했는지, 세세하게 달력을 들춰가며 따질 수는 없어도 조금은 더 따져보자.

사람들은 '돈'이 경제생활에 더 깊숙이 참견하고 나섰을 때부터 돈을 무서워했을 것이다. 돈을 찍어낸 게 언제부터였더라? 우리 경우는 고려 때 996년부터 화폐를 발행했다고 하지만, 그 화폐는 국가와 일부 상인들이 사용했지, 일반 백성들은 별로 쓰지 않았다.

그로부터 900년이 지난 20세기 초까지만 해도, 인구의 대다수를 차지하는 중농中農이나 소작농小作農은 '돈'을 벌 일도, 쓸 일도 별로 없었다. 소작료(=도지, 땅 빌린 값)는 지주(땅주인)에게 현물(쌀)로 갖다 주면 됐다. 자기들 식량으로 소비하고 남은, 얼마 안 되는 농작물만 장에 갖다가 팔아서 돈을 샀고(옛날엔 이런 표현을 썼다. 어쩌다 돈을 구했다는 말이다), 그 돈으로 생활필수품을 구해 왔다. 소금이나 간고등어나 옷감 몇 개 따위. 그런 것 몇 개를 빼고는 초가집 흙집도 스스로 지었고, 길쌈을 해서 스스로 옷을 짓기도 했으니 생활에 쓰이는 것 중에 시장에서 사들이는 것은 몇이 되지 않았다.

물론 호주머니에 돈도 별로 없었다. 그때의 동요童謠에, "서울 가신 우리 오빠, 비단구두 사 가지고 오신다더니."라는 구절이 있는데 그때 구두 한 켤레가 얼마나 귀한 생활용품이었을지 넉넉히 짐작케 한다. 그때의 '비단구두'는 요즘으로 치면 세계적 가방 명품 루이 뷔똥Louis Vuitton만큼이나 가슴 설레는 것이었겠다.

그러니까 그때 사람들이 '비단구두(명품)'에는 가슴 설레어도 한편으로 내가 일해서 생활용품을 직접 마련해 쓰는 생활에 오래 친숙해 있어서 유난스럽게 '돈'을 밝히지는 않았다. 돈을 많이 벌 수 있을 만큼 무슨 잉여농산물을 내놓을 형편도 되지 않았지만 말이다!

물론 임진왜란이 끝나고 조선시대 후기에 접어들어 서울(한양)이나 개성을 중심으로 상업이 차츰 발달하기 시작했던 것은 사실이다. 그런데 큰 장사꾼은 딴 나라와 무역을 하는 사람 중에 나왔지 조선 농촌 자체에서 상업이 발달해 나왔던 것이 아니다. (최근 작고한) 최인호가 지은 소설 『상도商道』는 1800년 무렵 살았던 실제 인물인 의주 상인 임상옥을 모델로 한 것인데, 그는 조선의 (가난한) 농촌을 상대한 장사 꾼이 아니라 대국大國인 청나라와의 무역에 종사한 상인이었다. 의주는 중국과의 국경이 멀지 않은, 압록강 근처의 도시다.

어쨌든 상품경제가 나라의 한 귀퉁이에서라도 싹트면서 돈을 밝히는 사람도 더러 나오고, 그런 세상 모습을 개탄하는 민중이 돈을 혐오하는 속담도 지어내기 시작했다. 글 첫머리에 적어놓은 속담은 아마 200~300년 전부터 차츰 생겨났으리라. 소설 『흥부전』에 나오는 놀부도 미천한 신분으로 장사에 성공해서 큰돈을 번 사람의 전형典型[105]인

---

105. 문학의 임무는 어떤 처지에 있는 사람의 전형典型을 창조하는 것. 영어로는 model, pattern, type. 그런데 '개성적인 인물'과 짝을 이룰 때의 '전형적인 인물'은 (개성이 없다는) 다소 부정적인 뜻을 담게 된다. 말뜻의 미묘한 차이를 놓치지 마라. 가령 '기계'는 나쁜 것이 아니지만, '기계적인 것'에는 부정적인 뜻이 담긴다.

데, 놀부가 갖은 밉살스러운 짓을 다 저질렀노라고 소설이 묘사한 것을 보면, 그때 민중들이 장사꾼에 대해 품었던 혐오감을 잘 알겠다. 이를테면 "우는 아이 뺨 때리기, 똥 누는 사람 주저앉히기……."

그런데 그렇다 하더라도 요즘과 견주어 볼 때, 100~200년 전의 우리 민중이 그렇게 대단하게 돈을 흠모하거나 두려워했던 것은 아니다. 내 소싯적에, 어린아이들이 '커서 훌륭한 사람이 되어야지.'라거나 '커서는 굶지 않고 살았으면 좋겠다.'라고는 꿈을 품었어도, '커서 돈을 많이 벌어야지.' 하고 강박관념을 품지는 않았던 것을 보자면 말이다.

이런 사정은 한국의 유별난 현상이 아니라 (시장경제가 뚜렷이 발달하지 않은) 세계 대부분의 민중에게 공통됐던 보편적인 현상이다. 대다수의 인류는 얼마 전까지만 해도 "오, 돈, 돈, 돈!" 하고 돈 타령을 늘어놓지 않았다. 그러므로 옛사람들은 '돈이 뭐지?' 하고 깊게 성찰해야 할 이유가 많지 않았다. 하지만 지금은 다르다. 여러분은 '대관절 저놈의 돈이 뭐지?' 하는 의문을 오래오래 깊게 품어야 한다. "왜 저놈의 돈한테 사족을 못 써야 하나!"

'돈'이 어떤 놈인지는 옛 속담들에 웬만큼 나와 있으니, 먼저 그것들을 살펴서 답을 찾아보자. '돈'은 엄청나게 대단한 놈이다. 그 권세(힘과 끗발)가 하늘을 찌른다. 그것을 얻으려고 수단과 방법을 가리지 않는 사람도 많다(→ 개같이 벌어라). 그것을 갖고 있으면 법도 피해 간다(유전무죄 → 사회정치적 권력의 보유).

가슴을 저미게 하는 속담은 '돈이 돈을 번다.'다. 근대 이전에는 그런 경우가 드물었다. 돈 있는 사람이 그 돈을 빌려주고 비싼 이자(=고리대高利貸)를 받아야 돈으로 돈을 벌 수 있는데, 그때 사회는 그런 심한 짓을 하는 사람을 혼내고 뜯어말렸다. 중세의 교회는 틈만 나면 "돈 빌려주고 이자利子를 받지 마라. 그거, 사람이 할 짓이 못 된다."

하고 부자들을 꾸짖었다. 셰익스피어의 유명한 희곡 『베니스의 상인』에 그런 못된 놈이 나와서 '돈을 갚지 못하면 살 1파운드를 잘라낸다.'는 악랄한 계약서까지 만들었는데, 결국 그 못된 놈이 혼나지 않았던가. 중세 때 고리대금업자들은 호주머니에는 돈을 쌓아갔어도, 사회의 손가락질 때문에 정신적 스트레스를 받으며 살았다.

그런데 요즘은 어떤가. 돈이 돈을 벌 때, 또는 돈이 돈을 낳을 때, 그 돈을 '자본'(資本, capital)이라 일컫는다. 『베니스의 상인』의 샤일록 같은 사람을 고리대자본, 임상옥처럼 장사(무역)를 해서 버는 돈을 '상인자본', 은행이 돈놀이할 때 '금융자본', 기업이 물건을 만들어 팔아서 돈을 벌 때 '산업자본'이라 한다. 인류 경제의 역사는 상인자본과 고리대자본으로부터 산업자본과 금융자본으로 그 흐름이 바뀌어왔다. 근대 이전에는 '돈 있는 사람'이 몇이 되지 않아서 사회에서 약간의 불안정한 권력밖에 누리지 못했지만, 근대 사회에서는 그들이 뚜렷하게 사회 지배층의 중심으로 자리 잡았다. 노무현 전前 대통령이 남긴 유명한 말이 있지 않는가. "한국은 어느새 삼성공화국이 돼버렸다."는!

이런 암울한 세상 흐름에 대해 '아니다!' 하고 맞서는 속담도 더러 있기는 했다. '돈으로 침대는 살 수 있어도 잠을 살 수는 없다.'는 말은 돈으로 안 되는 것도 있다는, 돈의 끗발도 한계가 있다는 깨달음을 내비친다. '사람 나고 돈 났지, 돈 나고 사람 났나!'는 말은 돈 앞에서 껌벅 죽지 말라는, 사람답게 살아가는 것이 더 으뜸이라는, 줏대 있는 속담이다. 인류 역사에서도 '돈'은 최근 들어서야 활개를 치고 있지 않는가. 하지만 대부분의 속담은 '돈의 끗발' 앞에서 힘들어하는 사람들의 심리(정서)를 담고 있다. 근대 사회에서는 '돈이 돈을 번다.'는 것이 한 사회를 뒤흔드는 압도적인 현실이었기 때문이다.

사회책은 "시장경제(다시 말해 자본주의 시장경제)는 효율성은 좋지만 문제점도 있다."고 어정쩡한(박쥐 같은) 비평을 내놓았다. 근대사회로 넘어오는 과정에서 그 '효율성'이 한때 진취적인 구실을 했던 것은 분명하다. 구체적으로 말하자면 '물질적 생산력을 크게 키운 것'이 자본주의의 자랑이라는 말이다. 근대 사회로 접어든 지 어언 300년! 그동안 돈이 계속 돈을 벌었다. 그래서 자본을 키웠다. 빌 게이츠나 애플이나 삼성이 갖고 있는 자본은 마천루처럼 어마어마하고 까마득하다.

그런데 이제는 그렇게 벌어들인 것이 사람들을 위해 어떻게 쓰였느냐를 물어야 할 때다. '돈이 돈을 버는 압도적인 사회 흐름'이 계속되는 한, 대다수 민중은 빵 부스러기 몇 줌씩 얻어먹을 수는 있어도 한 사회가 '있는 자'와 '없는 자'로 갈리는 분열 현상을 막을 길이 없다.

그러니까 현대 시장경제를 두둔할 수 있으려면 그 체제가 효율성도 유지하는 한편으로, '돈이 돈을 버는 흐름'을 이제는 멈춰 세울 수 있어야 한다. 과연 그럴 수 있을까? 아니면 어떤 대안을 찾아야 할까? 어찌 되었든 이제는 '돈' 앞에서 껌벅 죽지 말아야 한다. "응? 사람들이 300년 전만 해도, '돈'을 그렇게 대단하게 여기지 않았단 말이냐? 그럼 우리도 '돈'을 다스릴 줄 알아야겠네?"

우리에게는 두 갈래 길이 있다. '돈'이 주인이 된 세상에서 '돈'을 움켜쥐고 호강하는 길이 하나요, 그 돈의 끗발을 꺾어 누르고 사람답게 살아갈 길을 찾는 것이 다른 하나다. 이를테면 마음 맞는 사람끼리 서로 품앗이를 해주며 살아가는 것도, '돈 없이' 살아갈 길이 된다. 돈 없는 사람 중에는 드물지만 그런 적극적인 대안을 찾는 사람도 있다. 어느 길을 찾아야 할지는 여러분에게 주어진 숙제다. 아멘!

7 근대는 어떻게 '첫 밑천'을 마련했는가

지금도 세계 곳곳에서 땅을 뺏긴 농민들이
슬럼(빈민가)으로 모여든다.

이 글은 역사 이야기다. 근대 사회로 넘어오는 과정이 어땠는지를 살핀다. 먼저 중2 사회책에 서술돼 있는 것을 인용한다.

① (중세 유럽 농노農奴의 생활) 그는 아내와 자식 셋과 함께 작은 오두막에 살았다. 집터와 풀밭, 수도원의 땅을 빌려 쓰고 있다. 일주일에 사흘은 제 땅을 가꾸고, 사흘은 수도원 직영지에서 일하고, 하루를 쉰다. 그는 그것 말고도 얼마간의 소작료, 닭 세 마리 등 여러 가지를 바쳐야 한다.

② 10세기 이후 삼포제 농법이 실시되면서 수확량이 크게 늘었다. 잉여 농산물을 교환하기 위해 곳곳에 시장市場이 들어섰다. 시장 규모가 커지자 도시가 들어섰다. 도시의 상업 활동은 주변 농촌지역에 한정돼 이뤄지다가, 차츰 지리 지식이 쌓이고 교역로가 늘어남에 따라 활동영역이 유럽 곳곳으로 넓혀졌고, 아시아와의 원거리 무역도 활발해졌다.

③ 상공업과 무역의 발달에 따라 화폐가 널리 사용됐다. 화폐가 필요해진 영주는 화폐로 지대地代를 대신하거나 돈을 받고 농노의

신분을 풀어줬다. 그 결과, 농민의 지위가 차츰 높아져서 신분이 자유로워진 농민이 늘어났다. 일부 영주는 농민의 신분 속박을 강화하기도 했으나 대다수 영주는 노동력을 확보하기 위해 농민의 처우를 개선했다.

④ 새 항로의 개척으로 세계적 규모의 시장이 이뤄지고 상업이 크게 발달했다. 이에 따라 유럽 경제는 크게 발달했다. 상공 시민층이 많은 자본을 축적해 산업혁명의 기틀을 다졌다.

그러나 아프리카는 수백 년에 걸쳐 젊은 노동력을 빼앗겨 큰 타격을 받았고(노예무역), 아메리카는 몇몇 상품작물 재배에 의존하게 돼 경제 자립이 어려워졌다.

⑤ 산업혁명은 세계적 규모의 상업을 배경으로 이뤄졌고, 경제의 세계화를 더욱 촉진했다. 산업혁명을 먼저 이룬 나라들이 후진국을 침략해 식민지로 만들고, 식민지 경제구조를 본국에 유리하게 바꿨다. 선진국 내에서는 산업자본가가 지주나 상업자본가를 대신해 사회 주도권을 쥐었고, 몰락한 수공업자나 토지 잃은 농민이 노동자가 됐다. 이로써 자본주의가 확립됐다.

중2 사회책은 역사의 흐름을 아주 간단하게만 말했다. 짤막한 서술이라 어쩔 수 없는 점도 있지만 아무튼 그 흐름을 '겉핥기'로 다뤘다는 인상을 지울 수 없다. 이 글을 압축하면 "상업 발달이 봉건사회도 무너뜨렸고, 산업혁명도 초래했다."는 이야기만 남는다. 식민지나 토지 잃은 농민 얘기는 근대화가 낳은 부정적인 측면(곁가지 얘기)쯤으로 곁에 머물다가 학생들의 뇌리에서 곧 잊힌다. 이미 산업혁명은 상업 발달 덕분에 성사됐고, 이 부정적 측면은 부수적인(뒤따르는) 것에 불과하니 크게 괘념하지 않아도 된다! 이것이 사회책이 우리에게 주는 암묵적인 메시지다.

　교과서는 인류의 근대 역사를 좀 안일하게 서술했다. 사회책 집필 자는 정부가 제시한 '교과서 틀거리'에 맞추다 보니 어쩔 수 없었는지 도 모른다. 무슨 연유에서건, 사회책은 좀 더 들여다봤어야 할 역사적 진실을 건성으로 넘어갔다. 짤막한 설명에라도 그 진실을 담을 수 있 었다. 그게 무엇인가? 수많은 사람들의 피땀과 눈물을 빼앗은 덕분에 (가까스로) 근대 자본주의 사회가 탄생했다는 것! 사회책은 이 얘기를 '상업 발달'이라는 낱말로 뭉뚱그려버렸고, 끄트머리에 식민지와 토지 잃은 농민 얘기를 살짝 덧붙였을 뿐이다. 그러니 '근대로 넘어오는 과 정'이 얼마나 험난한 우여곡절의 과정이었는지 학생들이 온전하게 이 해할 리 없다.

　사회책 ④는 핵심 사실 하나를 언급했다. "상공 시민층이 (상업 발달 덕분에) 많은 자본을 축적해 산업혁명의 기틀을 다졌다." 근대의 역사 는 이 핵심 잣대를 놓고 재구성돼야 한다. 다시 말해, 어떻게 큼지막한 자본을 축적했길래 자본주의 경제가 그렇게 맹렬하게 내달릴 수 있었 느냐라는 핵심 질문을 놓고서 역사의 흐름을 살펴야 한다는 말이다.

　한 개인이 장사를 하려고 가게를 내건, 상품을 만들어 팔려고 기업 체를 차리건 처음에 '큰 밑천'이 필요하다. 부모가 물려준 재산을 챙기 건 은행에서 빚을 내건 어떤 식으로든 그것을 마련하지 못하면 사업 을 시작할 수 없다. 펌프 물을 퍼 올리려면 처음에 일정량의 물을 거 기 들이부어야 하는 이치와 비슷하다.

　마찬가지로, 자본주의 경제가 궤도에 올라가기 위해서도 처음에 커 다란 밑천이 필요하다. 지금도 아시아와 아프리카의 수많은 나라들이 본때 있는 자본주의 경제를 만들어내지 못하고, 뒤처진 산업 수준과 낮은 생산성에 허덕이는 것이 이 '밑천의 중요성'을 말해준다. 가게도 그렇지 않은가? 구멍가게로 시작해서는 적자赤子에 허덕이다가 문을 닫거나, 자기 품값만 간신히 버는 상태에 머물 뿐이지, 큰 가게로 커나 갈 엄두를 내지 못한다.

'근대 사회가 어떻게 첫 밑천을 마련했는지'에 관해, (『국부론』을 쓴) 애덤 스미스와 ('사회계약론'을 말한) 존 로크는 아래와 같은 '모범 답안' 을 내놓았다.

"옛날 옛적에 한쪽에는 부지런하고 현명하고 근검절약했던 사람들 이 있었고, 다른 한쪽에는 게으름뱅이들로 자기가 가진 것을 죄다 써 버리는 쓰레기 같은 인간들이 있었다. 마치 개미와 베짱이처럼! 앞의 사람들은 부富를 쌓아 올렸고, 뒤의 사람들은 결국 팔 것이라고는 자 기 몸뚱이밖에 없는 빈털터리가 됐다. 몇몇의 부富와 대다수의 가난은 이와 같은 원죄(原罪, original sin)에서 비롯됐다. 이 몇몇은 오래전부터 노동하기를 그만 뒀는데도 그의 부富는 계속 커졌다."

신학에서 '원죄'에 관한 전설傳說은 인간이 어떻게 해서 이마에 땀 을 흘려야 밥을 얻어먹는 운명에 빠졌는지를 우리에게 말해주지만, 경 제학에서 '원죄'는 어째서 노동을 할 필요가 없는 사람들(곧 자본가)이 생겨났는지를 말해준다.

어쨌거나 이 모범 답안은 봉건사회로부터 자본주의로의 이행移行(옮 아감)을 점진적이고 평화적인 것으로 묘사한다. 목가조牧歌調의 역사! '목가'는 처음 뜻은 '목동牧童(양치기)들이 부르는 노래'이고, 다음 뜻은 '전원田園(시골) 생활을 소박하게 예찬하는 서정적인(=마음의 감흥을 불 러일으키는) 노래'다. 요컨대 평화롭고 훈훈한 과정을 밟아서 자본주의 가 생겨났다는 얘기다.

그런데 역사가 과연 그랬을까? 우리는 "유럽 근대사는 그런대로 좋 은 세상을 만들어냈어요! 그러니까 인류 역사를 선도해온 유럽 근대

사를 존중해야 해요." 하는 골자(뼈대)로 역사를 서술한 사회책을 탄핵하고(꾸짖고) 싶다. 물론 '식민지 침략'과 같은 흉한 짓거리를 벌인 것을 빼놓지는 않았으나, 그런 비판적인 대목을 감안하더라도 전체 골자는 그랬다.

사회책에는 근대 유럽의 지식인들 얘기도 여럿 소개해놨다. 르네상스를 일으킨 사람들, 코페르니쿠스와 루터와 칼뱅(종교개혁), 루소(계몽사상), 존 로크(시민권) 등등. 그 시대에 나름으로 의미 있는 구실을 한 사람들이 분명하지만, 지금 우리 눈으로 볼 때 그저 다 옳은 얘기일 수는 없다.

우리는 박지원과 정약용의 실학實學이 조선왕조 지배층의 협소한 정치를 혁신해낼 학문으로서 진취적이었지만, 그렇다고 그 '실학'이 21세기의 교본敎本이 되지는 못한다는 것을 잘 안다. 루소든 존 로크든 아담 스미스든 다 마찬가지다. 그들이 어떤 면은 옳게 보았지만 어떤 면은 '눈 뜬 소경'이었다는 것을 냉정하게 짚지 않고서 우리는 '사회를 보는 눈'을 틔울 수 없다. "다 훌륭한 얘기들이니 외워둬라."는 식으로 서술하는 사회책은 학생들을 맹문이(일의 경위를 모르는 사람)로 만들어버린다.

'근대 사회의 탄생'과 관련해 우리는 특히 애덤 스미스나 존 로크, 홉스 등 잘나가는 자본주의 국가(영국)의 이론가들을 냉철하게 바라봐야 한다. 사회책에도 얼마쯤은 서술돼 있지만, 유럽 자본주의 국가들이 잘나갈 수 있었던 비결은 딴 대륙의 민중에게서 수많은 부富를 빼앗아 왔던 덕분이다. 그들의 이론은 기본적으로 역사적인 행운을 누린 나라들의 처지를 두둔하는 얘기다. 제국주의 국가의 침략으로 갖은 수탈과 억압을 겪었던 나라 민중들의 처지와는 동떨어진 얘기임을 잊어서는 안 된다.

'첫 밑천' 얘기로 돌아가자. 경제사史에서는 '첫 밑천 마련'을 '자본의 원시적primitive 축적'이라고 일컫는다. 펌프가 ('마중물'이라 일컫는) 첫 물을 들이부어야 물을 뽑아 올리듯이, 원시적 축적(=쌓아 올림)이 이뤄진 다음에야 자본주의가 굴러간다.

사회책은 유럽 나라들이 "상업의 발달 덕분'에 산업혁명과 자본주의를 낳을 첫 밑천을 마련했다."고 적어놓았다. 얼핏 보면 맞는 말 같지만 정확한 앎이 못 된다. 사회책은 유럽 자본주의가 자리를 잡으면서부터 좀 떳떳치 못한 짓을 벌였다고도 적어놓았다. 노예무역이 그것이고, 식민지 침략이 그것이다. 뒤의 얘기는 그런대로 서술했지만, 앞의 얘기, 다시 말해 근대로 넘어온 과정에 대해서는 진지하게(정직하게) 서술하지 않았다. 그 과정은 '상업의 발달'만으로 간단하게 설명될 과정이 아니다.

사람들은 '첫 밑천 마련'을 '자본금 마련'으로만 알아듣는다. '상업 발달'을 중시하는 사회책도 그런 관점을 나타냈다. 한 개인이 가게를 낼 때의 '첫 밑천'이야 당연히 자본금을 가리킨다. 하지만 자본금 몇 푼이 마련된다고 해서 한 사회가 자본주의 사회로 손쉽게 넘어가지는 못한다. 왜 그럴까?

예를 하나 든다. 1800년대 초기에 영국의 어느 돈 많은 백인이 오스트레일리아 서부 스완 강 지역에다 공장을 지을 생각으로 5만 파운드에 해당하는 기계류와 생활용품, 그리고 노동자로 부릴 어른과 아이들 3,000명을 배에 싣고 런던을 떠났다. 그런데 오랜 항해를 끝내고 그가 흐뭇한 마음으로 오스트레일리아 해변에 발을 디뎠을 때, 동승했던 3,000명 중에 '공장 일을 하겠노라'고 남은 사람이 단 한 사람도 없었다고 한다! 왜 그랬을까? 오스트레일리아는 허허벌판이어서 아무 데나 눌러 앉아 농사를 지으면 어엿한 농사꾼이 된다는 얘기를 그

3,000명의 노동자들이 알아버렸던 것이다.

황무지에 처음 농사짓는 것은 여간 어려운 일이 아니다. 입에 풀칠하기가 공장 일을 하는 것보다 낫다는 보장이 (당장은) 없다. 그런데도 그 3,000명은 불투명한 미래를 선택해서 (그의 곁에서) 달아나버렸다. 처음에 고생은 하더라도 훗날 어엿한 농사꾼으로 자립自立하는 것이 더 사람답게 사는 길이라 생각했기 때문이다.

직장에 다니는 중년 남자들이 '(직장 관두고) 내 사업 해야지.' 하고 걸핏하면 노래를 부르는 까닭도 남이 시키는 명령에 따라 일하는 것이 썩 달갑지는 않기 때문이다. 1800년대 초 오스트레일리아에서는 그렇게 농사꾼으로 자립할 길이 열려 있었기 때문에 (남의 돈을 받는) 노동자가 되기를 바라는 사람이 없었다. 그 뒤 호주 정부(총독)는 땅을 사고파는 데에 비싼 세금을 매겨버렸다. 아무나 손쉽게 (독립된) 농사꾼이 되지 못하게 막으려는 속셈이었다.

이렇듯 자본주의 체제가 성립하려면 (처음에 들어갈 자본금뿐만이 아니라) 공장을 굴릴 노동자들이 생겨나 있어야 한다. '자본금 마련'보다 더 결정적인 요인要因이 이것이다. 17~18세기 이전에도 돈을 한밑천 모아놓은 장사꾼이나 고리대금업자들은 여기저기 있었는데 왜 그들은 자본가가 되지 못했을까? 마음껏 부려 쓸 노동자들을 구하지 못했기 때문이다. '돈'만 있어서는 자본주의가 생겨나지 않는다.

중세의 농노가 임금노동자로 바뀌는 과정에는 두 측면이 있다. 하나는 농노農奴가 영주領主에게 묶여 있는 신분적 예속으로부터, 또 도시의 길드(=11~16세기에 유럽에 번성한 조합)에 묶인 노동자가 길드로부터 풀려나는 것! 사회책은 이 측면만 자세히 서술했다. 그런데 뒤에 살피겠지만 중세의 농노와 길드 노동자들은 차라리 길거리에서 구걸을 하는 한이 있어도 선뜻 임금노동자가 되려고 하지 않았다. 왜 그랬는지도 중요한 문제인데 나중에 기회 되면 알아보자.

또 하나는 예전의 신분적 예속(억눌림)에서 풀려난 사람들이 맨손 알몸뚱이로 거리에 나앉아야 한다는 것! 그래야 그들이 (내키지 않는 발걸음으로) 남의 공장 문을 두드리게 된다는 얘기다.

'알몸뚱이'라는 것이 무슨 말인가? 중세 농노들은 영주가 소유所有한 땅이기는 해도 저에게도 눌러 앉아 살아도 될, 보이지 않는 권리가 있었다. '눌러 앉을 권리'를 점유권占有權이라고 한다. 동네 뒷산은 명의名義는 영주 앞으로 되어 있어도, 그 동네 소농小農들이 너나없이 땔감도 구하고, 염소도 풀어놓아 먹이고 하면서 살아왔다. 소농들에게 이용권(이용할 권리)이 암묵적으로(보이지 않게) 있었다. 사실 '공유지'는 영주가 음덕을 베푼 게 아니라, 봉건제도 밑에서도 농민들이 '자기들 것'으로 지켜온 옛 게르만의 제도였다.

1400년대 후반과 1500년대 전반, 영국의 영주들은 제 밑에 있던 가신家臣 패거리를 죄다 내쫓았다. 또 동네 공유지共有地에다 '이 땅은 내 땅'이라고 말뚝을 박아서 소농들을 내쫓고 거기 양과 염소를 풀어놨다. 그때는 네덜란드 플랑드르에 양털 매뉴팩처(=공장의 초창기 형태)가 번창해서 양털 값이 하늘 높은 줄 모르고 뛰어오르던 때다. 양羊을 치는 것이 큰 돈벌이가 되던 때!

이것을 역사책에서는 '인클로저enclosure(울타리 치기)'라 부른다. 영주가 농민들을 내쫓은 유혈流血과 폭력의 역사! 그 시절에 어느 시인은 "양이 사람들을 잡아먹는다!"고 한숨을 쉬었다.

1500년대의 종교개혁도 수많은 농민을 맨주먹 알몸뚱이의 무산자無産者로 내쫓았다. 수많은 농민을 먹여 살리던 '수도원' 같은 곳이 죄다 대문을 닫아걸었다. 수도원 땅을 대대로 경작해온 소작인小作人들이 쫓겨나고 그 땅은 권세 높은 벼슬아치나 도시 부르주아들이 헐값으로 차지했다.

그 결과, 거리에는 알거지들이 들끓기 시작했다. 1601년에 엘리자베스 여왕이 '나라 곳곳에 거지가 들끓는다.'는 것을 결국 인정하고 구빈세(救貧稅, poor-rate)를 들여올 정도였다. 1600년대 후반만 해도 자영농민층yeomanry 숫자가 적지 않았다. 크롬웰의 '명예혁명'의 주력 군대는 바로 이들이었다. 그러나 명예혁명(1688년) 이후로, 수많은 국유지가 몇몇 권세 높은 부르주아나 영주의 손아귀 안으로 넘어가 버렸다. 예컨대 스코틀랜드 고지高地에서는 몇몇 귀족이 우리나라 충청도만 한 넓이의 씨족 공유지를 단번에 빼앗았다. 1750년 무렵에는 자영농민층이 다 소멸해버렸다.

위의 글에서 나는 영국의 사례를 들었다. 농민들을 대대로 살아오던 땅에서 내쫓고 '자본주의적 사적私的 소유'의 기틀을 닦는 과정이 영국에서 가장 두드러지게(전형적으로) 벌어졌기 때문이다. 하지만 영국보다 다소 덜하다고는 해도 유럽 여러 나라가 다 똑같은 과정을 밟았다.

한반도도 예외가 아니었다. 일본 제국주의는 왜 조선 땅을 식민지로 삼키려고 했던가? 일제日帝는 1908년 한반도에 '동양척식회사'를 세웠다. 이 회사 놈들이 벌인 짓거리는 시골 곳곳을 찾아다니며 "당신, (이곳이 당신 땅이라고 증명해줄) 땅문서를 갖고 있소?" 캐묻는 일이었다. 대대로 지주地主로 살았던 사람이야 어엿한 땅문서가 있었겠지만, 동네 공유지共有地나 쪼그만 땅뙈기는 땅문서가 있을 리 없었다. 중세 사회는 무슨 '계약 사회'가 아니었고, 복덕방이든 부동산 중개소든 그 따위 것들이 있을 리 없다. 그러니까 그 회사 놈들은 지주들의 땅을 제외하고 웬만한 땅뙈기들을 죄다 집어삼켰다. 그리고 한반도에서 쫓겨난 농민 수백만 명이 두만강 건너 북간도 벌판으로 살 길 찾아 떠나갔다. 한국에서 '자본주의적 사적 소유'는 이렇게 확립됐다. 일제 강점기 때 입에서 입으로 전해졌던 「신아리랑」은 이런 민중 현실을 고스란히 일깨워주었다.

"밭 잃고/집 잃은/동무들아/어디로/가야만/좋을까 보냐
괴나리/봇짐을/짊어지고/아리랑/고개로/넘어간다
무산자無産者 누구냐 탄식 마라/부귀와 빈천은 돌고 돈다
감발을 하고서 주먹 쥐고/용감하게도 넘어간다"
"물 좋고 산 좋은 데 일본놈 살고/논 좋고 밭 좋은 데 신작로 난다"

중3 사회책을 다시 불러내자. 사회책은 "시장경제는 사유재산이 인정되기 때문에 경제주체는 자기가 노력한 만큼 소유권을 보장받을 수 있다."고 적었다. 사유재산제도가 완전히 옳은지, 문제가 있는지 여부에 대해서는 침묵했다. 그런데 요즘 한쪽(='신우익newright' 계열)에서 들이밀고 있는 '대안 교과서'는 마치 대한민국이 사유재산권의 절대성을 보장하는 이념을 바탕으로 하여 건국한 것처럼 서술했다. 이들에 견주자면야 대부분의 사회책은 착한 편이다.

아무튼 '사유재산제는 옳은가? 더 나아가, 신성불가침의 것인가?' 하는 문제는 수많은 대중이 그 토론에 참여해야 한다. 자신들의 살림살이와 직결된 문제이기 때문이다. 그런데 '사유재산'을 움켜쥔 사람이 "날 건드리지 마! 이것은 내 거야!" 하고 주장하려면 그것이 자기와 자기 가족(선조)의 땀과 노동으로 이룩한 것이어야 한다. 그런데 자본주의의 '첫 밑천'이 과연 자본가들의 땀과 노동으로 마련되었던가? 우리는 역사적 진실을 묻지 않고서 그에 대해 답할 수 없다.

역사 이야기를 좀 더 하자. 땅에서 쫓겨난 유럽 농민들은 어찌 되었

을까? 1400년대 후반과 1500년대 전체에 걸쳐, 서유럽 여러 나라에는 부랑자vagabondage에 대한 '피의 입법立法'이 실시됐다. 국가는 거리를 떠도는 짓 자체가 '자발적 범죄'라고 간주했다. 1530년에 정해진 영국의 법을 보자. 늙고 노동능력 없는 거지는 '거지 면허'를 받고, 건장한 부랑자는 붙들려 간다. 그는 달구지 뒤에 묶여 몸에서 피가 흐를 때까지 매를 맞고, 제 고향이나 최근 살았던 곳으로 돌아가서 "노동을 하겠다."는 맹세를 한다. '부랑생활'을 하다가 두 번 붙들리면 다시 매질을 퍼붓고 귀를 절반 자른다. 세 번째로 붙들리면 '공동체의 적'이라고 목을 자른다.

1847년에 정해진 법을 보자. 노동하기를 거부하는 사람은 그를 게으름뱅이라고 고발하는 사람의 노예가 된다. 주인은 그 부랑자에게 빵과 물, 멀건 죽과 고기부스러기 몇 점을 베푸는 대신, 그가 아무리 싫어하는 일이라 해도 쇠사슬로 묶고 채찍을 휘둘러 부려먹을 권리를 얻는다. 이 노예가 도망간 지 보름이 넘으면 '죽을 때까지(=종신) 노예 신세'라고 판결이 떨어지고, 이마나 뺨에 S자의 낙인烙印이 찍힌다, 등등…….

그 시절 영국의 토머스 모어는 자기 책 '유토피아(=이상향)'에서 이렇게 말했다. "만족할 줄 모르는 대식가大食家가 수천 에이커의 땅을 움켜쥐기 위해 무슨 짓을 해서라도 농민들을 쫓아낸다. 농민들은 갑자기 쫓겨나기 때문에 세간을 헐값에 팔 수밖에 없다. 돈이 다 떨어지면 도둑질을 하고 교수형을 당하든가, 구걸하는 일 말고 무슨 다른 길이 있겠는가. 구걸하러 가면 부랑자로 붙들려 간다. 그들이 아무리 일하겠노라 간청해도 일을 시켜주는 사람이 없는데도!" 모어가 말하는 이 부랑자들이 헨리 8세 때 7만 명 넘게 목이 잘렸다. 이런 나라가 과연 사람이 사람답게 사는 나라일까?

유럽 국가는 지금의 노동자계급의 선조先祖, 곧 그때의 부랑자들을 왜 이렇게 잔인하게 다뤘을까? 그들을 고분고분 말 잘 듣는 임금노동자로 만들기 위해서였다. 1360년의 영국 법령에 따르면, 고용주가 일꾼에게 '법에 정해놓은 수준' 이상으로 높은 임금을 주면 (고용주를!) 감옥에 가두게 돼 있다. 법률은 고용주가 말을 듣지 않는 일꾼을 매질해도 된다고 허락했다. 노동자들이 자기들의 권익(권리와 이익)을 찾기 위해 무슨 단체를 만들면(='결사結社'를 하면) 중죄로 다스렸다. 노동자가 단체를 만들 권리는 19세기 중반에 이르러서야 가까스로 보장됐다.

영국의 의회는 15세기 이후 19세기까지 오백 년을 '자본가들의 상설 조합'으로 군림했다. 파렴치하게도! (존 로크 같은) 근대 유럽의 자유주의자들이 '자유 예찬론'을 편 것은 부르주아의 자유를 예찬한 것이었지 민중의 자유와는 거의 무관無關했다. 프랑스의 시민혁명(1789년)이 겨우 민주주의의 첫걸음을 뗀 데 불과하다는 것도 금세 드러났는데, 그 혁명이 한창 벌어지고 있는 도중(1791년)에, 노동자들이 이태 전에 쟁취한 '결사結社의 권리'를 다시 묵살해버리는 법령이 마련됐던 것이다.

여태껏 말한 것을 간추리자. 유럽 자본주의가 첫 밑천을 마련한 과정은 결코 '목가적牧歌的'이지 않았다. 그것은 피blood로 얼룩지고 불길에 타오르는 문자文字로 인류의 연대기年代記에 기록돼 있다. '자본주의적 사유재산의 권리'가 결코 신성불가침의 것이 아닌 이유는 바로 자본주의의 역사가 말해준다.

오늘날 우리에게 '원죄'가 있다면 ('이브'가 사과를 남몰래 따먹었다는 둥, 베짱이는 게을렀기 때문에 가난뱅이가 되었다는 따위의) 무슨 공상空想 속의 원죄가 아니라, 우리가 역사 속에서 저지른 죄sin다. 우리가 지금 누리고 있는 수많은 부富가, 기실은 힘없고 죄 없는 숱한 세계 민중의 피땀과 눈물과 목숨을 빼앗은 덕분이었음을 한시도 잊어서는 안 된다. (타국 민중의 약탈, 자국 농민을 알거지로 쫓아내기와 같은) 그런 야만스러운 짓거리가 대대적으로 벌어지지 않았더라면 자본주의라는 펌프는 첫 '마중물'을 마련할 수 없었다. 인류가 덜 야만스러웠더라면 근대 사회는 지금처럼 '돈(곧, 돈 있는 사람)이 돈을 버는 사회'가 아니라 조금은 더 인간미人間味 넘치는 세상으로 바뀌었을 것이다.

학교 교과서나 신문 방송은 인류 역사의 이런 어두운 면을 얼마쯤은 안다. '반성하자'는 얘기도 가끔 한다. 문제는 그런 얘기에 별로 무게가 실려 있지 않다는 것이다. 반성하는 '시늉'만 할 뿐이다.

우리가 '시늉'을 넘어설 첫걸음은 가장 낮은 자리에 서서 '역사'를 온전하게 바라보는 것이다. 교과서는 다시 쓰여야 한다. 야만스러운 인간들이 판을 친 덕분에 인류의 근대 문명이 건설됐다는 것부터 진실되게 자인自認해야 한다. 동아시아 나라들의 번영이 아프리카 민중의 불행(빈곤과 저개발)과 전혀 무관하지 않다는 깨달음도 품어야 한다. 교과서는 더 낮은 곳으로 내려가야 한다.

8 권력은 통계를 속이고 싶어 한다

영국의 디즈레일리는
'3대 거짓말'의 하나가 '통계'라 했다.

　2013년 6월 18~20일자 『한겨레신문』은 한국 정부가 발표하는 '통계(統計, statistics)'에 대하여 의문점을 파헤치는 연재 기사를 실었다. 그 기사들을 일부(그 제목)만 간단하게 소개한다.

"2012년 대통령선거 직전에 여당 후보에게 불리한 통계가 발표 내용에서 빠졌다."

"(소득 분배의 불평등 정도를 나타내는) '지니 계수'는 통계청 직원도 믿지 않는다."

"양파 파동 때는 양파 통계의 발표를 늦추고, 금값이 뛸 때는 물가지수物價指數에서 금金을 뺐다."

"행정부공무원노조 통계청 지부는 '(통계 작성과 발표에 대한) 권력의 입김을 더는 못 참는다'면서 '통계청 독립성강화 특별위원회'를 만들었다."

"지난 정부 때 통계청장이 걸핏하면 청와대에 불려 다녔다."

"통계청에서 승인받지 못한 '국가통계'가 멋대로 발표되는 경우가 수두룩했다."

"통계청과 경기도청이 '경기도 취업자 수'를 놓고 의견이 갈려 서로 충돌했다."

"통계청이 자료 공개를 계속 늦춰서 학자들의 조사연구가 큰 벽에 부딪쳤다."

"도道단위 고용통계밖에 없어서 시군구市郡區 지방자치체는 예산을 '지레짐작'으로 분배했다."

위의 기사 제목들로부터 우리는 다음과 같은 사실들을 추론할 수 있다.

① 집권정당은 자기들의 집권 유지에 도움 되는 쪽으로 통계 작성과 발표를 조작한다. 이것은 정치 세력과 정치문화의 문제다.

② 통계청 자신이 통계 발표를 꺼릴 때도 많다. 이것은 관료제도가 갖고 있는 편향의 문제다.

③ 통계청이 작성한 통계 자체가 허술할 때가 많다. 이것은 국가와 학문 자체가 갖고 있는 한계의 문제다.

중고교 학생들은 정부가 배포하는 (사회, 역사, 도덕, 국어) 교과서에서 '대체로' 장밋빛 이야기들을 읽는다. "현실에 문제가 있다(있었다)." 고 하는 이야기도 들어 있기는 하지만, 그것도 대부분 짤막하고 단조로운 내용으로 서술돼 있으니 그러지 않아도 역사에 대한 앎이 얕고, 현실 사회를 별로 겪어보지 못한 학생들에게 그 내용이 실감 있게 다가가기 어렵다. 그러니까 수학과 자연과학, 외국어 공부와 관련해서는 학교 교과서가 웬만큼 학생들의 공부를 도와주는 것으로 보이지만, 인문사회 교과는 그렇지 못하다. 교과서는 현실로부터 갖가지 나뭇가지를 잘라내고 쳐내서 간단하게 다듬어진 내용만 담고 있다. 그러니 인문사회 교과와 관련해 눈을 틔우려면 교과서 밖의 책들, 또 교과서가 담아내고 있지 못한 현실에 직접 눈을 돌려야 한다. 이를테면 위에 소개했듯이, '통계'와 관련한 이모저모를 (신문을 통해) 알아보는 것은 교과서보다도 더 깊게 현실을 파헤쳐볼 수 있는 좋은 공부거리가 된다.

위의 신문기사에서는 정치 세력(정당)과 행정 관료들이 어떻게 '통계'를 자기들 유리한 쪽으로 조작하거나 숨기는지를 주목했다. 정치권력을 쥔 정치인들은 선거 때마다 유권자有權者의 심판을 받는다. 그러므로 '행정을 공정하게 집행'하려는 도덕적인 동기보다 자기들 정치 세력의 유지와 강화라는 사적私的 이익을 더 앞세우고 싶은 유혹에 자주 빠진다. 대중에게 알려질 경우 자기들에게 불리할 내용은 숨기고 싶은 것이다. 그래야 선거에서 표를 덜 잃는다.

행정 관료들도 자기들 관료 집단의 위신과 위세를 잃고 싶지 않은 뿌리 깊은(굳센) 욕구를 갖고 있다. 관료(곧 행정부의 고급 관리)들은 저희끼리 똘똘 뭉쳐 있고, 저희끼리 정보를 독점하고 있는 것이 많아서 어지간해서는 의회가 견제해내기 어렵고, 민중이 직접 그들의 잘잘못을 따져 묻기는 더더욱 어렵다. 정당과 정치인들의 편파성을 꾸짖는 것보다 관료제도를 크게 고치는 것이 훨씬 큰 문제다.

참고로, 중2 사회책에서 '관료제'를 설명한 대목을 옮기고 잠깐 그에 대해 논평한다.

"사회가 차츰 복잡해짐에 따라 사회조직들은 목표의 효율적 달성을 위해 '관료제(官僚制, bureaucracy)'라는 형태를 띠기 시작했다. 관료제는 권위(권세와 위신, authority)에 따른 위계질서(位階秩序, hierarchy, 상하관계)를 만들어놓고 공식적인 규칙과 절차에 따라 업무를 해낸다. 이것은 주로 대규모 조직체에 알맞은 운영 방식으로, 정부 조직의 운영 방식이 그 대표적인 경우다.

그러나 관료제는 조직 구성원들이 절차(節次, procedure)에만 골몰한 나머지, 원래의 목적을 이루지 못하거나 규칙에 얽매여 창의성을 발휘하지 못하는 등 여러 문제도 갖고 있다. 이에 따라 요즘은 관료제의 문제점을 해소할 새 조직 형태를 만드는 사례도 생겼다. 특히 급변하는 사회에 효과적으로 맞서려고 신속 정확한 판단력과 창의성을 보장하는 조직 형태가 나타났다."

→ 사회책은 '국가 관료 집단'만 따진 게 아니라, 정부의 관료제를 포함해서 (대규모 조직체의) 모든 관료제에 다 해당하는 문제를 짚었다. "큰 조직체는 어느 것이나 관료제로 흐르는 경향(쏠림)이 있다."고 못 박았는데 그렇다면 아무리 개선책(대안 조직 형태)을 내놓는다 해도 그 경향을 제대로 막기는 어렵겠다는 느낌이 든다. 그런데 '관료제'는 단지 사회조직이 크기 때문에만 생겨나는가? 관료제를 송두리째 없애고, 완전히 다른 조직 형태로 가는 것은 불가능할까? 관료제는 단지 사회가 급변하기 때문에 고쳐야 한다는 것일까?

따져 물을 질문이 숱하게 많다. 우선, 정부의 관료제와 기업의 관료제를 뭉뚱그려서 따지는 것이 무슨 의미가 있을지부터 의문이다. "사회가 복잡해져서, 조직체가 커진 탓에 그렇다."는 단언부터가 옳은 단언인지, 아니면 곁가지 사실만 짚은 것인지 의심쩍다. '절차에 얽매인다.'는 것은 곁가지 문제에 불과하다. 그리고 통계청이 통계를 숨기는 까닭은 사회가 복잡하고 조직체가 커진 사실과 전혀 무관하다. 정부든 기업이든 저희끼리 (자립自立하여) 굴러가는 탓에 민중에 그에 대해 잘잘못을 따지기 어렵다는 사정이 가장 큰 문제가 아닌가. 관존민비官尊民卑(국가 관료가 민중을 깔본다)의 현실은 크게 개선되지 못했다.

사회 교과서는 관료제 문제를 그렇게 한두 가지 측면(복잡함, 대규모)만 겉핥기로 따질 바에는 차라리 그 내용을 책에서 빼버리는 게 낫다. 그런 정도의 앎은 학생들이 어른이 돼서 자신의 일터에서 터득해도 전혀 늦지 않다……

다시 통계로 돌아오자. 통계를 숨기거나 발표를 늦추거나 불리한 통계가 나오지 않도록 일부러 엉터리 통계를 작성하거나 하는 것은 괘씸한 일이기는 해도 바로잡기가 크게 어려운 일은 아니다. 더 뿌리 깊은(곧 구조적인) 문제는 애당초 통계의 기준을 정하는 과정에서 생긴다. 위의 신문기사가 한국 정부를 꾸짖는 얘기라서, 통계를 갖고서 장난치는 일이 한국이나 일부 후진국에나 있을 거라는 선입견이 생길 수 있는데, 정치적 속셈에 따라 통계 기준을 정하는 일은 (정도의 차이는 있어도) 선·후진국을 가릴 것 없이 다 벌어진다. 먹고사는 문제가 어려워질 때, 민중이 지배층을 바라보는 눈길이 사나워지기 마련인데, 선·후진국 지배층 누구나 그 (경제의 어려움이 통계로 드러나는) 문제 앞에서 비겁해진다는 얘기다.

대표적인 사례는 미국의 실업失業 통계다. 미국의 실업률은 최근 7% 대라 하고, 유럽 17개국(유로 지역)의 실업률은 12% 대라고 한다. 미국은 세계경제의 기축통화가 '달러'인 까닭에 시뇨리지(=화폐 발행으로 얻는 이익) 효과가 커서 자기 나라의 경제적 어려움을 딴 나라들에 곧잘 떠넘긴다. 그래서 경제 형편이 유럽보다 낫다는 점을 감안해야 하는데, 그렇더라도 미국의 실업률이 유럽의 실업률보다 한참 낮은 까닭은 미국의 실업률 통계가 유럽보다 부실한 덕분이라는 (숨겨져 있는) 사실도 들춰내야 한다. 나는 경제학 전공자가 아니라서 자세한 설명을 할 지식은 없으나, 유럽처럼 엄격하게 통계를 잡으면 미국 실업률이 더 올라갈 것이라고 한다. 이런 사례는 들춰 보면 더 많고, 특히 한국의 통계가 그렇다.

하지만 통계의 왜곡만이 문제가 아니다. 통계가 아예 작성돼 있지 않거나, 아니면 중요한 경제 정보를 일부 집권층만 비밀사항으로 독점하는 현상도 큰 문제다. 그런데 전자前者의 경우, 민족경제가 일정하게 발전하기 전까지는 국가가 변변히 통계 확보를 위한 조사 사업을 벌일 능력을 갖추지 못한다는 근본 문제가 깔려 있다. 경제학자들에게 들은 얘기로는, 19세기의 자본주의 경제를 제대로(곧 빠짐없이) 살필 수 있을 만큼 국가에서 통계로 작성해놓은 나라는 영국뿐이라고 한다. 또 20세기의 경제 흐름을 제대로 알아볼 수 있도록 통계를 빠짐없이 갖춘 나라는 미국뿐이라고 한다. 그 밖의 딴 나라들의 통계를 갖고서는 깊이 있는 연구를 하기 어렵다는 것이다. 꼭 경제만의 얘기는 아닌데, 1948년에 건국한 뒤로 한국 정부가 갖춰놓은 행정 자료들도 부실하기 짝이 없고, 심지어 전두환 전 대통령은 대통령직에서 물러나면서 자기한테 불리한 자료들을 죄다 없애버리는 '만행'을 저지르기도 했다. 소시민의 눈에는 위세가 참으로 대단해 보이는 '국민국가'라는 것들이 다 그렇게 허술하고 허튼 구석들을 숱하게 안고 있다!

후자後者의 문제, 곧 정보 은폐는 꼭 통계의 문제만이 아니다. 이를테면 2008년 세계 대공황(또는 금융위기)이 터지자, 미국 정부는 무너지는 자본가들을 살리려고 몇 조 달러에 이르는 엄청난 액수의 돈을 찍어댔는데, 나중에는 채권 발행 사실을 쉬쉬 하며 언론에 발표하지도 않아서 정확한 발행 액수가 얼마인지 일반 대중은 알지 못한다고 한다. 미국의 중앙은행이라고 하는 '연방준비제도이사회FRB: federal reserve board'는 기실은 국가기관이 아니라 금융자본가들의 사적私的 협의기관이라는 사실을 아는가? 국민대중의 통제가 거의 미치지 못하는 무소불위無所不爲의 기구다. 영국 자산가(부르주아)들의 자식이 다닌 사립학교가 자기 명칭을 'public school'이라고 버젓이 일컬었듯이, 미국 자본가들은 자본가들의 협의체를 국가기구인 것처럼 얼버무려 내세웠다.

아무튼, 이렇듯 통계를 왜곡하거나 정보를 쉬쉬하며 숨기는 일이 거듭될 때, 어떤 사태가 벌어질까? 2차 대전이 끝난 뒤부터 1970년에 이르는 때와 같은 유럽의 오랜 호황기에는 부실한 통계라도 큰 탈을 낳지 않는다. 하지만 큰 사태가 벌어질 때에는 사정이 달라진다. 그동안의 잘못(왜곡과 부실)이 큰 대가를 치른다. 무엇의 대가를? '늑대가 나타났음'을 일찍이 경고하지 못한 잘못의 대가를!

유럽 학자들 중에는 학문의 주된 임무가 미래를 정확하게 예측하는 데 있다는 주장을 편 사람이 많았다. 그 주장이 전적으로 옳은지는 의심쩍지만 그 주장이 옳지 않다 해도, 다시 말해 사회의 앞날을 자세하게 다 점칠 것은 없다 해도 커다란 변란變亂(파국)이 일어나는 것만큼은 예견할 수 있어야 한다. 이를테면 2008년 세계 대공황이 터진 것만큼은 예견해야 했다. 정확하게 언제 터질지는 점칠 수 없다 해도 비슷하게는 말이다. 그래야 인류가 그 사태에 대비하고 그 파괴적 결과를 미리 줄일 수 있지 않겠는가.

그런데 지금의 근대 자본주의 체제를 긍정하고 별다른 의문을 품지 않는 기업가, 정치인, 학자들은 20세기 후반부터 여태껏 "우리 경제, 잘 나가요! 괜찮아요!" 하는 얘기 일색―色이었다. 찰리 채플린의 명화 「모던 타임스」가 보여준 1929년의 세계 대공황을 겪었던 20세기 전반까지는 "공황(恐慌, panic, crisis)? 막아야지요." 하고 풀이 죽은 목소리로 되받았지만 그 뒤 몇십 년의 '좋았던 시절'을 보내면서 "공황? 그런 낱말은 우리 사전辭典에 없어요!" 하고 태도가 바뀌었다. 주류 경제학자들은 '자본주의는 공황과 같은 변란을 아예 없애버렸다.'고 치부했다. 2000년대에 들어와서 갖가지 거품(곧 자산 투기)이 잇달아 터지면서 가까스로 경제를 꾸려왔으면서도 그동안 자본주의가 거둔 성공에 스스로 도취되어 "경제 침체? 일없습네다. 걱정일랑 붙들어 매시라요." 하고 허튼 자랑을 늘어놓기 일쑤였다.

2008년 경제 대공황이 터지고, 무너지는 자본들을 살리려고 미국과 유럽 지배층이 통틀어 4~5조 달러가 넘는 돈을 찍어내는 난리굿이 일어났는데 이때, 영국 여왕이 영국 경제학자협회에 편지를 보냈다. "당신들 중에 이 위기가 터져 나올 것을 예견한 사람이 있습니까? 왜 예견하지 못했습니까?" 하고 다그쳐 묻는 편지였다. 평소에는 자기들의 박식함을 교만하게 자랑했던 학자들이 기어들어가는 말투로 "변명할 말이 없다."는 답신을 여왕에게 보냈다고 한다. 그들의 이론이 죄다 틀렸음을 이 공황이 생생하게 드러내줬다.

나는 앞에서 '통계' 문제가 단순히 정치적 속셈에 따른 왜곡이나 허술함의 문제만이 아니라, 국가와 ('경제학'이라는) 학문이 갖고 있는 한계에서 비롯된 문제도 있다고 말했다. 그래서 우리 경제현실의 생생한 실상(실제 모습)을 제대로 알려주지 못한다고 했다. 우리는 '어떻게 해야 세상 현실을 제대로 알 수 있을까'라는 질문과 정면으로 맞닥뜨려 있다.

4부

어떤 앞날을 그려야 할까?

1 바울이 걸어간 길로 나아가라

바울은 2만km를 다니며 진리를 일깨웠다.

　이 글은 기독교를 일으키는 데 1등 공신功臣인 '바울'의 사상을 잠 깐 살핀다. 기독교는 인류에게 큰 영향력을 끼친 종교의 하나이고, 인 류 역사의 커다란 부분이 기독교의 형성, 부침浮沈과 관련돼 있다. 그 러므로 기독교의 방대한 역사와 그 가르침을 알아보는 것도 좋은 공 부겠지만 짧은 글 속에 죄다 짚을 수도 없고, 내게 그럴 식견도 없다. 굵직한 생각거리 한두 개만 짚어 본다.

　기독교 신자가 아닌 사람은 '웬 종교 이야기?' 하고 뜨악해할지 모른 다. 옛 유럽은 오랫동안 '성경책' 하나를 갖고서 세상의 길잡이로 삼다 가, 과학의 시대로 바뀜에 따라 성경책은 뒷전으로 밀려났다. 유교(성 리학)와 불교 사상이 군립했던 아시아는 더 말할 것도 없으니 그 변죽 을 울리는 짤막한 소개말만 도덕책에 적혀 있을 뿐이다.

　요즘 사람들은 "공적인public 분야의 앎은 과학에게 맡기고, 사적인 private 분야의 믿음은 종교에게 맡긴다."며, 이 둘을 편리하게 갈라놓 는다. 종교 세력이 국가를 직접 좌지우지했던 시대로 돌아갈 수 없다 는 점에서 그 구분은 당연하지만, 그러다 보면 종교사상 속에는 21세 기에도 귀담아들어야 할 대목이 있다는 것을 깜깜하게 놓칠 수 있다.

이 얘기는 특히 기독교를 두고 하는 말이다. 아시아의 종교사상에도 새겨들을 바가 분명히 많지만(이를테면 맹자는 대단히 전투적인 호민관護民官이었다), 현대의 인류가 당면한 문제를 푸는 데에 더 절박하고 긴요한 내용은 기독교에서 찾을 수 있다는 것이 내 생각이다. 역설逆說처럼 들릴 터인데, 왜냐면 기독교는 한편으로 인류 역사를 쥐락펴락해온 제국주의 나라들을 치장(장식)해준 반동 이데올로기 구실을 오랫동안 해왔기 때문이다. 유럽 제국주의가 아프리카와 아시아를 침략할 때 늘 선교사를 앞세워 원주민들을 정신적으로 길들여놓고서 총칼과 함선이 뒤따라 들어갔다는 것은 너무나 잘 알려진 사실이다.

이 글은 기독교의 갖가지 얼굴을 다 살피지 않고, 초기 기독교 사상에서 오늘날 살려낼 대목만 짚는다. 로마제국으로부터 갖은 탄압을 받던 시절의 기독교[106]와 로마제국 지배층의 통치 도구가 된 기독교는 까마득히 다르다는 것을 유념해두자. 마찬가지로 21세기에도 지배층의 도구 노릇을 톡톡히 하는 기독교와 민중의 벗이 되려고 애쓰는 기독교를 구분해서 살펴야 한다.

바울Paul은 개신교(프로테스탄트)에서 부르는 호칭이고, 가톨릭교에서는 '바오로', 그리스정교회에서는 '바울로'라고 부른다. 히브리어(유대인말)로는 사울Saul이다.

바울은 지금의 터키 나라에서 태어난 유대인이다. 유대교 율법 교육과 그 밖의 여러 공부를 두루 한, 학식 있는 바리새인(유대교 경건주의 분파)이다. 그는 젊어서는 한때 자신의 종교적 신념에 따라 예수와 그의 제자들을 박해하기도 했다. 그런 그가 예수의 제자들을 붙잡으러 다마스커스[107]로 가던 도중, 불현듯 어떤 깨달음을 얻어 회심回心한

---

106. 우리가 주로 배워야 할 기독교는 이때의 기독교다.

다. "나는 예수가 가짜 예언자인 줄 알았는데, 돌이켜 보니 진짜배기 메시아(구세주)구나!" 그 순간, 등골이 서늘했으리라. 사람들은 이것을 '개종(종교 바꾸기)'이라고 무심코 표현하는데 이는 정확한 말이 아니다. 그때는 죽은 예수를 메시아라고 믿는 유대교의 작은 분파에 불과했고, 바울이 신학사상을 세운 뒤에야 '기독교'라는 독립된 종교가 탄생한 것이다.

신약성경을 보면 '로마서'와 '사도행전'을 비롯해 절반이 '바울의 가르침'이다. 예수의 삶과 죽음에 어떤 뜻이 들어 있는지, 바울이 폭넓은 사상으로 해석해낸 뒤에야 기독교 교리敎理가 만들어졌다. 그 무렵은 그리스 문명과 중국, 인도 문명이 한창 꽃핀 시절인데, 바울은 어느 문명권에서도 탐색하지 않은 새로운 종교사상을 창안해낸 일류의 지성知性이라 하겠고, "바울이 없었다면 기독교가 탄생하지 못했을 것"이라는 말이 전혀 빈말이 아니다.

바울은 사상만 탐구하고 앉아 있던 학자가 아니다. 그는 천막天幕을 비롯해 가죽으로 물건을 만드는 육체노동자(갖바치)로 평생을 살았다. 이것은 대단히 뜻깊은 사실인데, 왜냐면 지배층이 베풀어주는 빵을 받아먹으며 학문을 하는 사람이 그 지배층이 수긍하는 것을 뛰어넘어 더 투철한 사상思想을 펼치기는 대단히 어려운 일이기 때문이다. 요즘도 대학교 정규직 교수는 명예가 높고, 먹고살 걱정을 하지 않아도 되는 매우 안락한 자리인데, 사람이 그 '보장받은 자리'를 박차고 나올 만큼 용감하게 권력과 맞서기는 쉽지 않다. 바울의 시대에도 종교 지도자들은 다들 '남들이 갖다 바치는 물자'에 기대어 살았지, 자기의

---

107. 시리아의 수도. 2~6세기에 번성한 '마니교'도 이곳에서 태어났다. 시리아 말은 예수 때의 말과 거의 같다.

팔다리를 부려서 고된 노동을 하며 살지 않았다. 바울에게는 사람들의 마음속에 똬리 튼 악령(귀신)들을 내쫓는 비범한 능력이 있었다는데 육체노동자로 살았던 그의 강인한 삶이 그런 정신 능력을 길러준 것 아니냐고 해석하는 신학자도 있다.

바울은 유럽과 서아시아 곳곳을 다니며 선교했다. 모두 2만km를 여행했다. 서울에서 부산까지가 400km 남짓이니 이 길을 걷거나 나귀를 타거나 배를 건너 자그마치 50번 왕복했다는 얘기다. 죽을 고비를 여러 차례 넘겼다. 다섯 번 매를 맞고, 세 번 곤장으로 맞고, 돌로도 한 차례 맞고, 배가 가라앉아 세 번 바다에 빠졌다. 감옥에 두 번 갇히고, 결국엔 예순 살 나이에 로마군에 붙들려 죽임을 당했다(순교했다). 기독교는 이 역경을 통하여 보편 종교로 세계 곳곳에 뻗어 나갔다.

초기 기독교도들이 로마제국의 탄압에도 굴하지 않고 어찌 그렇게 투철한 '믿음'을 지탱할 수 있었는지는 인류 역사에서 참으로 경이로운 대목에 속한다. 『쿠오바디스』라는 유럽 소설이[108] 그 얘기를 소상히 전한다. 예수의 제자 베드로가 로마제국의 탄압을 피해 시골길을 가고 있는데 예수의 환영幻影이 나타났다. "주여, 어디로 가십니까?" "베드로야, 네가 로마를 버렸으니 내가 로마에 가서 다시 십자가에 못 박힐 수밖에 없구나." 베드로는 그 길로 발길을 돌려 로마로 죽으러 갔다!

바울의 사상을 두 가지만 짚자.[109] 첫째는 아무 권리도 누리지 못하

---

108. 영화로도 만들어졌다. '쿠오바디스 도미네'는 라틴어로 '주여, 어디로 가시나이까.'라는 뜻이다.
109. 신약성경에 들어 있는 바울의 글은 13개인데, 그중 6개는 나중 사람이 바울의 이름을 빌려서 쓴 가짜다. 로마제국과 타협하기 위해 바울 사상을 많이 누그러뜨려 썼다. 이런 사실들을 자세히 들여다봐야 바울의 사상이 얼마나 급진적인 것인지를 제대로 파악할 수 있다.

고 천대받는 사람들을 옹호한 '의인론義人論'이다. 그는 히브리인(이스라엘 사람)뿐 아니라 헬라인(이방인)도, 남자뿐 아니라 여자도, 자유인뿐 아니라 노예도 다 '의롭다'고 못 박아 말했다. 유대교 지배층은 율법(법)을 앞세워 사회적 약자들을 차별했는데 바울은 거기 정면으로 맞섰다.

바울이 이런 투철한 생각을 품게 된 것은 곤혹스러운 사건을 겪었던 덕분이다. 바울이 마케도니아의 빌립보에 가기 100년 전에 그곳에서 로마제국의 두 군대가 내전을 벌였는데 그 과정에서 지역 주민들이 엄청난 희생을 치렀다. 그 뒤로 주민들은 참혹한 전쟁 후유증 속에 비참한 삶을 살았고 그러다 보니 사람들을 달래는 미신이 창궐했다. 바울은 이 미신과 대결하다가 큰 실패를 겪었고, 이를 계기로 하여 '차별 없는 세상'을 만들지 않고서는 하느님 나라를 세울 수 없다는 것을 절감했다.

한국의 현대사도 마케도니아의 빌립보와 비슷하지 않은가? 남의 땅, 빌립보에 와서 로마군대가 싸움박질을 벌였듯이, 1894년에 일본군과 청나라군은 동학혁명을 핑계 삼아 한반도에서 서로 싸움박질을 했다. 조선을 누가 차지하느냐를 놓고 싸운 것이다.

예수가 죽은 뒤 이스라엘 사회는 '율법에 따르는 순결한 유대교도들만 구원받는다.'고 하는 독선적인 교리敎理가 판을 쳤다. 지금 21세기의 한국은 '시장경쟁에서 승리한 사람만이 풍요를 누린다.'는 사회 양극화 논리가 판을 치고 있지 않는가. 지금 한국의 교회들은 '어떤 응달 속에 있는 사람이든 다 세상의 주인으로 섬긴다.'는 바울의 인권사상을 실천하고 있는가? 혹시 기독교의 허울을 뒤집어쓴 율법주의 유대교로 일찌감치 탈바꿈한 것이 아닐까?

두 번째는 '(법을 따르는 자가 아니라) 믿는 자가 구원을 얻는다!'는 사상이다. 이 얘기는 자칫 속 좁게 해석할 경우, "예수를 믿는 기독교는 옳고, 예수를 믿지 않는 기존의 유대교는 틀렸다." 하는 얘기쯤으로 읽힐 수 있고, 더 나아가 '기독교는 우월하다'는 자기 자랑[110]으로 빗나간다. 그러나 바울은 단순히 '유대교, 너무 옹졸해.' 하는 생각만으로 목숨을 걸고 율법 비판에 나섰던 것이 아니다. 바울이 '율법을 가지고 세상을 구원할 수 없다.'고 할 때의 율법은 단순히 유대교의 율법만이 아니고, 오히려 로마제국의 법을 가리킨다. 현실의 권력을 뽐내고 정당화하는 법은 진리와 진실을 담보하지 못한다는 근본적인 대결을 선포한 것이다. '에베소서'에 나오는 바울의 말은 기존의 (국가)권력체계를 뿌리째 바꾸고 싶다는 그의 열정이 얼마나 사무친 것인지, 잘 말해준다. "우리의 씨름은 혈血과 육肉을 상대하는 것이 아니요, 통치자들과 권세power들과 이 어둠의 세상을 주관하는 자들과 하늘에 있는 악령惡靈과 맞서는 것이다."

바울은 현실의 로마제국을 부정하고 무엇을 꿈꾸었는가? 하느님 나라를 꿈꾸었다. 간단히 말하자면 사랑과 진실이 꽃피는 그런 꿈같은 세상이다. 토머스 모어는 이를 '유토피아'라 이름 지었다. 누가 그 세상을 만드는가? 하느님과 구세주 예수를 믿는 사람들의 공동체가! 기독교에서 3위1체의 하나라고 말하는 성령聖靈은 성스러운 영혼을 품고 있는 사람들, 곧 신도信徒 공동체를 가리킨다. 우리는 성경을 절박한 마음으로 읽어야 한다. 십자가 위에서 죽어가던 예수가 괴롭게 울부짖었다. "주여, 저를 버리시나이까?" 그때의 예수는 불신과 회의(의심)에 시달리는 예수였다. 십자가 위에서 예수와 더불어 (유태교의) 하느님이,

---

110. '기독교는 보편 종교'라는 것과 '기독교는 우월하다'라는 말은 전혀 다른 얘기다. 보편 종교는 밑바닥 사람까지 주인으로 섬기는 것이고, '우월함'은 힘센 세력임을 뽐내는 것이다.

'이 세상 저 너머'에 있는 것으로서의 신神이 함께 죽었던 것이 아닐까? 신약성경을 '무신론無神論'으로 읽어야 하지 않을까?

이러구러 세상에는 성령(곧 신도들의 공동체)만이 남았다. 성령 안에서 사람들은 좀스러운 생물학적인 삶 너머에 있는 또 다른 삶으로 진입한다. 기독교의 남다른 특징은 '성령'에게 커다란 지위가 주어진 점이다. 이 세상을 어떻게 굴려 갈지는 우리(신도들)의 책임이고, 우리에게 달려 있다는 것! 바울은 이와 같이 기존의 유대교 종교사상을 인간에게 엄청난 자유를 부여하는 것으로 전환시켰는데, 이는 놀라운 사상 혁신이다.

요즘 사람들은 흔히 종교를 정치와 별개의 제도라고 여긴다. 지금은 제정祭政 일치, 또는 신정神政 일치의 사회가 아니라는 점에서 맞는 얘기이지만, 절반만 맞는 얘기다. 빠뜨린 부분이 있다. '신도 공동체'를 세운다는 것이 그저 마음을 달래주는 따뜻한 공동체를 만드는 것이려니 하고 쉽게 여기고, 그것이 (새로운 세상을 만드는) 정치학 프로그램이라는 사실을 깜깜하게 잊는다! 어찌 보면 20세기에 변혁을 추구했던 정치 세력들은 무의식적으로 바울의 교회 건설을 본떠서 정당政黨을 만들었던 셈이다.

이 얘기는 찬찬히 읽어야 한다. 얼마 뒤에 로마 지배층이 기독교를 받아들인 뒤로, 기독교가 국가 권력(로마제국)과 짝짜꿍을 맞추면서 '하느님 나라'의 급진적인 성격[111]이 상당히 빛이 바랬기 때문에 '하느

---

111. '세상 심판'의 종말론은 매우 급진적인 태도다. 예수와 바울이 심판한 주된 대상은 낡은 유대교가 아니라 로마제국이었다. 그때는 아시아와 유럽에 종말론적인 급진적인 바람이 널리 퍼진 때다. 거대 국가들의 출현에 대한 위기의식에서 그랬을 것이다. 사회 불평등이 심하지 않았던 옛날로 돌아가자는 바람! '종교에서 배우자'는 내 말은 제자백가와 보편 종교가 출현하던 시절의 역동성을 염두에 둔 말이다. 거대 독점자본과 국가기계에 짓눌린 21세기 인류 사회의 위기를 벗어나려면 그때의 인류 사상의 핵심을 움켜쥐어야 한다.

님 나라'를 하늘나라로, 영혼과 정신의 영역으로 비좁게 파악하게 됐다. 물론 이것은 '하느님 나라'가 어떤 곳인지, 성경에서 말하는 얘기가 (여러 사람의 말이 섞인 탓에) 오락가락했던 탓도 있다 '하느님 나라'는 진정한 유토피아 같은 곳일 터인데, 어찌 그런 나라가 금세 이 땅 위에 세워질 수 있겠는가. 그러니 예수는 '비유'만 내놓았을 뿐이지, 탄탄한 사회과학에 의거해서 자상하게 설명할 처지가 못 됐다.

또 이른바 '하느님 나라'는 교회가 물질적 힘을 갖춰서 자신의 총칼로써 로마제국을 물리칠 때 세워지는 그런 것(곧, '제2의 로마제국')이 아니다. 또 다른 무력武力을 뽐내는 어떤 나라가 아니라, 총칼의 위세가 꺾이고 사람들이 사랑으로 서로 관계 맺는 그런 곳을 가리키리라. "시저(로마제국)의 것은 시저에게, 하느님의 것은 하느님에게!"라는 예수 말씀은 당장 현실에서 힘을 뽐내는 로마제국과 총칼로 맞설 수 없는 상황에서 신중한 처신을 하라고 일러주는 말이지, 온몸을 던져 세상의 지배 세력과 맞선 예수가 어찌 '현실의 운영은 로마제국에게 맡기고 거기 신경 쓰지 말자(딴 세계에서 놀자).'는 한가로운 뜻으로 말했겠는가.

예수의 그 말을 바울은 '고린도 전서'에서 다음과 같이 더 빡세게 보강했다. "여러분(크리스천 형제)은 저마다 '부름(소명召命)' 받았을 때의 상태를 그대로 지탱하십시오. (……) 이제 때가 얼마 남지 않았으니, 지금부터는 아내가 있는 사람은 아내가 없는 사람처럼 살고, 슬픔이 있는 사람은 슬픔이 없는 사람처럼 지내고, 기쁜 일이 있는 사람은 기쁜 일이 없는 것처럼 살고, 물건을 사들인 사람은 그 물건이 마치 자기 것이 아닌 것처럼 여기십시오. 세상과 거래하는 사람은 마치 세상과 거래하지 않는 사람처럼 살아야 합니다." 세상 현실을 시저(로마)가 지배하고 있지만, 유토피아가 이미 실현된 것처럼 여기고 치열하게 살아라! 다들 혁명가가 돼서 나날의 자잘한 삶들을 다 혁명하듯이 살아내라! 날마다 죽고 날마다 살아나라! 지금 이 땅이 아직 구원받지 못했지만, 우리는 이 세상이 이미 구원받은 것처럼 여기고 여기서 우리가 할 일을 찾아야 한다는 얘기다.

요컨대 예수와 바울에게 종교와 정치는 (요즘처럼) 따로 있지 않았다. 바울이 인생을 걸고 세웠던 교회(신도 공동체)는 새로운 정치를 떠맡을 대안의 기관이었다. 현실에서 유토피아가 당장 실현될 수는 없으니 '로마제국이 세계 민중을 다스리는 현실' 속에서 한 발짝 한 발짝 나아갈 수밖에 없고, 그래서 (삐딱하게 보자면) 국가권력과의 타협으로 비쳐지는 면도 없지 않겠지만 말이다.

어째서 바울의 정치학이 세상을 송두리째 바꾸자는 청사진인가? 율법을 단칼에 부정했기 때문이다. 이 말을 말(액면) 그대로 받아들이면 엄청난 얘기가 된다. 예수는 사실 '말 그대로' 사랑이 율법을 무릎 꿇리는 그런 세상을 꿈꾸었다. 새로운 정의justice는 전혀 다른 원리로써 만들어진다! 정의는 어떻게 실현되는가? 메시아(구세주) 같은 공동체가 살아 숨 쉬게 됨으로써 실현된다.

바울은 '하느님의 나라'가 어떤 곳인지, 사회과학의 용어로 자세히 설명하지 못했다. 그런 세상으로 가는 첫 삽만 떴을 뿐이다. 사회과학이라는 학문이 번듯하게 생겨나지 않은 시절에 어찌 저 혼자의 머리로 설명할 수 있었겠는가. 그러나 그가 위대했던 것은 아무도 가보지 않은 길을 처음으로(!) 제시했기 때문이다. "유토피아를 갈구하는 사람들이 모여서 공동체를 이루고, 그들이 이 세상을 바꿔낼 길을 하나하나 찾는 것이 그 해법이다."라고!

이렇게 말하면 떨떠름한 반응이 나올 수 있다. "글쎄요, 바울이 그런 깊은 생각을 했다는 것은 수긍하겠지만, 불과 200~300년도 지나지 않아 기독교가 로마 국가권력과 밀착하지 않았습니까? 로마제국과 한통속이 된 기독교 교회가 진정한 유토피아를 건설할 주체라 할 수 있을까요?"

옳은 비판이다. 국가권력과 짝짜꿍이 된 교회가 유토피아를 치열하게 밀고 나갈 주체가 못 된다는 것은 분명하다. 그래서 기독교는 다 똑같다는 식으로 바라보면 안 된다.

사회책에는 루터의 종교개혁 얘기가 자세히 적혀 있다. 같은 시대에 같은 나라(독일)에 살았던 종교 지도자 토마스 뮌쩌 얘기는 적혀 있지 않다. 봉건 영주와 밑바닥 농민 사이에 전쟁이 벌어지자 루터는 영주 편에 붙었고, 뮌쩌는 저항하는 농민을 대변해 끝까지 싸우다가 참혹하게 죽임을 당했다. 루터가 봉건사회를 해체하고 근대사회를 일으키는 데에 얼마쯤 공헌한 것은 부인할 필요가 없겠지만, 유토피아를 실현하는 데에 더 치열한 길로 나아간 것은 뮌쩌다. 이렇게 기독교 내 다수 세력은 아니지만 사회변혁에서 불꽃이 되었던 기독교 세력이 끊임없이 생겨났다. 20세기를 보자면 남아메리카에서 활발하게 일어난 '해방신학'도 그런 흐름에 속한다.

물론 그런 치열한 흐름도 있었지만 오랜 중세 시대에 교회 세력 대부분이 현실의 지배층과 손을 맞잡고 세상을 다스려온 엄연한 사실이 지워질 수는 없다. 예수와 바울은 그렇게 목숨을 걸고 유토피아를 세우려고 했는데 어찌 그 후손들은 세상 권력의 단맛을 누리고 살았던 것인가! 나는 이 씁쓸한 현실이 당연하다고 본다. 유토피아가 그렇게 얼렁뚱땅 금세 세워지겠는가? 매(폭력) 앞에서 그것을 너끈히 견딜 장사壯士가 없고, 굶주림 앞에서 도둑질 생각이 나지 않는 사람이 없는 법이다. 현실에서 권력을 누릴 기회가 생겼는데 굳이 가시밭길을 갈 사람은 없다.

우리는 20세기에 들어와 거창한 사회주의의 청사진을 내걸고 혁명을 단행했다는 나라들(옛 소련, 중국)이 불과 한 세기도 버팅기지 못하고 초창기의 포부를 다 포기해버린 역사를 목격했다. 요즘의 소련과 중국에는 황금에 눈먼 사람이 유럽보다 더 많다! 곳곳에서 혁명에 대한 배신이 생겨났고, 그에 대한 환멸로 말미암아 인류의 미래에 대해 비관론을 품는 사람들이 많아졌다.

그러나 배신으로 치자면 예수와 바울에게서 등을 돌린 중세의 교황과 교회 지도자들만 한 배신자들이 어디 있을까. 로마제국의 박해로 숨져간 숱한 초기 기독교도들의 목숨 값으로 얻어낸 권력의 공간에서 세속의 영화榮華를 누린 사람들! 재주는 곰이 넘고, 돈은 되놈이 벌뎄던가. 오히려 20세기 사회주의 세력의 배신이 끼친 충격에서 벗어나는 것이 (그나마 인류가 지적으로 더 성숙한 덕분에) 더 빨랐다. 또 중세 교회든, 20세기의 사회주의 국가 지배층이든 그들을 탓할 일만은 아니고, 진정한 유토피아 세상이 금세 올 수 없기 때문에 그런 엎치락뒤치락하는 사정이 생겨남도 헤아리자.

여기서 뜬금없는 질문을 던진다. "하느님은 있는가?" 하느님을 믿는 자에게, 하느님이 있다. 하느님을 믿지 않는 자에게는 없다. 과학은 세상을 객관적으로(있는 그대로) 설명하는 앎이라고 한다. 그런데 기독교도들은 신神은 과학을 넘어선 영역에 있다고 말한다. 그런가?

내 생각을 말한다. 나는 '하느님' 이야기를 곧이곧대로 다 받아들일 생각은 없다. '하느님(=야훼)'이라는 관념을 내걸고 어떤 사람은 이 얘기를, 또 어떤 사람은 저 얘기를 수없이 해댔기 때문에 '하느님'이라는 관념을 갖고서 세상을 보기 시작하면 가지각색의 종교 이야기들과 구분되는 얘기를 꺼낼 수 없다. 그러니 나는 기독교 신자가 될 생각은 전혀 없다.

하지만 '과학을 넘어선 (과학보다 더 긴요한) 무엇이 있다.'는 그의 깨우침은 온전히 받아들인다. 우리는 '하느님 나라 비슷한 어떤 것'을 추구해야 한다는 깨우침도 계승하지 않고서, 다시 말해 그 꿈에서 어떤 보편적인 핵심을 움켜쥐지 않고서 무엇을 배울 것인가. 율법을 넘어서자는 가르침은 '(스스로 자동기계처럼 굴러가며) 권력을 뽐내는 국가 같은 것이 언젠가는 사라져야 한다.'는 얘기로 이어진다.

우리는 흔히 이천 년 전의 옛날 얘기는 낡은 것 같고, 이백 년 전의 얘기는 새로운(근대적인) 것이라고 여기는 통념이 있다. 물질문명이 많이 발전했으므로 그 면에서는 그런 통념이 일리가 있으나, '세상을 보는 눈'은 물질문명이 더 풍부해진다고 더 깊어지는 것이 아니다. 근대 부르주아 사회를 일으키는 데 한몫한 이백 년 전의 사상가들(홉스, 로크, 애덤 스미스 등등)이 자본주의 문명이 위기를 맞고 있는 21세기에 접어들어 급속히 낡아버린 것에 견주어 볼 때, 이천 년 전의 바울은 훨씬 근본적인 울림을 우리에게 전해준다.

그의 메시지는 무얼까? 우리는 사람답게 사는, 더 나은 세상을 꿈꾼다. 그런데 그 꿈을 완전무결한 것으로 그려낸 뒤에 그 실현에 나서는 것이 아니다. 요즘의 눈으로 보자면 이천 년 전의 인류가 그린 유토피아에 대한 꿈은 흐릿하고 막연했다. 성경은 엄밀한 개념 낱말들이 아니라 아름다운 시적詩的 표현으로 가득하다. 그랬기에 천둥벌거숭이 같은 놈들이 그 꿈의 수준을 떨어뜨려 자기의 종교 권력을 누리는 데 이용해 먹었다.

하지만 어찌 되었든 그 꿈을 실현해나갈 주체를 형성하는 것이 더 막중한 일이라고 내다본 점에서 바울은 탁월했다. 바울은 그 꿈의 내용도 '가장 밑바닥에 있는 사람들까지 두루 포용하는 진정한 공동체'라고 못 박은 점에서도 매우 급진적이었다. 그랬기에 수많은 사람들이 자기희생을 무릅쓰고 예수와 바울의 부름에 호응하고 나선 것 아닌가.

요즘의 정치학 용어로 말하자면 바울이 갈파한 것은 '당파성(무엇을/누구를 편드느냐는 것)이 객관성보다 앞선다.'는 깨우침이다. 요즘 세상을 보면 상당수 사람들(특히 부와 명예를 누리는 사람들)은 지금의 자본주의 사회에 너무 길들여져 있어서 다른 세상을 꿈꾸지 않는다. 그런 꿈은 허튼 꿈이 되기 십상이라고 비웃는다. 하지만 또 다른 사람들은 어떻게든 세상이 바뀌는 것을 바란다.

이 두 쪽 사이에 옳고 그름을 어떻게 가릴까? 이것은 객관성의 문제가 아니라 당파성의 문제다. 진리를 찾겠다는 태도를 품는 것(당파성)이 먼저요, 진리의 탐색(객관성)은 그 태도에 의해 비로소 가능하다. 유토피아를 세우려면 그 꿈을 품은 사람들이 먼저 제 꿈에 따라 (기존 주류 사회와는) 다르게 살기 시작해야 한다. 꿈을 품은 사람들이 생기고 모이는 것이 먼저요, 꿈의 내용을 구체화하고 실현하는 것은 그 다음 일이다.

유토피아utopia는 진정으로 사람답게 살아가는 이상적인 곳이다. 그런데 '어디에도 없는 곳nowhere'이라는 뜻도 있다. 그 유토피아가 미래에 실현될 수 있을지 지금 누구도 단언할 수 없다. 그것의 실현을 믿는 사람이 실천하여 입증할 수밖에 없는 일이고, 그 믿음을 품은 사람들이 늘어날수록 그 실현 가능성이 높아질 것이라는 사실만 분명하다. 문제는 그것을 꿈꾸느냐(믿느냐) 아니면 냉소주의를 즐기며 사느냐. 냉소주의자들이 믿는 것은 뭘까? '나 혼자 안락하게 살면 그것으로 그뿐'이라며 자기만 믿고, 쾌락과 물질만 믿는 것 아닐까?

파스칼[112]은 신神을 믿는 것은 '내기를 거는 일'이라고 했다. 사람은 어느 쪽으로든 판돈(자기 인생)을 걸어야 하고, 신에게 내기를 건 사람에게만 신이 나타난다. 우리 식대로 말하자면 진짜배기 유토피아의 실현이 (더딜지라도) 가능하다고 믿는 사람이 있다면 그 실현은 가능한 것이다. 그것은 사람의 일이기 때문이다. 믿음이 앎보다 먼저다!

여기서 기독교와 (20세기 후반 들어 비틀거리고 있는) 사회주의 운동을 함부로 편 가르는 이분법二分法을 꼬집어야 한다. 후자는 지상地上 낙원을 건설하자는 것이고, 전자는 천상天上에, 또는 사람 마음속에 낙원(천국)을 가꾸자는 얘기라는 편리한 이분법!

이 구분 속에는 "눈앞의 세상을 낙원으로 만들기가 어디 가당키나 한 일이야? 뜬구름 잡지 말라고!" 하는 냉소冷笑가 이미 깃들어 있다. "사람이 땀 흘려 일하지 않고서 밥을 먹을 수 없는데, 그런 고역에서 풀려난 세상이 어디에 가능하다는 말인가!" 하는 비웃음은 그나마 소박한 냉소. "사람은 원래 불평등하게 태어났는데 어찌 평등을 추구한다는 말인가. 평등세상은 꿈같은 얘길세." 하는 냉소는 '제 잘난 맛'이 골수에 들어버린 사람들의 냉소.

여기서 예수와 바울이 결코 '하늘'을 얘기한 적 없다는 것을 짚어둬야 한다. 하늘나라에 가서들랑 흐뭇하게 살자? 지상에서 아무 미래도 꿈꿀 수 없는 사람들이 '죽어서 하늘나라'를, 또는 '마음속 천국'을 꿈꾸었다. (예수와 바울에게 배신을 때린) 중세 기독교가 그렇게 사람들을 어르고 달래는 구실을 톡톡히 했기에, '민중의 아편' 소리까지 들었다. 영혼 없는 세상에 울려 퍼지는 애달픈 영혼의 노래!

---

112. 17세기 중반 프랑스에 살았던 종교철학자이자 확률이론을 세운 수학자. 신神의 존재는 이성理性이 아니라 심성을 통해 직관한다는 그의 사상은 장 자크 루소와 20세기 실존주의자들에게 큰 영향을 끼쳤다. 사람은 '생각하는 갈대'라는 유명한 격언과 『팡세(생각)』라는 책을 남겼다. 그의 '내기 걸기' 관념은 무척 뜻깊다. 인류의 학문은 갖가지 이론theory들이 다투는 무대인데, 어느 이론을 선택할지는 결국 '무엇을 추구하느냐' 내기를 거는 일이라 하겠고, 무엇이 옳은지는 실천의 결과가 드러난 한참 뒤에나 밝혀진다.

예수와 바울이 꿈꾼 세상은 천상도, 지상도 아닌 어떤 나라다. 지상에서 천대받던 창녀에게 예수는 '너야말로 그 나라에 선착순으로 먼저 들어갈 사람'이라고 축복했다. '네가 그것을 가장 간절하게 바라고 있지 않느냐.'는 말이다. 예수가 당장 노예제도를 걷어치우고 실질적 평등의 세상을 건설하자는 (실현 가능한) 정치 프로그램을 제시한 것은 아니다. 아직 그럴 계제가 못 됐다. 그러나 믿는 사람들끼리는 '인간은 누구나 평등하다'는 원칙 밑에서 서로 관계하자고 갈파했다. 그가 지상地上을 바꿔나가는 원대한 '첫발'을 내디뎠다는 소중한 사실을 흘려들어서는 안 된다. 눈앞에서 당장 무력武力 투쟁을 벌인 것은 열심당 당원들이었지만[113] 더 원대한 청사진을 내놓은 쪽은 예수다.

지상 낙원을 얘기할 때, 흔히 '이밥(쌀밥)에 고깃국 먹고 기와집에서 사는'[114] 물질적인 풍요로움을 먼저 떠올린다. 없이 사는 사람들에게 그것이 당장 간절했다는 사정은 헤아려야 하지만, 인류가 허리띠를 졸라매고 살아야 하는 시절을 넘어섰다면 이때의 지상 낙원이 갖는 의미는 사람관계가 평등하냐 아니냐, 응달진 곳으로 내몰린 사람이 있느냐 없느냐의 얘기와 더 뚜렷이 관련된다. 그런 뜻에서 지상(현실)에 낙원이 꽃피지 않고서 천상(마음속)에 낙원이 찾아올 리 만무하다.

뱃사람들을 길잡이해주는 북극성은 가까이 있지 않다. 교과서에 실려 있는 근대近代 사상이라는 것들이 급속히 낡아가고 있다. 가까이 있는 별들이 오히려 잡동사니다. 눈앞에 수많은 학자와 이론가와 사상가들이 무대 위에 뛰어올라 갖은 재주를 부리고 깝쳐도 그들이 떠드는 얘기가 거의 대부분 하잘것없다. 이를테면 사람의 살림살이를 연구

<hr>

113. 예수와 같은 시대에, 로마에 맞서 민족주의 투쟁을 벌인 집단.
114. 고려나 조선 때 밑바닥 백성은 이렇게 살았으면 하는 꿈이 간절했다.

한다는 수많은 경제학자들이 신문과 인터넷에 갖가지 박식한 얘기를 떠들어대고 있지만 2008년 경제 대공황이 터져 나온 데 대해 제대로 원인을 밝혀내 소중한 '앎'을 선사한 경제학자는 눈을 씻고 봐도 없었다. 근사한 위신을 떨쳐온 인류의 학문과 지식이 다 헛것이었음을 깨닫게 해주는 진실의 순간! 이백 년간 쌓아온 경제학이 다 '(자질구레한) 모래들만 잔뜩 쌓아놓은 모래성'이었다는 얘기다.

새삼 깨닫는 것은 우리에게 길잡이해줄 가르침들이 오히려 고대의 지혜 속에 더 또렷하다는 사실이다. 또 길잡이는 멀리든 가까이든 '치열하게 세상과 몸싸움을 벌인 사람들' 속에서 찾을 일이다. 인류 역사에는 '불꽃같은 역사歷史'가 여러 차례 있었다. 밤하늘을 우러러보면 머나먼 옛날에 빛을 전해 온 별이 있는가 하면, 가까운 옛날에 빛을 내기 시작한 별도 있다. 서로 다른 시대의 별들이 어깨동무하여 밤하늘을 수놓는다. 우리는 까마득히 몰랐던 별자리星座를 뒤늦게 발견하기도 한다. 밤하늘 찬란한 별들의 운행을 경건하게 우러르며 우리는 앞으로 나아갈 길을 깨닫는다.

기독교도 중에 치열한 몸부림을 보여준 사례는 근대에도 몇 차례 있었지만(영국 청교도혁명의 수평파, 토마스 뮌쩌의 농민저항……) 우리에게 가장 큰 깨달음을 선사한 경우로는 '초기 기독교도들의 탄생'을 꼽아야 한다. 그 강렬한 유토피아(이상 세계 실현) 운동이 국가에 포섭된 이래, 그 뒤로 기나긴 '배신의 시절'이 이어졌다는 데서 오히려 그 보편 종교의 탄생이 얼마나 커다란(강렬한) 사건이었는지를 짐작할 일이다.

예수와 바울이 불러일으킨 구원의 불길은 금세 꺼져버리고 오랫동안 실패의 늪에서 헤어나지 못했다. 하지만 실패는 성공의 어머니다. 지금이라도 다시 일으키면 된다. (버릴 것은 버리고) 그 핵심 방향을 어떻게 이어받아야 할까? 신동엽 시인이 부르짖었듯이 지금 간절한 외침은 이것이다. "(하늘 높이 솟은 뾰족탑 따위) 껍데기는 가라!"[115]

---

115. 나는 '바울의 뒤를 따르자'고 했지만, 이 말이 여러분더러 '기독교도가 돼라!'는 말은 아니다. 그들 사상의 핵심을 움켜쥐되, 문명이 한층 더 진전된 지금에 걸맞은 이념을 세우고 그 실천가가 돼야 한다는 말이다.

2 우리가 바라는 세상
─가까운 미래상 그리기

발레춤을 추는 쿠바의 다운증후군 처녀

유토피아란

이 글에서는 우리가 바라는, 사람답게 살 만한 세상이 어떤 곳인지, 잠깐 서투른 그림(청사진)을 그려본다. 인류는 다들 밝은 미래를 그리는 꿈들을 많이 꿔왔다. 꿈에 그리는 그런 곳을 이상향(理想鄕, utopia)이라[116] 일컫는데, 아시아든, 유럽과 아메리카든 그 이상향에 대한 꿈들이 없을 리 없다. 일찍이 아시아의 고전古典인 『예기禮記』라는 책에 대동 세상이라는 낱말이 나온다. '대동大同'은 크게 같다는 뜻이니, "사람 사회가 자질구레한 차이는 있어도 크게는 같다. 큰 울타리에서는 평등을 이룬 사회로 나아가야 한다."는 얘기다.[117] 요샛말로 옮기면 '평등 사회'다. 플라톤의 '국가Politeia'도 유토피아를 그리는 사람들에게 준거(참고)가 돼준 책이다. 그는 통치자(철학자인 임금)와 생산자와

---

116. 한국엔 청학동과 이어도, 티벳엔 샹그리라, 성경에는 에덴 동산, 중국엔 무릉도원의 전설이 전해 온다.
117. 『예기』의 얘기를 간추리면 누구나 밥 곯을 걱정 없이 살고, 이웃을 '나 몰라라' 하지 않아서 도둑떼가 생겨나지 않는 그런 곳이다. 4서 5경으로 『논어』, 『맹자』, 『중용』, 『대학』, 『시경』, 『서경』, 『예기』, 『춘추』, 『주역』이 꼽힌다.

군인이 조화를 이룬 사회를 꿈꾸었다.

그런데 '유토피아'라는 말의 함의(담긴 뜻)를 잠깐 살필 필요가 있다. 이 낱말은 그리스말의 '아니다ou'와 '장소topos'를 합쳐 만든 것으로, '아무 데도 없는nowhere'이라는 뜻이었다. 1516년 영국의 토머스 모어가 펴낸 책『국가의 최선 정체政體와 새로운 섬 유토피아에 관하여』에서 처음 지어낸 낱말이다. 그러니까 이 낱말에는 '좋기는 하지만 너무 꿈같은 얘기라서 현실에서는 실현될 것 같지 않다.'는 뜻이 살짝 들어 있다. 실제로 토머스 모어 자신이 바람직한 세상을 그려보긴 했어도 '과연 이뤄질까'라는 회의(의심)를 지우지 못했다.

하지만 토머스 모어가 유토피아를 실현되기가 미심쩍은 것으로 생각했다 하여, 우리도 그러라는 법은 없다. 그것은 비-주체적인 태도일뿐더러, 그의 시대 이래로 세상은 수많은 놀랄 만한 변화를 겪지 않았던가. 그는 당시 영국 사회의 지배층으로서 명예를 누리며 살았던 현실주의자였고,[118] 우리가 그를 참고하는 까닭은 그의 사상이 위대해서가 아니라 그가 미래에 대한 꿈을 좀 더 자세히 그려본 첫 사람이래서다. 지금 세상을 대담하게 비판하고 부정한 사상가는 예수의 제자 바울을 비롯해, 일찍이 많았다. 인류의 선구자들은 어디서든 전인미답前人未踏의 길을, 옛사람이 밟지 않았던 낯선 길을 개척해내지 않았던가. 인류의 사회적 생산력이 크게 발달해서 사람들이 먹고살 걱정을 덜어낼 경제력을 확보한 지금, 이상적理想的인 세계의 건설은 인류가 하기 나름이지, 뜬구름 같은 얘기라고 경솔(천박)하게 깎아내릴 일

118. 그는 런던시장과 하원의장을 지냈고 왕의 측근으로 활약했다. 그는 로마가톨릭교회를 옹호하고 종교개혁을 탄압했다. 물론 그는 왕을 비판하는 줏대도 있었으니 가볍게 깎아내릴 일은 아니지만 말이다. 그는 사유재산이 없는 공산주의적 이상사회를 그려보긴 했지만 그것이 쉽게 실현될 거라고 여기지는 않았다.

이 아니다. '유토피아'라는 말에서 회의(의심)의 그림자를 걷어낼 때도 됐다.

연대 사회에 대하여

하지만 우리는 꿈같은 세상(유토피아)에 대해 단편적인 몇 개의 아이디어(관념)와 비유 이상으로 자세히 그려내기 어렵다. 마르크스는 그 아이디어를 다음과 같이 간단하게 서술하는 데 그쳤다.

"……공산주의 사회에서는 아무도 하나의 배타적인 활동 영역을 갖지 않으며, 모든 사람이 그가 원하는 분야에서 자신을 수양할 수가 있다. 그리고 사회가 생산 전반을 통제하게 되므로 각 개인은 자신이 하고 싶은 대로 오늘은 이 일을, 내일은 저 일을, 즉 아침에는 사냥하고, 오후에는 낚시하고, 저녁 때는 소를 몰며, 저녁 식사 후에는 비평을 하면서, 그러면서도 사냥꾼으로도 어부로도, 목동으로도, 비평가로도 되지 않는 일이 가능하게 된다."

먼 앞날에 대한 그림은 북극성과도 같이 '지향하는 방향'으로서 의미를 갖는다. 북극성이 어디 있는지를 먼저 살펴야, 지금 이곳이 어느 자리인지, 또 우리가 제 갈 길을 제대로 찾고 있는지를 알게 된다. 유토피아에 대한 사상思想과 세계관이 사람에게 긴요한 까닭은 그래서다.

하지만 당장 이 자리에서 우리가 무엇을 해야 할지를 찾는 데는 북극성만으로 부족하다. 먼 앞날이 아니라 가까운 앞날에 대한 길 찾기도 있어야 한다. 200~300년의 노력을 들여야 가까스로 모습을 드러낼 먼 앞날의 목표를 위해 수많은 사람들더러 '당장 발 벗고 나서자!'고 권하기가 쉽지 않다. 눈앞에 곧 새 세상이 올 것 같을 때라야 사람들은 소매 걷고 나선다. 민중을 들뜨게 할 그런 (가까운) 새 세상은 어떤 것일까?

이를테면 1945년 일본 제국주의가 한반도에서 물러났을 때, 식민지 조선의 백성들이 긴급한 관심사로 삼았던 것은 '공산주의 사회를 건설할 거냐, 아니면 자본주의 사회를 건설할 거냐'가 아니었다. '한반도에 민중이 주인 되는 민족 자주 국가를 당장 세울 거냐, 말 거냐'였다.[119] 그때 한국의 민중은 이제야 주인답게 이 나라에서 살게 됐다는 감격에 겨워, 밤을 잊고 해방투쟁에 떨쳐나섰다.

지금의 우리가 당장 그려야 할 그림은 무엇일까? 한 사람이 활력과 열정을 품고 억척스레 세상일에 나설 기간을 보통 30년으로 잡는다. 그 뒤로도 계속 인생을 누리기는 하겠지만 이 사회를 주도하는 기간은 대략 잡아 그렇다는 얘기다. 그 뒤에는 자식과 조카 세대가 앞에 나서겠지. 그렇다면 무엇을 (30년이 걸려서 우리가 이뤄낼) 목표로 삼아야 할까? 한 세대가 노력과 열정을 다했을 때 이뤄냄직한 목표는?

우리는 그 가까운 미래상未來像을 '연대 사회'라 일컫는다. '연대(連帶, solidarity)'란 서로 손에 손잡고 함께 어깨를 겯는 것이다. 사람은 서로 처지가 비슷한 사람끼리 힘을 합치게 돼 있다. 서로 자질구레한 차이는 있어도 함께 큰 그림을 품고, 새 세상을 만드는 일에 함께 나서는 사회가 '연대 사회'다. 이 낱말에는 그렇게 손과 손을 맞잡을 주체들을 불러내는 것이 가장 막중한 일이라는 뜻이 들어 있다.

---

119. 당시 한반도에 영향력을 발휘하고 있던 강대국들이 '한반도를 당분간 UN 신탁통치하에 두는 게 어떠냐'는 의견을 꺼냈다. 그런데 그 찬반을 둘러싼 남한 내 정치 갈등은 자주(통일) 국가의 수립과는 영 어긋난 방향으로 흘러갔다.

우리가 바라는 세상은

우리가 당장 바라는 세상(굳이 이름 붙이자면 '연대 사회')의 모습을 이것저것 그려보자.

 i. 우리는 집 장만 걱정이 없는 세상에서 살고 싶다. 우리는 자식들이 천진난만하게 뛰놀고 마음껏 제 소질과 개성을 꽃피우며 자라게끔 뒷바라지하고 싶다. 우리는 늙으신 부모님들이 치료비 걱정 없이 병원을[120] 다니게 하고 싶다. 학교나 병원이나 돈을 내지 않고 다녔으면 싶다.

 ii. 일자리가 없어 불안 걱정에 시달리고, 사람들 앞에서 주눅이 드는 그런 인생을 살고 싶지 않다. 우리는 해로운 환경 속에서 장시간 노동에 시달려 몸이 망가지는 일도 없었으면 좋겠다. 하루 노동시간은 6시간을 넘어서는 안 된다. 그리고 누구나 이 사회(국가)로부터 '기본소득'을 누린다면 좋겠다.

 iii. 우리는 오염되지 않은 수돗물을 먹고, 매연가스로 뒤덮이지 않은 도시에서 살고 싶다. 내가 다니는 일터가 일꾼들을 주인으로 대접하는 훈훈하고 민주적인 곳이었으면 좋겠다. 돈 있는 사람들만 누리는 시장경제가 줄어들고, 없는 사람끼리 서로 살림을 돕는 기회가 많이 생겨났으면 좋겠다. 이 서로 돕는 경제(연대 경제)는 나라와 나라 사이에서도 확대돼야 한다.[121]

---

120. 2014년 초 슈퍼주니어 멤버인 이특의 부친이 조부모 두 분을 살해하고 자살한 끔찍한 사건이 보도됐다. 조부모 두 분은 '치매'여서 뒷수발을 필요로 했는데, 부친은 사업이 망해서 그럴 형편이 못 됐다. 사건이 나자, 정당들에선 '치매 환자를 사회가 책임지는 문제'를 고민하겠다고 재빨리 성명서를 냈는데, '어떤 입법을 하겠다'고 못 박아 다짐하지 않은 것으로 봐서 당장 곤란한 자리를 벗어날 '면피용 립 서비스(사탕발림)'임이 뻔했다.

iv. 우리는 북한 백성들을 잊은 채 살아왔다. 그런데 한반도에서 전쟁이 터지거나 북한 체제를 함부로 무너뜨리는 비극이 일어날 경우, 우리 민족이 겪어야 할 피해는 상상을 뛰어넘는다. 남과 북은 군비軍費 축소를 통해 평화의 길을 닦고, 외세(제국주의 강대국)에 놀아나지 않는 자주 통일의 길을 마련해야 한다.

v. '군사 파쇼 시대'를 물리치는 데 의회가 얼마쯤 구실을 하지 않은 것은 아니다. 하지만 '민주화'가 됐다는 세상에 갈수록 의회(정치)에 대한 대중의 불신이 깊어지고 있다. 우리의 민주주의가 일부 정치 제도에만 갇힌(한정된) 것이 아니라, 사회경제 전반에 걸쳐 추구될 때라야 정치 불신이 사라질 것이다. 투표소에서는 '민주주의'를 실감해도 일터(직장)에서는 고용주에게 납작 엎드려 순종하고 살아야 했던 것이 부르주아 민주주의의 한계였다. 실질적(사회주의적) 민주화의 길에 의회와 정당들이 맡을 몫도 없지 않아 있겠지만, 주되게는 대중 스스로 문제 해결의 주체로 나서는 대중운동이 간절하다.

터무니없는 꿈 아닐까?

위에 그려놓은 얘기 가운데 상당 부분이 '뜬구름' 같은 얘기로 들릴지 모른다. 의사들 봉급을 다 국민 세금으로 내준다고? 또 모든 국민에게 봉급을 준다고? 요즘 집값이 아무리 좀 떨어졌기로서니 그래도

---

121. 'ALBA'가 그 좋은 예다. '남미를 위한 볼리바르 대안'의 약자로서 미국의 자유무역협정FTAA에 맞서려고 2001년 베네수엘라의 차베스 대통령이 제안했다. 쿠바, 볼리비아, 니카라과 등이 가입. 공동기업과 공동은행의 운영을 꾀하고 있다. 세계자본주의의 위계적 질서에 맞서, 나라 간의 평등한 물자 교류를 추구한다.

장난이 아니게 비싼데, 어떻게 나라(사회)가 그 집값을 다 대준다는 거냐? "아서라, 넋 나간 애길랑 당장 집어치워라!" 하고 비웃을 사람이 한둘이 아니리라.

　여러 정치 세력(정당)이 지금처럼 '있어도 그만, 없어도 그만'의 무기력한 허수아비들로 우두커니 서 있고, 무슨 시민단체나 노동자 단체, 농민 단체가 끙끙 앓는 나약한 소리나 내고, 민중 속에서 무슨 뚜렷한 외침이 들리지 않을 때, 위의 그림은 사실 '그림의 떡'을 벗어나지 못한다. 지금은 세계경제가 다 어려운(죽을 쑤는) 시절이라서 위에 그려놓은 청사진은커녕 지금 현실보다 오히려 더 후퇴한 세상이 다가올 수도 있다. 곳곳에 공장이 문을 닫아 실업자失業者로 거리를 헤매는 사람들이 쏟아져 나오고, 갖가지 스트레스로 우울증에 시달리는 사람이 늘어나는 그런 세상 말이다. 지금도 없는 집 자녀들이 다니는 학교에서는 변변히 밥을 먹고살지 못해 학교 급식시간만 손꼽아 기다리는 아이들이 더러 있다는 사정을 알아두자.

　위의 청사진은 우리 민중이 다들 씩씩하게 세상 현실과 대결해서 우리 사회가 품고 있는 갖가지 모순과 비리非理를 깨뜨리고, 그래서 희망의 싹을 키워나갈 것을 전제前提로 해서 그려본 그림이다. 그러니까 우리가 그리는 '연대 사회'의 미래를 수긍할 거냐, 말 거냐 하는 내 질문에 여러분은 한가로운 구경꾼으로서 답을 하면 안 된다. "나와는 상관없는 일인데, 잘 될까? 나는 세상이 그렇게 폼 나게 바뀌는 경우를 본 적 없어." 하고 반응하는 사람에게는 이런 대꾸가 돌아간다. "너하고 상관없다고? 부모님이 워낙 부자여서 아무 걱정 없이 산다고? 그럼 신경 끄셔!"

　세상이 폼 나게 바뀌는 경우가 많지 않았던 것은 사실이다. 하지만 너는 세상 모든 일을 다 샅샅이 더듬어보고서 그렇게 남들 기를 죽이는 경솔한 결론을 꺼내는 거니? 세상일을 다 찾아보지 않았다면 함부로 세상을 판정하지 마라. 세상에는 갖가지 비리와 모순과 약자minority를 차별하는 현실에 맞서 피눈물 나게 대결하는 사람도 많고, 그래서 세상이 더 인간적인 곳으로 바뀌어온 감동의 역사도 적지 않단다. 그 감동을 조금이라도 수긍하는 사람이라면 그렇게 경솔하게 세상일을 예단(미리 판단)하는 게 아니란다. 또 좋은 세상이 이뤄지기를 정말 바란다면 그 미래를 실현할 길이 설령 바늘구멍만큼 좁은 길이라 해도 그 길을 뚫어내는 데에 온 힘과 열정을 다해야 하지 않을까? 위의 청사진은 그런 열정을 다할 때에는 이뤄질 수도 있는 미래의 모습을 그려놓은 것이란다.

환경 파괴의 사례를 하나 든다. 봄철이면 중국에서 황사黃砂가 한반도에 불어닥친다. 한국인들이 속절없이 그 피해를 겪고 있다. 이것, 자연의 재앙이지만 사람이 빚어낸 재앙이기도 하다. (황사의 본고장) 고비사막이야 오랜 옛날부터 있었지만, 그 사막이 넓어진 까닭은 몽고 경제가 세계자본주의에 포섭된 탓에 살림이 쪼그라든 몽고의 유목민들이 초원草原을 약탈하는 식으로 양떼를 풀어 먹였기 때문이다. 그들이 약탈적 유목업을 삼가게끔 이웃 나라들이 돕지 않고서 우리가 그 환경 피해로부터 벗어날 수 있을까?

최근 들어서 황사는 약과(별것 아닌 일)가 됐다. 중국의 매연이 시도 때도 없이 한반도에 날아온다. 베이징의 떵떵거리는 사람들은 집안에 '산소통'을 갖춰놓고 산다고 한다. 이것, 중국이 마구잡이식 산업개발을 조절하지 않는 한, 풀리지 못할 일이다. 중국 정부에 피해 보상을 청구해봤자 하릴없다. 인류의 산업문명 전체가 ('친환경' 쪽으로) 방향 전환을 하지 않는 한, 중국이 저 혼자 방향 전환을 하기는 까마득하게 어렵다. 세계 인류 모두가 고민할 문제이지, 거기서 등을 돌릴 수

있는 사람은 아무도 없다.[122]

위에 그려놓은 우리의 바람(희망 사항)은 비현실적인 것이 아니다. 이미 더러는 세계 곳곳에서 다 실현됐다. 싱가포르의 젊은이들은 분가分家할 때, 집 장만 걱정을 하지 않는다. 택지(집이 들어설 토지)를 다 국가(사회)의 것으로 돌려놔서, 땅값을 걱정할 것 없기 때문이다. 얼마 안 되는 집값(건축비용)만 물면 된다. 유럽의 젊은이들은 수십 년 동안 무상無償 교육을 누려서 대학 등록금 걱정을 하지 않았다(요즘은 세계 자본주의의 위기가 깊어져서 학비學費를 꽤 낸다). 스웨덴과 쿠바의 민중은 병원 문턱이 높다고 느끼지 않는다. 영국도 요즘은 사정이 나빠졌지만 한동안 무상 의료를 누렸다. 해로운 노동환경에 누구나 시달린다고? 유럽 노동자들도 19세기까지는 온갖 산업재해와 과잉 노동에 몸뚱어리가 부서졌지만, 요즘은 한국만큼 나쁘지 않다.

'기본 소득'은 '한 사회의 성원成員은 누구나 태어나서 죽을 때까지 다달이 생활에 필요한 최소한의 금액을 국가(사회)로부터 조건 없이 받는다.'는 개념이다. 십여 년 전부터 유럽과 일본, 최근에는 한국에서도 그 주장이 나오기 시작했다. 과연 그게 가능하냐, 모든 국민이 '생활에 필요한 만큼' 누릴 수 있겠냐 미심쩍어하는 사람들도 있겠지만 경제력이 어느만큼 확보된 나라에서는 한 사회가 그런 방향으로 결단을 내리느냐가 문제이지, 현실 불가능한 일이 아니다.[123]

---

122. "나는 돈이 많으니까 공기 맑은 남태평양에 가서 살 거야!" 하고 호기를 부리는 사람이 있다면 "떽! 그럼 너는 세상일에 대해 입 다물어!" 하고 혼찌검을 내야 한다.

123. 프랑스의 『르몽드 디플로마티크』지는 2010년 가격으로 '적어도' 빈곤선(중간소득의 60%)인 매달 820유로로, 더 나아가 매달 1,276유로까지 모든 프랑스인에게 지급할 수 있다고 계산했다(2013년 5월 13일자).

무엇을 싸워야 할까

문제는 그런 미래로 나아가는 것을 누가 무슨 평계(논리)를 대서 반대하느냐다. 우리 사회의 지배 세력 주류(자본, 불로소득을 누린 중산층, 국가 관료)가 반대한다. 무상 교육과 무상 의료는 '돈(정부 재정)이 없다'는 구실을 댈 것이다. 비싼 학비에 대해 하도 민중의 원성이 자자하니까 정치인들이 '반값 등록금' 약속만 마지못해 꺼냈다가 그것조차도 '빈말'이 됐다. 택지 국유화는 더 펄펄 뛸 것이다. "어찌 신성한 사유 재산권을 빼앗는다는 말이냐!" '기본 소득'도 용납하기 어렵다. "아니, 일하지 않는 사람이 소득을 누리다니! 그럼 거저 밥벌이를 하는데 누가 미쳤다고 일을 하겠느냐!"

그래서 이들과 맞서는 것은 우선 '사실이 무엇이냐'를 밝히는 논리 싸움이다. "돈이 없다고? 한국의 하천河川 생태계를 공연히 들쑤셔 놓은 '4대강江 운하' 사업에 그렇게 돈을 펑펑 썼으면서? 북한은 석유가 없어서 전투기 조종사들이 변변히 훈련 비행 한번 나가지 못하고, 그래서 북한의 공군력이 거의 허당이라는 것을 세상 사람들이 다 아는데도, 비싼 돈 들여서 미국의 전폭기를 자꾸 사들이면서 돈이 없다고? 정부 예산, 엉뚱한 곳에 갖다가 내버리는 일이 한둘이 아닌데도?"

이 싸움은 무엇이, 어떤 정치가 옳으냐를 둘러싼 사회사상社會思想의 싸움으로 이어진다. "왜 기업세와 상속세와 부동산 양도세를 자꾸 줄이려고 하는데? 사회 불평등이 더 심해졌다는 것이 통계로도 드러나는데, 왜 있는 사람들을 더 감싸고도는가! '부동산不動産 시장을 살리자'고 하는 당신들의 주문注文은 있는 사람들의 재산을 끝끝내 지켜주자는 얘기다. 그런데 시장(수요 공급) 논리에 따르기만 해도 집값 거품이 당장 꺼진다. 없는 사람들을 위해 집값을 떨어뜨리는 것이 시장

논리에도 맞고, 민중 복지도 꾀할 길이 아닌가? 누구를 위한 정치가 옳은 정치일까?"

이 싸움이 치열할 수밖에 없는 것은 이것이 단지 이치(옳고 그름)를 따지는 문제일 뿐 아니라, 누가 재화財貨를 갖느냐, 하는 소유所有의 싸움이기 때문이다. 있는 사람들이 움켜쥐고 있는 자산을 빼앗아서 없는 사람들에게 나눠 주려면 한바탕 큰 싸움을 치러야 한다. 있는 사람들이 자기가 움켜쥔 것을 지키려는 욕구는 너무나 완강하고 처절하기 때문이다. 이를테면 전前 대통령 전두환은 국가에 1,672억 원의 벌금(추가징수금)[124]을 내지 않으려고 "내 재산은 단돈 29만 원에 불과하다."며 뻔뻔스러운 거짓말을 일삼았다. 박근혜 정부가 나름의 선명성을 뽐내려고 (16년이 지난 지금에 와서 잠깐) 전두환에 대한 (벌금 징수) 압박에 들어갔지만, 한때 여론의 회오리만 일으켰을 뿐 과연 끝끝내 그 벌금 징수에 성공할지도 두고 볼 일이다. 팔은 안으로 굽기 마련인데, 한때 그녀는 전두환에게서 용돈을 얻어 쓴 적 있으니 말이다.

그렇다면 우리는 '바람직한 세상이 무엇인지', 우리의 생각을 더 정성껏 벼리고 다듬어야 한다. '기본 소득' 관념이 좋은 예다. 오랫동안 우리 사회는 집안에서 남편과 자식을 뒷바라지하는 가정주부는 '생산 활동에 참여하지 않는다.'고 봤다. 그게 통념(흔한 생각)이었다. 회사 사장은 남편에게 봉급을 지불했지, 아내(가정주부) 몫은 지불하지 않았다. 생각이 천박한 남편은 자기가 아내를 벌어 먹인다고 으스댔고, 가정주부들은 '남편에게 기대서 살아가는 존재'로 열등감을 품고 살았다. 하지만 가정주부가 뒷바라지하지 않고서 어찌 남편이 견실하게 일

---

124. 체납 가산금에 법정 이자를 붙이면 16년이 지난 지금 5,900억 원을 내야 한다는 계산이 나온다. 현행법에는 늦게 내더라도 원금만 내면 된다고 규정돼 있고, 그래서 전두환은 '늦게 낼수록 좋다'고 버텼던 것이다. 현행법은 범죄자에게 매우 너그러운 법이다.

할 수 있었겠는가. 몇십 년 전부터 페미니스트(여성주의자)들은 '가사家事 임금을 국가가 제대로 지불하라'는 운동을 벌여왔다. '기본 소득' 정책은 이 운동의 취지를 이어받는 셈이다. 이것은 비단 없는 사람들의 살림살이만 보장해줄 뿐 아니라, 가정주부들의 인간적 자기 존중감을 높이는 물질적 근거가 된다.

가정주부야 그동안 남편을 뒷바라지해서 산업사회가 굴러가도록 도왔으니 그렇다 치자. 아직 커가고 있는 아이들에게 웬 봉급(소득)을 준다는 거냐? 이들은 미래의 산업사회를 이끌어 갈 일꾼이다. 그들이 온전히 커가게끔 미리 물자를 대주는 것은 우리 사회를 더 든든한 기반 위에 올려놓는다.

요즘 사람들(아이들) 중에는 자기 것만 챙길 줄 알지, 남(이웃)을 배려할 줄 모르는 사람이 많다. 눈살 찌푸릴 일이지만, 그들을 탓해봤자 하릴없다. 이 사회가 밀림(정글)처럼 힘센 사람만 살아남는 식으로 굴러가는데, 어찌 그들의 이기利己를 탓한다는 말인가. 옛사람들의 심성이 훨씬 착했던 것은 농촌공동체(두레) 속에서 서로 돕고 살았기 때문이다. 사람들의 심성을 바꿔놓을 능동적인 힘은 사회(=사람들의 전체 모임)에서 나온다. 이 사회가 모든 사람에게 '비빌(기댈) 언덕'이 돼줄 때라야[125] 대다수 사람들의 심성이 차츰 바뀔 수 있다. "사회로부터 은혜를 입었으니, 이 사회에 그 은혜를 갚자!" 앞날에 대한 걱정 없이 살아갈 어린이들이 어찌 소심하거나 약삭빠른 어른으로 크겠는가.

노동시간을 줄이는 싸움도 막중하다. 수천 년 인류 역사에서 근대(현대)만큼 사람들이 오랜 시간 노동에 허덕인 적이 없다. 전깃불이 들

---

125. 비빌 언덕이 자기 부모뿐인 어린이는 저와 제 가족밖에 모르는 어른으로 큰다. 전체 사회로부터 배려와 보살핌을 받는 어린이는 사회 전체에 대해 관심을 쏟는 생각 깊은 어른으로 큰다.

어오지 않은 옛날에는 해가 진 뒤로 애당초 일을 할 수가 없었다. 그러니까 근대 과학기술의 발달(가령 전깃불의 발명)은 인류에게 빛(혜택)만 선사한 게 아니라 그늘(밤샘 과로 노동)도 만들어낸 셈이다. 18~19세기 유럽 노동자들과 1970~80년대(지금까지도) 한국 노동자들은 과로노동에 숱하게 시달렸다. 18~19세기에는 노동자들이 싸우고 양심적 시민들이 거들어서 노동시간을 하루 10시간까지 줄였다. 여성과 아이들에게 '10시간 넘게 일 시키지 마라'는 입법이 1847년에야 영국에서 가까스로 제정됐다. 그리고 1920년대에 이르러 하루 8시간 노동제도가 유럽에 자리 잡았다. 그런데 거기서 6시간 노동으로 줄여내는 일이 참 더디다.

그것, 꿈같은 얘기가 결코 아니다. 과학기술의 발달로 인류의 생산력이 높아진 탓에 물자를 생산하는 데 드는 시간이 크게 줄었다. 누군가는 계산을 해봤더니 전 세계 인류가 공평하게 일자리를 나눌 경우, 다들 하루 4시간보다 덜 일하고도 지금같이 물자를 만들 수 있다고 했다. 누구 계산으로는 하루 2시간으로 족하다고 한다.

과학기술이 발달해서도 그렇고, 자본가들이 생산비용을 줄이려고 사람 없이 공장을 돌리려고 해서도[126] 그렇고, 불황으로 문 닫는 기업이 늘어난 탓으로도 그렇고, 계속 일자리가 줄고 실업자(백수)가 늘어나는 추세다. 누구는 밥벌이할 기회가 없어 불안에 떠는데, 누구는 과로 노동에 시달리는 모순이 연출되고 있다. 일자리를 나눠서 실업자를 없애는 것이 커다란 사회적 숙제가 됐다. '하루 6시간'으로 노동시간을 줄이는 것은 취업자의 안녕과 실업자 구제를 위해 필수적인 과

---

126. 현대 기술은 '공장 자동화' 쪽으로 개발되고 있다. 거기서 밀려난 일꾼들을 어디서든 받지 않는다면 이 기술개발은 자본가만을 이롭게 한다.

제다.

여기서 우리는 인간 사회가 누구와 무엇을 위해 필요한지를 새삼 따져 묻는다. 사회는 소수의 자산property 소유자들을 돕기 위해 나서야 하는가, 아니면 대다수 민중을 도와야 하는가? 인간 사회는 사람들이 갖다 쓸 소비 물자를[127] 최대한 많이 만들어내는 것을 으뜸 목표로 삼아야 하는가, 아니면 사람들이 등 따습고 배부르게 살 뿐 아니라 제 소질과 개성을 꽃피워서 멋진 삶을 누리게 돕는 것을 으뜸 목표로 삼을 일인가? '하루 6시간 노동'은 사람답게 살아갈 출발 조건이다. 일터에서 돌아온 그는 음악을 듣고, 그림을 그리고, 연애 사업에도 뛰어들 넉넉한 시간을 누릴 수 있다.[128] 입에 풀칠하는 데 드는 시간이 적어야, 사람답게 자기를 가꿀 시간을 누린다.[129] 그러니 선진국으로 가는 으뜸 지표(잣대)는 노동시간 단축이다.

간추리자. 자본가와 국가 관료들은 우리가 그리는 세상에 대해 코웃음을 칠 것이다. "돈(자본)과 권력은 우리가 쥐고 있는데 너희가 뭘 어쩌겠다고?" 그런데 세상의 미래에 대해 잠깐 진지하게 돌아보기만 해도, 그들의 코에서 코웃음이 사라진다. 청년 실업률失業率이 걷잡을 수 없이 늘어나는 사회는 이미 그 지배 세력의 권위가 흙바닥에 추락한 사회다. 수많은 젊은이들을 쓸모없는 존재(잉여)로 만들어놓고, 뭣이 잘났다는 거냐!

앞으로 한동안, 지구촌의 앞날은 어둡다. 얼핏 생각하면 곳곳의 공

---

127. 이제는 '얼마나 많이 소비해야 만족할 것인가'를 물어야 한다. '소비'를 선동하는 사회는 사람들을 눈먼 존재로 만든다. 지금도 TV 프로그램의 대부분은 바보를 만들어낸다.
128. 30년 전 한국 노동자 중에는 하루 13시간 일하는 사람도 많았다. 그들은 자유 시간을 거의 누릴 수 없었다.
129. 학교교육의 목표도 원래(!)는 전인全人을, 지덕체智德體가 두루 발달한 사람을 길러내는 거였다.

장이 문 닫고, 실업자(백수)가 넘쳐나는데 '연대 사회'의 청사진이 대관절 어떻게 실현될 것인지, 의구심이 아니 들 수 없다. 미국과 일본의 여러 지방자치단체는 재정적자를 견디지 못해 일꾼들을 내쫓는 판인데 우리도 그럴 위험성이 커가고 있지 않는가. 그런데 무슨 얼어 죽을 무상 의료와 (대학) 무상 교육인가!

그렇지만 그런 위기 속에서 가까스로 (사회를 바꿀) 기회가 생겨난다. 이를테면 우리는 택지(집터)를 몽땅 나라(사회) 것으로 삼자고 했다. 땅값·집값이 다락처럼 치솟은 지금 같으면야 그 생각은 허튼 공갈빵에 불과하다. 그런데 경제위기로 부동산 거품이 확 꺼져서 땅값이 반 도막이 날 경우, 그 생각은 매우 현실적인 것으로 바뀐다. 파산한 기업과 알거지가 된 부동산 소유자들의 땅과 집부터 국가가 사들여서 '택지 국유화'의 첫 단계를 시작할 수 있다. '일자리 나누기'야 일터 없는 백수白手들의 원한이 하늘을 찌르게 될 경우, 대중의 울부짖음이 그 혁신을 밀고 갈 것이다.

우리 모두는 지금 시험대 위에 올라 있다. 다가올 경제 환란 속에서 그냥 그 충격에 까무룩 넋을 잃고 다들 발만 동동 구를 것이냐, 아니면 그 어려움을 견디면서 우리 민중의 살림을 다시 일으킬 '좁은 길'을 찾아 나설 것이냐! 다들 자기 혼자, 좋은 대학 가고 좋은 직장 얻어서 아등바등 살아남을 길을 찾는대서야 우리 사회는 밀림(정글)을 벗어나지 못한다. 이것은 청년 세대, 여러분 모두의 문제다.

3 거기서 미래를 보았네

쿠바의 어느 초등학교 6학년 교실

얼마 전 아메리카 대륙 카리브 해의 섬나라 쿠바, 아바나에 있는 여러 학교를 견학할 기회를 얻었다.[130] 그 이야기를 하기 전에 쿠바에 대해 잠깐 살핀다. 왜냐하면 우리는 단지 쿠바의 '학교'에만 관심을 둔게 아니라 '학교'를 통해 쿠바 사회의 원리도 알고 싶었기 때문이다.

여행객들 사이에 쿠바는 '사람들이 따뜻한 나라'로 알려져 있다. "스웨덴에서는 사람 사귀기가 어렵다."거나 "캐나다인들은 차갑다. 그래서 쿠바를 찾는다."고 말하는 사람들도 봤다. 이런 질문을 던져봄직하다. "왜 높은 복지를 누리는 스웨덴 사람들이 외로움에 떨고, (최소의 복지는 누린다지만) 가난한[131] 쿠바인들이 어째서 저렇게 인정이 넘치는가?" 물론 이 막연한 질문에 한두 가지 잣대로 간단하게 답변하기는 어렵다. 하지만 이 대조되는 현상에 어떤 비밀(?)이 숨어 있는 것은 분명하다.

---

130. 여러 해 전에 끄적거려둔 글이다.
131. 이 '가난'으로 인한 부정적인 모습들(가령 관광산업에 따른 문화적 타락)도 더러 봤다. 어두운 그늘도 간과하지 않되, 그들이 갖고 있는 미덕을 온전히(편견 없이) 인정해주는 것이 옳은 접근법일 것이다.

이런 문제의식을 품고 우리는 먼저 수도 아바나 근교의 가이미또 초등학교를 찾았다. 현관에 들어서 둘러보니 건물 벽에 페인트칠이 전혀 되어 있지 않고, '종이 부족'이 특히 심각해서 복도나 교실에 붙어 있는 빈약한 게시판들이 반세기 전의 한국 학교를 보는 듯하다. 마중 나온 교장, 교감 선생의 옷차림도 수수하기 짝이 없다. 학교가 자랑하는 컴퓨터실에도 들렀는데 우리가 보기에는 '구멍가게' 수준이다.

그러나 교실에 들어가 만나본 아이들의 얼굴은 참 맑고 순진했다. 세상 보는 눈도 맑았다.

6학년들에게 물었다. "미국에 대해 어떻게 생각하니?" 쿠바 교사가 잠깐 토를 단다. "정부와 민중, 어느 쪽을 묻는 건가요?" 양자를 구분해서 답하라고 학생들을 지도한다. 명쾌한 정치경제학 수업이다. 실제로 쿠바의 초중등 학교에서는 매주 한 차례 정치정세 교육을 한다는데 곰곰이 생각해보면 민중에게 지지받지 못하는 정권이 이런 시사정세 교육을 실시하기는 어렵다. 가령 '아프가니스탄에 파병할 터이니 젊은이들은 자원하라'는 내용의 정치교육을 한국 정부가 각 학교에 지령한다면? 부모에게 그런 가정통지문을 보낸다면?

또 물었다. "너희는 커서 어떤 사람이 될래?" "정직한 사람이 되겠어요." "호세 마르티 같은 사람이 되겠어요." 하는 답이 줄을 이었다. 그는 중국의 손문처럼 쿠바에서 국부國父로 추앙받는 독립운동가다. 야무지게 생긴 한 소녀가 가슴 뭉클한 답을 내놓는다. "전쟁이 나면 어른들을 돕겠어요."¹³²

---

132. 교육학자 성래운은 식민지 시절 사범학교를 다닐 때 일본인 스승이 저를 불러 "일본의 앞잡이로 살겠느냐. 당장 이 학교를 그만둬라." 하고 권했는데 제가 따르지 못했다고 부끄럽게 털어놓은 적 있다. 그 뒤 그 스승은 감옥에 붙들려 갔다. 도덕교육은 그런 의기義氣를 주고받는 것이어야 한다.

며칠 뒤 또 다른 초등 6학년생들에게 물었다. "아름다움은 어디서 생겨나지?" "사람의 내면에서 생겨나지요." "우리 선생님 같은 분이 '아름다움'이지요." 그랬다. 그들 소년소녀는 나라 독립의 지도자를 존경하고, 저희를 늘 돌봐주는 어른을 아름답다고 느낀다. 단순하다. 무엇을 삐딱하게, 비스듬하게 쳐다보는 버릇이 없는 듯하다. 아이들 공책을 유심히 살폈는데 반듯하지 않은 글씨가 하나도 없다.

두 번째 초등학교는 2학년 꼬마들에게 살사 춤을 연습시켜서 손님을 맞았다. 그런데 한참 저희끼리 춤추던 꼬마들이 문득 방문객의 손을 하나둘 마당으로 잡아끈다. 우리를 붙드는 아이들의 손목과 덩치가 아, 한국 아이들보다 가녀리다. 1990년대 초 혹독했던 보릿고개 탓일까…… 춤판은 어느새 앞사람 허리를 부여잡는 기차놀이로 바뀌었다. 얼쑤!

우리는 두 가지 정치행사를 구경했다. 혁명기념 행사와 1월 28일 호세 마르티 생일잔치. 1959년 피델의 부대는 산타클라라 시에서 마지막 승리를 거둔 뒤 국도를 따라 개선행진을 벌였는데 각 마을에서 그 '입성' 날을 기리는 행사를 갖는다. 주역은 초중등 학생들이다. 초록빛 군복을 입고 가짜 수염을 달고 목총을 손에 쥔 어린이들이 지프차에 올라타 퍼레이드를 벌이면 동무들이 모두 길가에 몰려 서 있다가 열광의 함성을 지른다. 아바나 시내에서 열린 호세 마르티 기념식은 더 화려했다. 중고교생들은 보무당당하게 걸음을 떼는 것으로 그쳤지만 유치원생과 초등학생은 갖가지 복장으로 꾸미고 나와 재롱을 떨었다.

서구 자유민주주의 정치 관념에 익숙한 사람들은 쿠바 학생들이 무척 순진하고, 또 정치행사에 억지로 끌려 나온 것 같지 않다고 관찰하면서도 '동원' 행사와 '주입식' 정치교육에 대해 좀 떨떠름하게 느낀다. 박정희나 전두환 시절, 외국 원수 맞이에 동원되었던 우리의 어두운 초중고 시절의 기억을 떠올리자면 그럴 만도 하다. 그러나 이에 대해 숙고하기 전에 쿠바 교육의 자취를 먼저 더듬어야 한다.

가이미또 학교의 노老교사 소일라 선생이 문해文解 운동의[133] 역사를 들려주었다. 우리는 1930년대 심훈의 『상록수』에 나오는 이야기만 안다. "소수의 지식인이 민중을 위해 훌륭하게 헌신하다. 어쩌고……." 61년 쿠바의 문해 운동은 이것과 규모가 아예 다르다. 당시의 소일라처럼 아이를 갓 낳은 주부도 시간을 쪼개서 동참했고 공장 노동자는 쉬는 시간에 제 동료를 가르쳤다. 읽고 쓰기를 할 줄 아는 사람은 죄다 나섰다. 몇 명이? 백만 명이 나서서 백만 명을 가르쳤다! 식민지 조선의 '브나르도'는 소수 지식층 운동에 머물렀지만 쿠바에서는 '교육혁명'이 일어났다. 파울로 프레이리는 브라질 농민에게 '문자를 통해 세계를 깨치는' 의식화 교육을 시킨 것으로 유명하지만 그 의식화의 철저함도 쿠바의 문해 운동이 한 수 윗길이다. 그들의 '독본讀本'은 의식화를 넘어 사회혁명의 과제를 일깨운 것이기 때문이다. 문맹이 없어진 뒤에도 쿠바에는 전 국민의 '야학夜學 운동'이 이어졌다.

정부는 이 운동의 참가자들이 내처 '교사의 길'을 가도록 북돋았다. 기득권층 교사들이 썰물처럼 빠져나간 자리를 이들이 메꾸었고, 아직도 학교의 터줏대감으로 있다. "어째서 69세의 연세에 아직도 교단에 서시는가?" "1990년대 초 소련이 무너진 뒤로 우리는 한동안 고난의 시절을 겪었다. 생활고를 못 견딘 교사들 상당수가 교단을 떠나자, 정부에서 정년퇴직해 있던 우리를 '교단에 다시 서달라'고 불렀다."

---

133. 볼리비아나 베네수엘라는 좀 뒤늦게 (근래 들어) 문해 운동을 벌였다. 근대 국민국가는 대다수 민중이 글을 깨칠 때 비로소 자리 잡는다. 지금도 아프리카와 아랍의 여러 나라는 몇몇 엘리트가 나라를 온통 주름잡는데, 민중이 글을 깨쳐야 그런 독재에 맞설 주체성이 생겨난다. 조선 말기부터 일어난 언문일치 운동(한문 추방, 한글 쓰기)은 그래서 근대국가 수립을 위한 밑바탕이었다.

쿠바의 사회주의가 장애아 학교에 살아 있다는 사실은 잘 알려져 있다. 우리가 들른 아벨 산타마리아 시각장애아 학교도 학생이 186명인데 교사는 무려(!) 54명이다.[134] '라가스떼야나' 특수학교처럼 장애치료와 교육을 병행하고, 졸업한 성인들도 계속 거두어주는 그런 학교가 한국에는 없다. 근대 부르주아 사회는 기회와 결과의 평등을 추구하는 것만도 스스로 대견해하지만 '누구나 인간으로서 존엄하다.'는 사회주의적 평등 개념이야말로 훨씬 윗길이 아닌가. 장애아에 대한 '과잉(?)' 배려야말로 진정한 평등교육이 아닌가. 에두아르도 가르시아 델 가도 예술사범학교에서도 우리는 인상 깊은 이야기를 들었다. 가난하여 악기를 전혀 만져보지 못한 학생도 (리듬감 등) 잠재적 소질만 있다면 입학을 허락한다는 것이다.

자, 앞서 언급한 '정치 과잉의 교육' '국가주의의 범람'이라는 혐의(?)를 도마에 올리자. 흔히 '애국심(또는 국가주의)'은 악당들의 도피처라고들 말하지만 단지 추상 관념으로 이를 농단할 일은 아니다. 문제는 어떤 국가(정부)를 수호하자는 것이냐. 온 민중을 문해 운동으로 일으켜 세운, 소일라 선생의 정부는 지지할 만한 정부가 아닌가? 아벨 산타마리아 특수학교를 지탱해온 국가는 정녕 수호할 가치가 있지 않는가?

쿠바의 유치원 학생들은 호세 마르티의[135] 독립운동을 연극으로 배

---

134. 한국의 어느 장애인 학교 교사는 견학하는 자리에서 '이렇게 장애인을 내 피붙이처럼 돌보는 사회도 있구나.' 하는 감동에 눈물을 흘리기도 했다.

135. 피델 카스트로는 미국 유럽의 언론으로부터 '독재자'라고 비난받아왔지만 국민들에게 '우상 숭배'를 시켰다는 비난은 들은 적 없다. 그런데 똘똘 뭉쳐서 미래를 개척해야 할 민중에게 사실 '우상'은 몹시 필요하다. 다만 살아 있는 집권자가 아니라 옛 선조 가운데서! 남아메리카 민중은 다행스럽게도 호세 마르티나 시몬 볼리바르 같은 영웅이 있어, 숭배 대상이 돼준다. 우리에겐 누가? 녹두장군 전봉준은 전쟁에서 패배했기에 그를 기리면서 힘을 얻을 수 없다. 숭배할 영웅이 없는 민족은 불행하다.

운다. 이것이 과연 '주입식 교육'이라 비난받을 일일까? 미국의 갖은 정치 공작과 경제 봉쇄에 맞서 쿠바 민중이 자기 조국을 50년간 사수하는 데에 이 이른바 '주입식 교육'은 절대로 긴요한 도움을 주지 않았을까?(참고로, 북한의 사회주의가 상당히 왜곡되어 있다는 불신이 남한 사회에 짙지만, 그렇다 해서 북한 사회의 미덕이 송두리째 부정되는 것은 아닐 터이다. 독립 국가를 지켜온 견결함마저 폄하해서는 안 된다. 쿠바를 통해 우리는 남북한의 역사도 되짚어볼 일이다).

소일라 선생에게 물었다. "요새 젊은 세대는 혁명정신이 약해지지 않았어요?" "물론 철없어 보이고, 고생도 별로 겪지 않았지. 그러나 그 부모들이 갖은 고생을 다 겪었고 애들이 이것을 알아. 미국이 혹시라도 쿠바를 다시 침공하면 쿠바 민족이 깡그리 사라질 수 있다는 것도 알아." 그러니 철없는 아이들도 자기 부모와 민족을 위해 일어설 것이라는 '억센' 낙관이다. '전쟁이 나면 어른들을 돕겠다.'는 소녀를 소일라 세대가 길러냈다.

사제師弟가 전면적인 관계를 맺으려면?

그런데 노교사와 어린 초중학생들 사이, 중견 교사층이 엷어진 학교의 허리는 누가 이끌어 가는가? 후속 세대를 변변히 길러내지 못한 한국의 교육운동과 달리, 쿠바의 학교에는 젊은 주체들이 든든하게 커가고 있음을 우리는 학교 방문에서 확인했다. 구아바나 시내, 호세 마르티 실험 중학교 현관에서 우리를 마중한 젊고 앳된 여성이 자기를 소개했을 때 방문단 속에서는 환성이 터져 나왔다. 불과 스물네 살의 새내기 교사가 '교장'이었던 것이다. 다른 데서도 20, 30대의 젊은 교장을 여럿 만났다.

그런데 젊은 교장들의 발탁은 쿠바의 중학교에 통합 교육 프로그램이 몇 해 전부터 시행되고 있다는 사실과 연관이 깊다. 젊은 교사들이 또 다른 혁명의 주체로 나서달라는 주문이다(고교 커리큘럼도 그런 방향으로 모색 중이라고 들었지만 이를 자세히 알아보지는 못했다).

이 프로그램은 간단히 말하자면 중학교도 초등학교처럼 한 선생이 '모든 과목을 다 가르친다.'는 것이다. 하루 종일, 3년 내내 자기가 맡은 학생들을 가르치고 돌봐야 비로소 '교육'이 이뤄진다는 취지다. 출발은 '한 교사가 15명을 책임지자'는 것이었으나 실제로 시행하다 보니, 30명의 한 학급을 두 교사가 공동으로 맡아서 절반씩 과목을 나누어 가르치는 식으로 정착돼가고 있다.

이를 입안한 호세 바로나 고등교육연구소 올가 교수의 설명을 옮긴다.

"우리의 문제의식은 교사가 학생들과 전면적인 관계를 맺지 못한다는 데서 생겨났다. 제대로 수업은 알아듣는지, 학생들이 얼마나 발전하고 있는지, 교사들이 알지 못했다. 왜 통합인가? 현대 사회는 동시에 여러 가지를 할 수 있는 인간을 요구한다. 이를테면 역사 공부와 스페인어 공부가, 수학과 역사 공부가 함께 이뤄지기를 바란다. 고등학교에 가면 모든 과목을 배운다. 그것을 중학교에서 통합하여 가르치면 왜 안 되는가?"

"어느 나라나 그렇겠지만 사춘기 교육이 어렵다. 이 나이가 주는 혼돈과 질풍노도를 교육이 감당해야 한다. 새 미디어를 학생들은 아는데 선생은 모르는 상황도 극복해야 했다. 물론 우리 제도는 전 세계가 놀랄 만큼 어려운 일이고,[136] 아직 진행형이다."

통합 교육은 한 과목만 가르쳐온 교사들에게 벅찬 '재연수'를 요구한다. 개인적 차이를 어떻게 배려하고 어떻게 학생, 부모와 관계 맺을지, 토의 수업은 어떻게 할지 교사들이 함께 준비해야 한다(과목마다 교사들을 가르치는 '특수 교사'를 두었다). 한국에서라면 '교사들이 과연 감당해낼 수 있을까' 회의론이 들끓었겠지만 쿠바 정부는 '중학 단계에서 전문지식을 가르칠 필요는 없다.'는 판단이 확고하다. 교육부는 '공동 수업 비디오 자료'를 교육방송으로 틀어줘서 '전 과목 교수'를 돕고 있다. 이 지각 변동에 대해 볼멘소리도 들리지만 올가 교수는 '정착돼간다'고 장담했다.

통합 교육이 가져다준 변화는? "교사/학생의 사이가 깊어지고, '영혼이 성장하는 느낌'을 얻는다. 매일의 관찰 평가가 가능해졌다."

지금 긴박한 것은 '사회적 개인'을 길러내는 일

몇 가지 더 소개한다. 쿠바 정부는 교원 평가를 해서 성과급을 더/덜 준다. 그러나 열성 교사를 격려하는 것뿐이고 동료를 서로 시샘하지 않기 때문에 별다른 문제가 되지 않는다. 쿠바의 학교운영위원회에는 교원노조 대표와 학생 대표가 당연하게 참여한다. 교장 되기를 다들 꺼리기 때문에 젊은 엘리트 당원들이 '의무감'으로 맡곤 한다. 이는 학교 민주주의가 자본주의 아닌 사회주의 사회에 진입해서야 변변히 정착된다는 사실을 알려준다. 한번쯤 새길 사실 하나. 노동조합의 구실이 이 사회에서는 서구 사회에서만큼 중요하지 않다.

---

136. 지금의 한국 학교체제에선 이를 상상할 수도 없다. 초등학교에서 담임이 계속 같은 반을 꾸리는 것은 시도해봄직도 할 텐데 그런 모색이 앞으로 있을지 모르겠다. 독일 초등학교는 한 담임이 1학년에서 4학년까지 계속 같은 반을 끌고 간다.

쿠바의 교육은 무엇을 성취했는가? 이 나라는 교육 자료도 부족하고 교육제도도 미숙한 바가 많을 것이다. 사회적 격차에 따른 교육 격차의 재생산 문제를 이 나라도 충분히 극복하지는 못했다. 개별화 교육에 대한 성찰도 서유럽의 교육학에 미치지 못하는 바가 많으리라. 산업 발달과 교육적 배려가 미흡하여 아직 '전면 발달한 인간'을 길러내는 교육으로 발돋움한 것 같지도 않다(아직 고교는 계열별로 분리돼 있다).

그러나 쿠바 사회는 무엇보다 이웃과 사회를 위해 헌신할 줄 아는 높은 윤리를 품은 개인들을 길러내지 않았는가. 쿠바 민중은 한때 아프리카 민족해방투쟁을 돕기 위해 (목숨 걸고) 자원하여 나섰고, 쿠바의 의사와 교사들이 세계 곳곳에 나아가 봉사활동에 매진하고 있음은 잘 알려진 사실이다.[137] 쿠바 민중의 정치(윤리) 의식과 문화 수준이 매우 높은 편이라는 사실은 여러 가지 정황 증거로도 엿볼 수 있고, 어린 학생들을 통해 직감으로 판단할 수도 있다.

그런데 인간 사회의 최고 임무가 '바람직한 사람들을 길러내는 일'이라면 현대사에서 가장 존경받을 만한 사회는 쿠바 사회라고 단언해도 좋다. 제 밥그릇만 챙기는 이기적인 인류가[138] 지금의 심각한 세계 대공황과 민주주의의 후퇴를 초래한 셈이니, '사회적·공동체적 개인들'을 길러내는 일은 지금의 인류에게 가장 절박한 과제가 됐다. 쿠바에서 배울 바가 적지 않다.

이 글 첫머리의 문제의식을 다시 불러내자. 쿠바인들은 왜 따뜻한

---

137. 몇 해 전에 SBS 방송에서 「맨발의 의사들」이라는 다큐멘터리를 방영했다. 참고할 만하다.
138. 일찍이 20세기 중반에 철학자 코제브는 미국 사회를 가리켜 (근대를 밀고 온) 역사가 끝나고, 소비사회의 욕망에 사로잡힌 (성찰적 내면이 결여된) 고립된 개인들이 다들 '동물적 삶'을 살고 있다고 꾸짖은 바 있다.

가? 우리는 어느 시골을 지나다가 신명 나고 부러운 '경마 축제'를 구경했다. 지역공동체가 활기차게 살아 있다는 증좌다. 그런데 자본이 휩쓸고 다니는 사회는 지역공동체가 도무지 버텨내지 못한다. 왜 유복한 서유럽 사람들이 외로워하는가? 자본주의가 사람들을 숱한 원자原子들로 뿔뿔이 쪼개고 흩어놓았기 때문이다.

우리는 '인간 해방'을 '노동 해방 더하기 갖가지 인간 차별에서 풀려나기'쯤으로 비좁게 이해해왔다. 목표를 더 업그레이드해 '근본적 인간 해방'을 추구해야 한다. 인류가 저마다 파편화되고 옹색해진 사적私的·이기적 존재에서 벗어나, 더불어 살아가는 사회적 존재로서 함께 거듭날 때라야 인류 사회는 비로소 온전히 해방된 사회가 된다. 인류의 '유적類的 본질'을 회복하는 실존적 과제야말로 근대 사회가 안고 있는 최대의 숙제이고, 그 숙제까지 떠안는 사회라야 온전한 사회라 하겠다.

비날레스 계곡의 풍광은 세계 어디보다 아늑했다. 혁명의 역사를 간직한 시에라 마에스트라 산속, 칠흑 같은 밤에 쏟아져 내리던 별빛 폭포도 그렇게 찬란할 수 없었다. 그러나 가장 아름다운 광경은 '라 가스떼야나' 특수학교의 한 다운증후군 처녀가 방문객을 위해 혼신의 힘으로 발레를 추던 장면이었다. 원래 사람이 꽃보다 별보다 아름다운 법 아닌가?[139]

---

139. 미국이 2015년 들어 쿠바에 대한 53년간의 봉쇄(여행과 송금 제한 조치)를 풀고 국교國交 정상화에 나섰다. 미국 정부는 "봉쇄해봤자, 미국에 이득 될 게 없다"고 말꼬리를 흐렸지만, 사실은 미국이 중남미 나라들로부터 외교적으로 고립된 처지에서 벗어나려는 생각에서다. 중남미 나라들은 2011년 미국과 캐나다만 왕따시키고 '중남미 카리브해 국가공동체CELAC'를 띄웠다. 베네수엘라와 쿠바가 이를 주도했다.

삶의 행복을 꿈꾸는 교육은
어디에서 오는가? 미래 100년을 향한 새로운 교육

혁신교육을
실천하는
교사들의 필독서

▶ 교육혁명을 앞당기는 배움책 이야기
혁신교육의 철학과 잉걸진 미래를 만나다!

 핀란드 교육혁명
한국교육연구네트워크 총서 01 | 320쪽 | 값 15,000원

 일제고사를 넘어서
한국교육연구네트워크 총서 02 | 284쪽 | 값 13,000원

 새로운 사회를 여는 교육혁명
한국교육연구네트워크 총서 03 | 380쪽 | 값 17,000원

 교장제도 혁명
한국교육연구네트워크 총서 04 | 268쪽 | 값 14,000원

 새로운 사회를 여는 교육자치 혁명
한국교육연구네트워크 총서 05 | 312쪽 | 값 15,000원

 혁신학교에 대한 교육학적 성찰
한국교육연구네트워크 총서 06 | 308쪽 | 값 15,000원

 혁신학교
성열관 · 이순철 지음 | 224쪽 | 값 12,000원

 행복한 혁신학교 만들기
초등교육과정연구모임 지음 | 264쪽 | 값 13,000원

 서울형 혁신학교 이야기
이부영 지음 | 320쪽 | 값 15,000원

 혁신교육, 철학을 만나다
브렌트 데이비스 · 데니스 수마라 지음
현인철 · 서용선 옮김 | 304쪽 | 값 15,000원

 혁신교육 존 듀이에게 묻다
서용선 지음 | 292쪽 | 값 14,000원

 다시 읽는 조선 교육사
이만규 지음 | 750쪽 | 값 33,000원

 프레이리와 교육
한국교육연구네트워크 번역 총서 01
존 엘리아스 지음 | 한국교육연구네트워크 옮김
276쪽 | 값 14,000원

 교육은 사회를 바꿀 수 있을까?
한국교육연구네트워크 번역 총서 02
마이클 애플 지음 | 강희룡 · 김선우 · 박원순 · 이형빈 옮김
352쪽 | 값 16,000원

 **비판적 페다고지는
세상을 변화시킬 수 있는가?**
한국교육연구네트워크 번역 총서 03
Seewha Cho 지음 | 심성보 · 조시화 옮김 | 280쪽 | 값 14,000

 미래교육의 열쇠, 창의적 문화교육
심광현 · 노명우 · 강정석 지음 | 368쪽 | 값 16,000원

 대한민국 교사, 어떻게 가르칠 것인가
윤성관 지음 | 320쪽 | 값 15,000원

 아이들을 어떻게 가르칠 것인가
사토 마나부 지음 | 박찬영 옮김 | 232쪽 | 값 13,000원

 아이들의 배움은 어떻게 깊어지는가
이시이 준지 지음 | 방지현 · 이창희 옮김
200쪽 | 값 11,000원

 북유럽 교육 기행
정애경 외 14인 지음 | 288쪽 | 값 14,000원

 모두를 위한 국제이해교육
한국국제이해교육학회 지음 | 364쪽 | 값 16,000원
2015 세종도서 학술부문

 경쟁을 넘어 발달 교육으로
현광일 지음 | 288쪽 | 값 14,000원

 독일 교육, 왜 강한가?
박성희 지음 | 324쪽 | 값 15,000원

대한민국 교육혁명
교육혁명공동행동 연구위원회 지음 | 152쪽 | 값 5,000

▶ 교과서 밖에서 만나는 역사 교실
상식이 통하는 살아 있는 역사를 만나다

전봉준과 동학농민혁명
조광환 지음 | 336쪽 | 값 15,000원

남도의 기억을 걷다
노성태 지음 | 344쪽 | 값 14,000원

응답하라 한국사 1
김은석 지음 | 356쪽 | 값 15,000원

응답하라 한국사 2
김은석 지음 | 368쪽 | 값 15,000원

즐거운 국사수업 32강
김남선 지음 | 280쪽 | 값 11,000원

즐거운 세계사 수업
김은석 지음 | 328쪽 | 값 13,000원

강화도의 기억을 걷다
최보길 지음 | 276쪽 | 값 14,000원

광주의 기억을 걷다
노성태 지음 | 348쪽 | 값 15,000원

교과서 밖에서 배우는 역사 공부
정은교 지음 | 292쪽 | 값 14,000원

팔만대장경도 모르면 빨래판이다
전병철 지음 | 360쪽 | 값 16,000원

빨래판도 잘 보면 팔만대장경이다
전병철 지음 | 360쪽 | 값 16,000원

김창환 교수의 DMZ 지리 이야기
김창환 지음 | 264쪽 | 값 15,000원

영화는 역사다
강성률 지음 | 288쪽 | 값 13,000원

친일 영화의 해부학
강성률 지음 | 264쪽 | 값 15,000원

한국 고대사의 비밀
김은석 지음 | 304쪽 | 값 13,000원

▶ 살림터 참교육 문예 시리즈
영혼이 있는 삶을 가르치는 온 선생님을 만나다!

꽃보다 귀한 우리 아이는
조재도 지음 | 244쪽 | 값 12,000원

성깔 있는 나무들
최은숙 지음 | 244쪽 | 값 12,000원

아이들에게 세상을 배웠네
명혜정 지음 | 240쪽 | 값 12,000원

밥상에서 세상으로
김흥숙 지음 | 280쪽 | 값 13,000원

선생님이 먼저 때렸는데요
강병철 지음 | 248쪽 | 값 12,000원

서울 여자, 시골 선생님 되다
조경선 지음 | 252쪽 | 값 12,000원

행복한 창의 교육
최창의 지음 | 328쪽 | 값 15,000원

▶ 4·16, 질문이 있는 교실 마주이야기
통합수업으로 혁신교육과정을 재구성하다!

 통하는 공부
김태호·김형우·이경석·심우근·허진만 지음
324쪽 | 값 15,000원

 주제통합수업, 아이들을 수업의 주인공으로!
이윤미 외 지음 | 392쪽 | 값 17,000원

 내일 수업 어떻게 하지?
아이함께 지음 | 300쪽 | 값 15,000원

 수업과 교육의 지평을 확장하는 수업 비평
윤양수 지음 | 316쪽 | 값 15,000원
2014 문화체육관광부 우수교양도서

 인간 회복의 교육
성래운 지음 | 260쪽 | 값 13,000원

 교사, 선생이 되다
김태은 외 지음 | 260쪽 | 값 13,000원

 교과서 너머 교육과정 마주하기
이윤미 외 지음 | 368쪽 | 값 17,000원

 교사의 전문성, 어떻게 만들어지나
국제교원노조연맹 보고서 | 김석규 옮김
392쪽 | 값 17,000원

 수업 고수들 수업·교육과정·평가를 말하다
박현숙 외 지음 | 368쪽 | 값 17,000원

 수업의 정치
윤양수·원종희·장군 지음 | 280쪽 | 값 14,000원

▶ 더불어 사는 정의로운 세상을 여는 인문사회과학
사람의 존엄과 평등의 가치를 배운다

 밥상혁명
강양구·강이현 지음 | 298쪽 | 값 13,800원

좌우지간 인권이다
안경환 지음 | 288쪽 | 값 13,000원

 도덕 교과서 무엇이 문제인가?
김대용 지음 | 272쪽 | 값 14,000원

민주시민교육
심성보 지음 | 544쪽 | 값 25,000원

 자율주의와 진보교육
조엘 스프링 지음 | 심성보 옮김 320쪽 | 값 15,000원

민주시민을 위한 도덕교육
심성보 지음 | 500쪽 | 값 25,000원
2015 세종도서 학술부문

 민주화 이후의 공동체 교육
심성보 지음 | 392쪽 | 값 15,000원
2009 문화체육관광부 우수학술도서

교과서 밖에서 배우는 인문학 공부
정은교 지음 | 280쪽 | 값 13,000원

 갈등을 넘어 협력 사회로
이창언·오수길·유문종·신윤관 지음 | 280쪽 | 값 15,000원

오래된 미래교육
정재걸 지음 | 392쪽 | 값 18,000원

 동양사상과 마음교육
정재걸 외 지음 | 356쪽 | 값 16,000원
2015 세종도서 학술부문

 대한민국 의료혁명
전국보건의료산업노동조합 엮음 | 548쪽 | 값 25,000원

 교과서 밖에서 배우는 철학 공부
정은교 지음 | 280쪽 | 값 14,000원

 교과서 밖에서 배우는 고전 공부
정은교 지음 | 288쪽 | 값 14,000원

 교과서 밖에서 배우는 사회 공부
정은교 지음 | 304쪽 | 값 15,000원

▶ 남북이 하나 되는 두물머리 평화교육
분단 극복을 위한 치열한 배움과 실천을 만나다!

10년 후 통일
정동영·지승호 지음 | 328쪽 | 값 15,000원

선생님, 통일이 뭐예요?
정경호 지음 | 252쪽 | 값 13,000원

분단시대의 통일교육
성래운 지음 | 428쪽 | 값 18,000원

▶ 출간 예정

근간 **핀란드 교육의 기적은 어떻게 만들어지나**
Hannele Niemi 외 지음 | 장수명 외 옮김

근간 **걸림돌**
키르스텐 세룹-빌펠트 지음 | 문봉애 옮김

근간 **마이클 애플의 민주학교**
한국교육연구네트워크번역총서 04 | 마이클 애플 지음

근간 **체육 교사, 수업을 말하다**
전용진 지음

근간 **도덕 수업, 책으로 묻고 윤리로 답하다**
울산도덕교사모임 지음

근간 **교실을 위한 프레이리**
아이러 쇼어 엮음 | 사람대사람 옮김

근간 **고쳐 쓴 갈래별 글쓰기 1**
(시·소설·수필·희곡 쓰기 문예 편)
박안수 지음(개정 증보판)

근간 **존 듀이와 교육**
한국교육연구네트워크번역총서 05 | 짐 개리슨 외 지음

근간 **고쳐 쓴 갈래별 글쓰기 2**
(논술·논설문·자기소개서·자서전·독서비평·
설명문·보고서 쓰기 등 실용 고교용)
박안수 지음(개정 증보판)

근간 **학교 혁신을 넘어 교육 공화국으로**
정은균 지음

근간 **조선근대교육의 사상과 운동**
윤건차 지음 | 이명실·심성보 옮김

근간 **왜 따뜻한 감성 수업인가**
조선미 지음

근간 **조선족 근현대 교육사**
정미량 지음

근간 **고등학교 국어 수업 토론 길잡이**
순천국어교사모임 지음

근간 **마을교육공동체란 무엇인가**
서용선 외 지음

근간 **함께 만들어가는 강명초 이야기**
이부영 외 지음

근간 **체험학습 학교협동조합이란 무엇인가**
주수원 외 지음

근간 **어린이와 시 읽기**
오인태 지음

참된 삶과 교육에 관한 생각 줍기